Python lernen mit KI-Tools

Python lernen mit KI-Tools

*Einstieg in die Programmierung
mit KI-Unterstützung*

Allen B. Downey

*Deutsche Übersetzung von
Jørgen W. Lang*

O'REILLY®

Allen B. Downey

Lektorat: Alexandra Follenius
Übersetzung: Jørgen W. Lang
Copy-Editing: Sibylle Feldmann, *www.richtiger-text.de*
Satz: III-satz, *www.drei-satz.de*
Herstellung: Stefanie Weidner
Umschlaggestaltung: Karen Montgomery, Michael Oréal, *www.oreal.de*
Druck und Bindung: mediaprint solutions GmbH, 33100 Paderborn

Bibliografische Information der Deutschen Nationalbibliothek
Die Deutsche Nationalbibliothek verzeichnet diese Publikation in der Deutschen Nationalbibliografie; detaillierte bibliografische Daten sind im Internet über *http://dnb.d-nb.de* abrufbar.

ISBN:
Print 978-3-96009-259-9
PDF 978-3-96010-892-4
ePub 978-3-96010-893-1

1. Auflage 2025

Wieblinger Weg 17
69123 Heidelberg
E-Mail: *hallo@dpunkt.de*

Hinweis:
Dieses Buch wurde mit mineralölfreien Farben auf PEFC-zertifiziertem Papier aus nachhaltiger Waldwirtschaft gedruckt. Der Umwelt zuliebe verzichten wir zusätzlich auf die Einschweißfolie. Hergestellt in Deutschland.

PEFC-zertifiziert
Dieses Buch stammt aus nachhaltig bewirtschafteten Wäldern und kontrollierten Quellen
PEFC/04-31-0810
www.pefc.de

Schreiben Sie uns:
Falls Sie Anregungen, Wünsche und Kommentare haben, lassen Sie es uns wissen: *kommentar@oreilly.de*.

5 4 3 2 1 0

Inhalt

Vorwort

Für wen ist dieses Buch gedacht?

Wenn Sie programmieren lernen möchten, sind Sie hier genau richtig. Die Programmiersprache Python ist für Anfängerinnen und Anfänger bestens geeignet – und eine der am häufigsten nachgefragten Fähigkeiten.

Außerdem sind Sie genau zur richtigen Zeit gekommen, denn es war wohl nie einfacher, programmieren zu lernen. Mit virtuellen Assistenten, wie ChatGPT, müssen Sie nicht mehr allein lernen. In den einzelnen Kapiteln werde ich Ihnen immer wieder Vorschläge dazu machen, wie Sie diese KI-Tools nutzen können, um Ihr Lernen zu beschleunigen.

Dieses Buch ist hauptsächlich für Menschen gedacht, die noch nie programmiert haben, sowie für diejenigen, die schon etwas Erfahrung in einer anderen Programmiersprache mitbringen. Wenn Sie sich bereits gut mit Python auskennen, werden Ihnen die ersten paar Kapitel möglicherweise zu langsam vorkommen.

Eine der Herausforderungen beim Programmierenlernen liegt darin, dass Sie eigentlich *zwei* Sprachen lernen müssen: zum einen die Programmiersprache selbst und zum anderen das Vokabular, das wir nutzen, um über Programme zu sprechen. Lernen Sie nur die Programmiersprache, werden Sie vermutlich Probleme bekommen, wenn Sie eine Fehlermeldung verstehen, die Dokumentation lesen, sich mit anderen über die Sprache austauschen oder virtuelle Assistenten verwenden möchten. Sofern Sie bereits etwas programmiert, sich aber nicht auch mit dieser zweiten Sprache beschäftigt haben, hoffe ich, dass dieses Buch für Sie hilfreich sein wird.

Ziele dieses Buchs

Beim Schreiben dieses Buchs habe ich versucht, vorsichtig mit der Fachsprache umzugehen. Ich definiere jeden Begriff bei seinem ersten Vorkommen. Außerdem gibt es am Ende jedes Kapitels ein Glossar, das die eingeführten Begriffe noch einmal zusammenfasst.

Darüber hinaus habe ich mich bemüht, die Dinge möglichst gut auf den Punkt zu bringen. Je weniger Hirnleistung nötig ist, um das Buch zu lesen, desto mehr bleibt für das Programmieren übrig.

Allerdings reicht es nicht aus, einfach nur ein Buch zu lesen, um programmieren zu lernen – ohne Training geht es nicht. Aus diesem Grund enthält das Buch am Ende jedes Kapitels Übungen, mit denen Sie das Gelernte vertiefen können.

Wenn Sie sorgfältig lesen und die Übungen konsequent durcharbeiten, werden Sie Fortschritte machen. Ich muss Sie allerdings warnen – programmieren ist nicht einfach und kann selbst für erfahrene Programmierer frustrierend sein. Im Verlauf dieses Buchs stelle ich Strategien vor, die Ihnen helfen sollen, korrekte Programme zu schreiben und inkorrekte zum Laufen zu bringen.

Orientierung in diesem Buch

Die Kapitel dieses Buchs bauen aufeinander auf. Daher sollten Sie sie nacheinander lesen und sich genug Zeit für die Übungen nehmen, bevor Sie weitermachen.

Die ersten sechs Kapitel stellen Grundelemente wie Arithmetik, Bedingungen und Schleifen vor. Zudem lernen Sie Funktionen kennen – das wichtigste Programmierkonzept überhaupt – und eine Möglichkeit, sie einzusetzen: die Rekursion.

In den Kapiteln 7 und 8 stelle ich Ihnen Strings – die Buchstaben, Wörter und Sätze enthalten können – und die Algorithmen für die Arbeit damit vor.

Danach mache ich Sie in den Kapiteln 9 bis 12 mit Pythons wichtigsten eingebauten Datenstrukturen bekannt – Listen, Dictionaries und Tupel. Dies sind sehr leistungsstarke Werkzeuge zum Schreiben effizienter Programme. In Kapitel 12 geht es um Algorithmen für die Textanalyse und die zufällige Erzeugung neuer Texte. Solche Algorithmen bilden auch den Kern von großen Sprachmodellen (*Large Language Models*, LLMs). Das heißt, in diesem Kapitel können Sie einen Eindruck davon bekommen, wie Werkzeuge wie ChatGPT funktionieren.

Kapitel 13 behandelt Möglichkeiten, Daten langfristig zu speichern, sowie Dateien und Datenbanken. Als Übung können Sie ein Programm schreiben, das ein Dateisystem nach Duplikaten von Dateien durchsucht.

In den Kapiteln 14 bis 17 geht es um die objektorientierte Programmierung (OOP). Dies ist eine Möglichkeit, Programme und die Daten, mit denen diese arbeiten, zu strukturieren. Viele Python-Bibliotheken sind objektorientiert aufgebaut. Diese Kapitel werden Ihnen helfen, ihren Aufbau zu verstehen und Ihre eigenen Objekte zu definieren.

Dieses Buch hat nicht den Anspruch, die Gesamtheit der Sprache Python abzudecken. Ich konzentriere mich vielmehr auf eine Untermenge der Sprache, um mit möglichst wenigen Konzepten möglichst viel auszudrücken. Zusätzlich besitzt Python eine große Zahl weiterer Sprachmerkmale, mit denen häufig auftretende Probleme effizient gelöst werden können. Einige davon werden in Kapitel 18 vorgestellt.

Zu guter Letzt finden Sie in Kapitel 19 meine abschließenden Gedanken und Vorschläge für die nächsten Schritte auf Ihrer Reise zur Programmiererin oder zum Programmierer.

Was gibt es Neues in der dritten Auflage?

Die größten Änderungen dieser Auflage betreffen zwei neue Technologien: Jupyter Notebooks und virtuelle Assistenten.

Jedes englischsprachige Kapitel dieses Buchs ist ein Jupyter Notebook, ein Dokument, das normalen Text und Code enthält. Das erleichtert es mir, den Code zu schreiben, ihn zu testen und dafür zu sorgen, dass er mit dem Text übereinstimmt. Das heißt, dass Sie an einem gemeinsamen Ort den Code ausführen, verändern und an den Übungen arbeiten können. Die Anweisungen für die Arbeit mit den Notebooks finden Sie weiter unten.

Die zweite große Änderung liegt darin, dass ich das Buch um Tipps für die Arbeit mit virtuellen Assistenten wie ChatGPT erweitert habe und wie diese Ihr Lernen beschleunigen können. Als die Vorgängerauflage dieses Buchs im Jahr

2015 veröffentlicht wurde, waren die Vorläufer dieser Werkzeuge längst nicht so hilfreich und den meisten Menschen noch gar nicht bekannt. Inzwischen gelten sie als Standardwerkzeuge für die Softwareentwicklung, und ich bin davon überzeugt, dass sie das Lernen der Programmierung – und einer Menge anderer Dinge – verändern werden.

Weitere Änderungen in diesem Buch resultieren daraus, dass mir bestimmte Inhalte in der zweiten Auflage gefehlt haben. Erstens habe ich das Testen von Software nicht genug betont. Allein das war schon 2015 ein bedauerlicher Fehler. Aber mit dem Aufkommen virtueller Assistenten wurde das automatisierte Testen immer wichtiger. Aus dem Grund stellt dieses Buch die beiden weitverbreiteten Testwerkzeuge `doctest` und `unittest` vor und bietet eine Reihe von Übungen für die Arbeit mit ihnen.

Ein weiterer Mangel bestand darin, dass die Übungen der Vorauflage nicht ausgeglichen waren. Einige waren interessanter als andere, und manche waren zu schwierig. Durch den Wechsel zu Jupyter Notebooks konnte ich ansprechendere und effektivere Übungen entwickeln und testen.

Die Abfolge der Themen dieser Auflage ist fast gleich geblieben; ich habe nur wenige Kapitel neu angeordnet und zwei sehr kurze Kapitel zu einem zusammengefasst. Außerdem habe ich die Behandlung von Strings um das Thema der regulären Ausdrücke erweitert.

In einigen Kapiteln verwende ich *turtle*-Grafiken. In den vorherigen Auflagen habe ich hierfür Pythons `turtle`-Modul genutzt, das leider nicht in Jupyter Notebooks funktioniert. Daher habe ich es durch ein neues *turtle*-Modul ersetzt, das leichter zu benutzen sein sollte.

Einen großen Teil des Texts habe ich neu geschrieben. Wo es nötig war, habe ich klarer formuliert und gekürzt, um nur so viel zu sagen, wie wirklich nötig ist.

Ich bin auch auf diese neue Auflage sehr stolz und hoffe, sie gefällt Ihnen!

Erste Schritte

Für die meisten Programmiersprachen, inklusive Python, gibt es eine große Zahl von Werkzeugen, mit denen Sie Programme schreiben und ausführen können. Diese Werkzeuge heißen *integrierte Entwicklungsumgebungen*, englisch *Integrated Development Environments* oder einfach *IDEs*. Allgemein gibt es zwei Arten von IDEs:

- Einige arbeiten mit Dateien, die Programmiercode enthalten. Die IDEs stellen die nötigen Werkzeuge für das Bearbeiten und Ausführen dieser Dateien zur Verfügung.
- Andere arbeiten hauptsächlich mit Notebooks. Das sind Dokumente, die Text und Code enthalten können.

Anfängern empfehle ich, mit einer Notebook-basierten Entwicklungsumgebung wie Jupyter zu beginnen. Die englischsprachigen Notebooks für dieses Buch finden Sie in meinem Online-Repository für dieses Buch unter der Adresse *https://allendowney.github.io/ThinkPython*. Sie können die Notebooks auf zwei Arten verwenden:

- Sie laden die Notebooks herunter und führen sie auf Ihrem eigenen Computer aus. Hierfür müssen Sie Python und Jupyter installieren, was nicht schwer ist. Allerdings kann es frustrierend sein, viel Zeit mit der Installation von Software zu verbringen, wenn Sie Python lernen möchten.
- Alternativ können Sie die englischsprachigen Notebooks auf Colab (*https://colab.google/*) ausführen, einer Jupyter-Umgebung, die in einem Webbrowser läuft. Hierfür müssen Sie gar nichts installieren. Colab wird von Google betrieben. Seine Benutzung ist kostenlos.

Wenn Sie gerade erst mit dem Programmieren starten, empfehle ich Ihnen sehr, mit Colab zu beginnen.

Ressourcen für Lehrer

Sofern Sie dieses Buch im Unterricht einsetzen, gibt es einige Ressourcen, die vielleicht hilfreich sind.

- Sie finden die Notebooks inklusive der Lösungen zu den Übungen und Links zu weiterführenden Ressourcen unter *https://allendowney.github.io/ThinkPython*.
- Rätsel zu jedem Kapitel und ein abschließendes Quiz für das gesamte Buch finden Sie auf der englischsprachigen O'Reilly Learning Platform (*https://oreil.ly/think-python-3e*).
- *Teaching and Learning with Jupyter* ist ein Onlinebuch mit Vorschlägen zur effektiven Nutzung von Jupyter Notebooks im Klassenraum. Sie finden es unter *https://jupyter4edu.github.io/jupyter-edu-book*.

- Eine der besten Möglichkeiten für den Einsatz von Notebooks ist das »Live-Coding«. Hierbei schreibt ein Lehrer den Code, und die Schüler folgen ihm in ihren eigenen Notebooks. Um mehr über das Live-Coding zu erfahren und um weitere gute Ratschläge zum Unterrichten von Programmierung zu erhalten, empfehle ich Ihnen die Lehrerschulung (in Englisch) von The Carpentries, zu finden unter *https://carpentries.github.io/instructor-training*.

In diesem Buch verwendete Konventionen

Die folgenden typografischen Konventionen werden in diesem Buch verwendet:

Kursiv
: Bezeichnet neue Begriffe, URLs, E-Mail-Adressen, Dateinamen und Dateiendungen.

Fett
: Bezeichnet die erste Erwähnung eines neuen technischen Begriffs, zu dem es einen entsprechenden Eintrag im Glossar gibt.

`Festbreitenschrift`
: Verwendet für Codebeispiele und innerhalb von Absätzen, um Programmelemente wie Variablen- oder Funktionsnamen, Datenbanken, Datentypen, Umgebungsvariablen, Anweisungen und Schlüsselwörter zu kennzeichnen.

Nutzung der Codebeispiele

Die Codebeispiele und die Lösungen zu den Übungen in diesem Buch stehen zum Download zur Verfügung. Sie finden sie unter *https://allendowney.github.io/ThinkPython*.

Dieses Buch soll Ihnen bei der Arbeit helfen. Es ist grundsätzlich erlaubt, den Code dieses Buchs in Ihren Programmen und der Dokumentation zu verwenden. Hierfür ist es nicht notwendig, uns um Erlaubnis zu fragen, es sei denn, es handelt sich um eine größere Menge Code. So ist es beim Schreiben eines Programms, das einige Codeschnipsel dieses Buchs verwendet, nicht nötig, sich mit uns in Verbindung zu setzen; beim Verkauf oder Vertrieb von Beispielen aus O'Reilly-Büchern dagegen schon. Das Beantworten einer Frage durch Zitieren von Beispielcode erfordert keine Erlaubnis. Verwenden Sie einen erheblichen Teil des Beispielcodes aus diesem Buch in Ihrer Dokumentation, ist jedoch unsere Erlaubnis nötig.

Eine Quellenangabe ist zwar erwünscht, aber nicht unbedingt notwendig. Hierzu gehört in der Regel die Erwähnung von Titel, Autor, Verlag und ISBN. Zum Beispiel: »*Python lernen mit KI-Tools* von Allen B. Downey (O'Reilly). Copyright 2025 dpunkt.verlag, ISBN 978-3-96009-259-9«.

Falls Sie nicht sicher sind, ob Ihre Nutzung der Codebeispiele über die hier erteilte Genehmigung hinausgeht, nehmen Sie bitte unter der Adresse *kommentar@oreilly.de* Kontakt mit uns auf.

Danksagungen

Vielen Dank an Jeff Elkner, der mein Java-Buch nach Python übersetzt hat. Dadurch kam dieses Projekt überhaupt erst in Gang und führte mich in eine Sprache ein, die inzwischen meine Lieblingssprache ist. Danke auch an Chris Meyers, der eine Reihe von Abschnitten zu *How to Think Like a Computer Scientist* (der ursprünglichen Fassung dieses Buchs, erscheinen bei *Green Tea Press*) beitrug.

Danke auch an die Free Software Foundation für die Entwicklung der GNU Free Documentation License, die dabei half, meine Zusammenarbeit mit Jess und Chris überhaupt möglich zu machen. Vielen Dank an die Creative Commons für die Lizenz, die ich jetzt verwende.

Ein weiteres Dankeschön geht an die Entwicklung und die Maintainer der Sprache Python und der Bibliotheken, die ich benutzt habe, inklusive des *turtle*-Grafikmoduls, der Werkzeuge, die bei der Entwicklung dieses Buchs zum Einsatz kamen, wie Jupyter und JupyterBook, und der von mir genutzten Dienste wie ChatGPT, Copilot, Colab und GitHub.

Danke an das Lektoratsteam von Lulu, das an *How to Think Like a Computer Scientist* arbeitete, und die Lektoren von O'Reilly Media, die an *Think Python* arbeiteten.

Ein besonderer Dank gilt den technischen Sachverständigen für die zweite Auflage, Melissa Lewis und Luciano Ramalho, und für die dritte Auflage, Sam Lau und Luciano Ramalho (noch einmal!). Außerdem bin ich Luciano dafür dankbar, dass er das *turtle*-Grafikmodul `jupyturtle` entwickelt hat, das ich in mehreren Kapiteln verwende.

Vielen Dank auch an alle Studierenden, die mit früheren Versionen dieses Buchs gearbeitet haben, und an die über 100 Beitragenden, die im Verlauf der letzten Jahre Korrekturen und Vorschläge eingesandt haben. Ihre Beiträge und ihre Begeisterung für dieses Projekt waren eine große Hilfe.

Möchten Sie selbst Vorschläge und Korrekturen einsenden, schicken Sie mir bitte eine englischsprachige E-Mail an die Adresse *feedback@thinkpython.com*. Wenn Sie mir die Kapitelnummer und den Code mitschicken, in dem der Fehler auftaucht, ist mir das eine große Hilfe, das Problem aufzuspüren. Vielen Dank!

KAPITEL 1

Programmieren als Denkweise

In diesem Buch geht es vor allem darum, Ihnen das Programmieren in Python beizubringen. Dafür ist allerdings eine neue Denkweise nötig. Deshalb lautet das zweite Ziel dieses Buchs, Ihnen dabei zu helfen, wie eine Informatikerin oder ein Informatiker zu denken. Diese Denkweise kombiniert einige der besten Merkmale aus Mathematik, Ingenieurskunst und Naturwissenschaften. Wie Mathematiker verwenden auch Informatiker formale Sprachen, um Ideen auszudrücken, vor allem Berechnungen. Wie Ingenieure entwerfen sie Dinge, setzen Komponenten zu Systemen zusammen und wägen die Vor- und Nachteile verschiedener Alternativen gegeneinander ab. Wie Naturwissenschaftler beobachten sie das Verhalten komplexer Systeme, formen Hypothesen und testen Vorhersagen.

Wir beginnen mit den einfachsten Bestandteilen der Programmierung und arbeiten uns von dort aus vor. In diesem Kapitel sehen Sie, wie Python Zahlen, Buchstaben und Wörter darstellt. Außerdem lernen Sie, arithmetische Operationen durchzuführen.

Zusätzlich fangen Sie damit an, das Vokabular der Programmierung zu lernen, also Begriffe wie *Operator*, *Ausdruck*, *Wert* und *Typ*. Diese Fachbegriffe sind wichtig. Sie werden sie brauchen, um den Rest dieses Buchs zu verstehen, sich mit anderen Programmierern auszutauschen und mit virtuellen Assistenten zu kommunizieren.

Arithmetische Operatoren

Ein **arithmetischer Operator** ist ein Symbol, das für eine arithmetische Berechnung steht. Das Pluszeichen, +, führt beispielsweise eine Addition durch:

```
30 + 12
```

```
42
```

Das Minuszeichen, -, ist der Operator für die Subtraktion:

```
43 - 1
```

```
42
```

Der Asterisk (Sternchen), *, ist für die Multiplikation zuständig:

```
6 * 7
```

```
42
```

Und der Schrägstrich, /, führt eine Division durch:

```
84 / 2
```

```
42.0
```

Beachten Sie, dass das Ergebnis der Division nicht `42`, sondern `42.0` lautet. Das liegt daran, dass es in Python zwei Arten von Zahlen gibt:

- **Integer**, die für ganze Zahlen stehen, und
- **Fließkommazahlen**, die für Zahlen mit Nachkommastellen stehen.

Kommas oder Punkte?

In der englischsprachigen Welt (und in fast allen Programmiersprachen) wird anstelle des Kommas ein Punkt verwendet. Um beispielsweise die Zahl `42,4242` auszudrücken, werden die Nachkommastellen in Python durch einen Punkt von der Ganzzahl getrennt: `42.4242`.

Multiplizieren Sie Integer miteinander, ist das Ergebnis wieder eine ganze Zahl. Wenn Sie dagegen zwei Integer-Werte dividieren, ist das Ergebnis eine Fließkommazahl. Für eine **Ganzzahl-(Integer-)Division** gibt es in Python den Operator `//`. Das Ergebnis einer Integer-Division ist immer auch ein Integer-Wert:

```
84 // 2
```

```
42
```

Die Ganzzahl-Division wird auch als *floor-Division* oder »abrundende« Division bezeichnet, weil grundsätzlich auf den niedrigeren Wert (also in Richtung »Boden«) abgerundet wird.

```
85 // 2
```

```
42
```

Der doppelte Asterisk, **, wird in Python für die Potenzrechnung verwendet. Das heißt, er multipliziert eine Zahl um die angegebene Anzahl mit sich selbst. »Sieben hoch zwei« sieht beispielsweise so aus:

```
7 ** 2
```

```
49
```

Einige andere Sprachen verwenden für die Potenzrechnung das Caret-Zeichen, ^. In Python steht dieses dagegen für einen sogenannten bitweisen Operator mit dem Namen XOR. Wenn Sie sich mit bitweisen Operatoren nicht auskennen, ist das Ergebnis vermutlich unerwartet:

```
7 ^ 2
```

```
5
```

Ich werde in diesem Buch nicht weiter auf bitweise Operationen eingehen. Bei Interesse finden Sie die Details in der Python-Dokumentation unter *http://wiki.python.org/moin/BitwiseOperators*.

Ausdrücke

Eine Sammlung von Operatoren und Zahlen nennt man **Ausdruck**. Ein Ausdruck kann eine beliebige Anzahl von Operatoren und Zahlen enthalten. Der folgende Ausdruck enthält beispielsweise zwei Operatoren:

```
6 + 6 ** 2
```

```
42
```

Beachten Sie, dass die Potenzierung vor der Addition durchgeführt wird. Python folgt der Reihenfolge der Operationen, die Sie aus dem Matheunterricht kennen: Potenzierung vor Punktrechnung (Multiplikation/Division) vor Strichrechnung (Addition/Subtraktion).

Im folgenden Beispiel wird die Multiplikation vor der Addition durchgeführt:

```
12 + 5 * 6
```

```
42
```

Soll die Addition zuerst durchgeführt werden, können Sie Klammern verwenden:

```
(12 + 5) * 6
```

```
102
```

Jeder Ausdruck hat einen **Wert**. Der Ausdruck `6 * 7` hat beispielsweise den Wert `42`.

Arithmetische Funktionen

Zusätzlich zu den arithmetischen Operatoren besitzt Python eine Reihe von **Funktionen** für die Arbeit mit Zahlen. Die `round`-Funktion übernimmt beispielsweise eine Fließkommazahl und rundet sie auf die nächste Ganzzahl:

```
round(42.4)
```

```
42
```

```
round(42.6)
```

```
43
```

Die Funktion `abs` gibt den absoluten Wert einer Zahl zurück. Für eine positive Zahl ist dies die Zahl selbst:

```
abs(42)
```

```
42
```

Für eine negative Zahl ist der absolute Wert ihr positives Gegenstück:

```
abs(-42)
```

```
42
```

Benutzen wir eine Funktion auf diese Weise, sagen wir, wir **rufen** die Funktion **auf**. Ein Ausdruck, der eine Funktion aufruft, ist ein **Funktionsaufruf**.

Wenn Sie eine Funktion aufrufen, müssen Sie runde Klammern verwenden. Lassen Sie die Klammern weg, erhalten Sie eine Fehlermeldung:

```
abs 42
```

```
  Cell In[18], line 1
    abs 42
        ^
SyntaxError: invalid syntax
```

Die erste Zeile der Nachricht können Sie ignorieren. Sie enthält keine Informationen, die wir im Moment verstehen müssen. Die zweite Zeile ist der Code, der den Fehler enthält. Hier zeigt das Caret-Zeichen (^), wo der Fehler gefunden wurde.

Die letzte Zeile weist darauf hin, dass es sich hier um einen **Syntaxfehler** (engl. *Syntax Error*) handelt, was bedeutet, dass mit der Schreibweise, also der Struktur des Ausdrucks, etwas nicht stimmt. In diesem Beispiel sind es die fehlenden runden Klammern.

Schauen wir mal, was passiert, wenn Sie die runden Klammern *und* den Wert weglassen:

```
abs
```

```
<function abs(x, /)>
```

Ein allein stehender Funktionsname ist ein gültiger Ausdruck, der einen Wert hat. Wenn er angezeigt wird, gibt der Wert an, dass `abs` eine Funktion ist, und stellt noch ein paar weitere Informationen zur Verfügung. Ich werde Ihnen später erklären, was es damit auf sich hat.

Strings

Neben Zahlen kann Python auch Folgen von Buchstaben darstellen, die als **Strings** (»Ketten«) bezeichnet werden, weil sie wie Perlen einer Kette aufgereiht sind. Um einen String zu schreiben, können wir eine Folge von Buchstaben mit geraden Anführungszeichen umgeben:

```
'Hello'
```

```
'Hello'
```

Doppelte (gerade) Anführungszeichen dürfen ebenfalls eingesetzt werden:

```
"world"
```

```
'world'
```

Doppelte Anführungszeichen machen es leichter, einen String zu schreiben, der einen Apostroph enthält, der das gleiche Zeichen ist wie ein einfaches gerades Anführungszeichen:

```
"it's a small "
```

```
"it's a small "
```

Strings können außerdem Leerzeichen, Satzzeichen und Ziffern enthalten:

```
'Well, '
```

```
'Well, '
```

Für Strings hat der Operator + eine etwas andere Bedeutung: Er verkettet zwei Strings zu einem neuen String. Daher nennt man dieses Verfahren auch **Verkettung** (engl. *Concatenation*):

```
'Well, ' + "it's a small " + 'world.'
```

```
"Well, it's a small world."
```

Der Operator * funktioniert ebenfalls mit Strings. Er erzeugt mehrere Kopien eines Strings und verkettet sie miteinander:

```
'Spam, ' * 4
```

```
'Spam, Spam, Spam, Spam, '
```

Die übrigen arithmetischen Operatoren funktionieren nicht mit Strings.

Python besitzt außerdem eine Funktion namens `len`, mit der Sie die Länge eines Strings berechnen können:

```
len('Spam')
```

```
4
```

Beachten Sie, dass `len` die Anzahl der Buchstaben zwischen den Anführungszeichen zählt, aber nicht die Anführungszeichen selbst.

Stellen Sie sicher, dass Sie beim Erstellen eines Strings auf jeden Fall *gerade* Anführungszeichen benutzen. Das Gravis-Zeichen (`), im Englischen auch *Backtick* oder *Backquote* genannt, verursacht einen Syntaxfehler:

```
`Hello`
```

```
  Cell In[49], line 1
    `Hello`
    ^
SyntaxError: invalid syntax
```

Typografische Anführungszeichen (“ ”) sind ebenfalls nicht erlaubt.

Werte und Typen

Bisher kennen wir drei Arten von Werten:

- `2` ist ein Integer (Ganzzahl),
- `42.0` ist eine Fließkommazahl, und
- `'Hello'` ist ein String.

Eine weitere Art von Wert ist der **Typ** (*Type*). Jeder Wert hat einen solchen Datentyp oder »gehört« zu einem bestimmten Typ. Python besitzt eine Funktion namens `type`, mit der Sie den Typ eines beliebigen Werts feststellen können. Der Typ eines Integers lautet beispielsweise `int`:

```
type(2)
```

```
int
```

Der Typ einer Fließkommazahl ist `float`:

```
type(42.0)
```

```
float
```

Und der Typ eines Strings ist `str`:

```
type('Hello, World!')
```

```
str
```

Die Typen `int`, `float` und `str` können außerdem als Funktionen genutzt werden. So kann `int` eine Fließkommazahl übernehmen und sie in einen Integer-Wert umwandeln (dabei wird grundsätzlich abgerundet):

```
int(42.9)
```

```
42
```

Andersherum konvertiert `float` einen Integer-Wert in eine Fließkommazahl:

```
float(42)
```

```
42.0
```

Jetzt kommt etwas, das ein wenig verwirrend sein kann. Was passiert wohl, wenn Sie eine Folge von Ziffern mit Anführungszeichen umgeben?

```
'126'
```

```
'126'
```

Das sieht aus wie eine Zahl, ist aber in Wirklichkeit ein String:

```
type('126')
```

```
str
```

Wenn Sie versuchen, diesen String als Zahl zu verwenden, erhalten Sie möglicherweise eine Fehlermeldung:

```
'126' / 3
```

```
TypeError: unsupported operand type(s) for /: 'str' and 'int'
```

Dieses Beispiel löst einen `TypeError` (»Typfehler«) aus. Das heißt, die Werte im Ausdruck, die übrigens als **Operanden** bezeichnet werden, haben den falschen Typ. Die Fehlermeldung sagt aus, dass der Operator / die Typen dieser Werte (`str` und `int`) nicht unterstützt.

Einen String, der Ziffern enthält, können Sie mithilfe von `int` wieder in einen Integer umwandeln:

```
int('126') / 3
```

```
42.0
```

Haben Sie einen String, der Ziffern und einen Dezimalpunkt enthält, können Sie `float` benutzen, um ihn in eine Fließkommazahl umzuwandeln:

```
float('12.6')
```

```
12.6
```

Wenn Sie einen großen Integer-Wert schreiben, wären Sie in der englischsprachigen Welt eventuell versucht, große Zahlen durch Kommas zu trennen, wie zum Beispiel `1,000,000`. Das ist zwar ein gültiger Python-Ausdruck, trotzdem ist das Ergebnis keine Ganzzahl:

```
1,000,000
```

```
(1, 0, 0)
```

Python interpretiert `1,000,000` als Folge von Integer-Werten, die durch Kommas getrennt werden. Wir werden später mehr über diese Art von Folgen erfahren. Um große Zahlen trotzdem lesbarer zu machen, können Sie stattdessen Unterstriche verwenden:

```
1_000_000
```

```
1000000
```

Formale und natürliche Sprachen

Natürliche Sprachen sind die von Menschen gesprochenen Sprachen, wie Englisch, Spanisch und Französisch. Sie werden nicht von Menschen entwickelt, sondern sind natürlich entstanden.

Formale Sprachen sind dagegen Sprachen, die von Menschen für bestimmte Anwendungen entwickelt wurden. Zum Beispiel ist die mathematische Notation eine formale Sprache, die besonders gut dafür geeignet ist, die Beziehung zwischen Zahlen und Symbolen auszudrücken. Auf ähnliche Weise gelten auch Programmiersprachen als formale Sprachen, die entwickelt wurden, um Berechnungen auszudrücken.

Auch wenn formale und natürliche Sprachen ein paar Gemeinsamkeiten haben, gibt es doch einige wichtige Unterschiede:

Mehrdeutigkeit
: Natürliche Sprachen sind voll von Mehrdeutigkeiten, deren Sinn man sich durch Hinweise aus dem Zusammenhang und weiteren Informationen erst erschließen muss. Formale Sprachen sind dagegen so entwickelt, dass sie kaum oder gar keine Mehrdeutigkeiten besitzen. Das heißt, ein Programm hat, unabhängig vom Kontext, genau eine Bedeutung.

Redundanz
: Um Mehrdeutigkeit auszugleichen und Missverständnisse zu vermeiden, verwenden natürliche Sprachen Redundanz. Im Ergebnis sind sie oft sehr wortreich. Formale Sprachen sind knapper und weniger redundant.

Wörtlichkeit
: Natürliche Sprachen sind voll von Idiomen und Metaphern. Formale Sprachen bedeuten genau das, was sie sagen.

Da wir mit natürlichen Sprachen aufgewachsen sind, ist es manchmal nicht einfach, sich an formale Sprachen zu gewöhnen. Formale Sprachen haben eine höhere Informationsdichte als natürliche Sprachen. Daher dauert es länger, sie zu lesen. Außerdem ist die Struktur wichtig. Aus diesem Grund ist es nicht immer sinnvoll, sie von oben nach unten und von links nach rechts zu lesen. Und schließlich kommt es sehr auf die Details an: Kleine Fehler in der Schreibweise und der Zeichensetzung, die man Ihnen in natürlichen Sprachen nachsieht, können in einer formalen Sprache einen großen Unterschied bedeuten.

Debugging

Programmierer machen Fehler. Durch eine skurrile Geschichte werden Programmierfehler als **Bugs** (»Wanzen«) bezeichnet. Den Prozess, Programmierfehler zu beseitigen, nennt man entsprechend **Debugging**.

Das Programmieren und besonders das Debugging können sehr starke Gefühle auslösen. Wenn Sie mit einem schwierigen Bug zu kämpfen haben, fühlen Sie sich möglicherweise wütend, traurig oder beschämt.

Eine Vorbereitung auf diese Reaktionen kann Ihnen vielleicht den Umgang damit erleichtern. Eine Möglichkeit besteht darin, sich den Computer als eine Art Angestellten mit bestimmten Stärken vorzustellen, wie Geschwindigkeit und Genauigkeit, aber auch mit Schwächen, wie einem Mangel an Empathie oder der Unfähigkeit, das große Ganze zu erfassen.

Ihre Aufgabe ist es, ein guter Vorgesetzter oder eine gute Vorgesetzte zu sein: Finden Sie Wege, die Stärken zu nutzen und die Schwächen zu vermeiden. Und suchen Sie nach Möglichkeiten, Ihre Emotionen für den Umgang mit dem Problem einzusetzen, ohne dass sich Ihre Reaktionen negativ auf Ihre Fähigkeit auswirken, effektiv zu arbeiten.

Das Erlernen des Debuggings kann frustrierend sein, ist aber eine wertvolle Fertigkeit, die Ihnen bei vielen Aktivitäten über die Programmierung hinaus helfen kann. Am Ende jedes Kapitels finden Sie einen Abschnitt wie diesen, der meine Vorschläge zum Debugging enthält. Ich hoffe, sie helfen Ihnen!

Glossar

Arithmetischer Operator
: Ein Symbol wie + und *, das für eine arithmetische Operation wie Addition oder Multiplikation steht.

Integer
: Ein Typ, der für ganze Zahlen steht.

Fließkommazahl
: Ein Typ, der für Zahlen mit Nachkommastellen steht.

Ganzzahl-(Integer-)Division
: Ein Operator (//), der zwei Zahlen dividiert und das Ergebnis auf den nächsten Integer abrundet.

Ausdruck
: Eine Kombination aus Variablen (die wir im nächsten Kapitel vorstellen), Werten und Operatoren.

Wert
: Ein Integer, eine Fließkommazahl, ein String – oder Wertetypen, die Sie später noch kennenlernen werden.

Funktion
: Eine benannte Folge von Anweisungen, die eine nützliche Operation ausführt. Funktionen können Argumente übernehmen und Ergebnisse zurückgeben. Weder Argumente noch Rückgabewerte sind zwingend vorgeschrieben.

Funktionsaufruf
Ein Ausdruck – oder ein Teil davon –, der eine Funktion ausführt. Er besteht aus dem Namen der Funktion, gefolgt von einer Liste mit Argumenten, die von runden Klammern umgeben werden.

Syntaxfehler
Ein Fehler im Programm, der es unmöglich macht, das Programm zu parsen und damit auch auszuführen.

String
Ein Typ, der für eine Folge von Zeichen (zum Beispiel Buchstaben oder Ziffern) steht.

Verkettung
Die Kombination von zwei oder mehr Strings zu einem.

Typ
Eine Kategorie von Werten. Die bisher vorgestellten Typen sind Integer (Typ `int`), Fließkommazahlen (Typ `float`) und Strings (Typ `str`).

Operand
Einer der Werte, auf denen der Operator operiert.

Natürliche Sprache
Eine beliebige von Menschen gesprochene Sprache, die sich natürlich entwickelt hat.

Formale Sprache
Eine beliebige Sprache, die zu einem bestimmten Zweck geschaffen wurde, zum Beispiel um mathematische Konzepte auszudrücken oder Computerprogramme zu schreiben. Alle Programmiersprachen sind formale Sprachen.

Bug
Ein Fehler in einem Computerprogramm.

Debugging
Der Prozess, Programmierfehler zu finden und zu beseitigen.

Übungen

Fragen Sie einen virtuellen Assistenten

Beim Durcharbeiten dieses Buchs können Sie sich auf verschiedene Weise von einem virtuellen Assistenten oder Chatbot beim Lernen helfen lassen:

- Wenn Sie mehr über ein bestimmtes Thema im Kapitel erfahren möchten oder etwas unklar ist, können Sie nach einer Erklärung fragen.
- Wenn Sie mit irgendeiner der Übungen Schwierigkeiten haben, können Sie um Hilfe bitten.

In jedem Kapitel schlage ich Übungen vor, die Sie im Prinzip auch von einem virtuellen Assistenten erledigen lassen können. Trotzdem möchte ich Sie ermutigen, erst einmal zu probieren, selbstständig eine Lösung zu finden.

Hier ein paar Themen, zu denen Sie einen virtuellen Assistenten befragen können:

- Weiter oben habe ich bitweise Operatoren erwähnt, aber nicht erklärt, warum `7 ^ 2` den Wert `5` ergibt. Versuchen Sie zu fragen: »Was sind bitweise Operatoren in Python?« oder: »Wie lautet der Wert von `7 XOR 2` und warum?«
- Ich habe außerdem die Reihenfolge der Operationen erwähnt. Um mehr zu erfahren, können Sie fragen: »Wie lautet die Reihenfolge der Operationen in Python?«
- Die Funktion `round`, die wir benutzt haben, um eine Fließkommazahl auf die nächste Ganzzahl zu runden, kann ein zweites Argument übernehmen. Hierzu könnten Sie fragen: »Was sind die Argumente der `round`-Funktion in Python?« oder: »Wie runde ich Pi auf drei Nachkommastellen?«
- Es gibt noch einen weiteren arithmetischen Operator, den ich nicht erwähnt habe. Versuchen Sie zu fragen: »Was ist der Modulo-Operator in Python?«

Die meisten virtuellen Assistenten kennen Python und können Fragen wie diese ziemlich zuverlässig beantworten. Vergessen Sie aber nicht, dass diese Werkzeuge Fehler machen. Wenn Ihnen der Chatbot Code zurückgibt, testen Sie ihn!

Übung 1-1

Vielleicht fragen Sie sich, was `round` mit einer Zahl anfängt, die auf `0.5` endet. Die Antwort ist, dass die Funktion mal auf- und mal abrundet. Probieren Sie die folgenden Beispiele aus und versuchen Sie herauszufinden, welche Regel `round` hier befolgt:

```
round(42.5)
```

```
42
```

```
round(43.5)
```

```
44
```

Wenn Sie neugierig sind, fragen Sie einen virtuellen Assistenten: »Wenn eine Zahl auf `0.5` endet, rundet Python dann auf oder ab?«

Übung 1-2

Wenn Sie ein neues Sprachmerkmal kennenlernen, sollten Sie es ausprobieren und absichtlich Fehler machen. So lernen Sie die Fehlermeldungen kennen. Erscheinen sie erneut, kennen Sie ihre Bedeutung schon. Es ist besser, zu Beginn absichtlich Fehler zu machen, als später aus Versehen.

1. Sie können ein Minuszeichen benutzen, um eine negative Zahl zu erzeugen, wie `-2`. Was passiert, wenn Sie der Zahl ein Pluszeichen voranstellen? Was ist mit `2++2`?
2. Was passiert, wenn Sie zwei Werte haben, zwischen denen kein Operator steht, beispielsweise bei `2 4`?
3. Was passiert, wenn Sie bei einem Funktionsaufruf wie `round(42.5)` beide runden Klammern weglassen?

Übung 1-3

Wie Sie mittlerweile wissen, hat jeder Ausdruck einen Wert, und jeder Wert hat einen Typ. Anhand der Funktion `type` können Sie herausfinden, welchen Typ ein bestimmter Wert hat.

Wie lautet der Typ des Werts in den folgenden Ausdrücken? Überlegen Sie gut, welcher das sein könnte, und benutzen Sie anschließend `type`, um herauszufinden, ob Ihre Vermutung richtig war.

- `765`
- `2.718`
- `'2 pi'`
- `abs(-7)`
- `abs(-7.0)`
- `abs`
- `int`
- `type`

Übung 1-4

Die folgenden Fragen können Ihnen helfen, das Schreiben von arithmetischen Ausdrücken zu üben:

1. Wie viele Sekunden enthalten 42 Minuten und 42 Sekunden?
2. Wie viele Meilen sind 10 Kilometer? Tipp: Eine Meile entspricht 1,61 Kilometern.
3. Wenn Sie ein 10-Kilometer-Rennen in 42 Minuten und 42 Sekunden laufen, wie hoch ist dann Ihre Durchschnittsgeschwindigkeit in Sekunden pro Meile?
4. Wie hoch ist Ihre Durchschnittsgeschwindigkeit in Minuten und Sekunden pro Meile?
5. Wie hoch ist Ihre Durchschnittsgeschwindigkeit in Meilen pro Stunde?

Wenn Sie sich schon mit Variablen auskennen, dürfen Sie sie in dieser Übung einsetzen. Falls nicht, können Sie die Übung aber auch ohne Variablen durchführen. Wir werden dann im nächsten Kapitel sehen, was es damit auf sich hat.

KAPITEL 2

Variablen und Anweisungen

Im vorherigen Kapitel haben wir Operatoren benutzt, um Ausdrücke zu schreiben, die arithmetische Berechnungen durchführen.

In diesem Kapitel lernen Sie Variablen, Anweisungen, die `import`-Anweisung und die `print`-Funktion kennen. Außerdem stelle ich weitere Fachbegriffe vor, die wir benutzen, wenn wir über Programme sprechen, wie »Argument« und »Modul«.

Variablen

Eine **Variable** ist ein Name, der auf einen Wert verweist. Um eine Variable zu erstellen, verwenden wir eine **Zuweisungsanweisung**, wie hier:

```
n = 17
```

Eine Zuweisungsanweisung hat drei Teile: den Namen der Variablen (`n`) links vom Gleichheitszeichen, das Gleichheitszeichen als Zuweisungsoperator (`=`) und einen Ausdruck (`17`) rechts davon. Im obigen Beispiel ist der Ausdruck ein Integer. Hier ist es eine Fließkommazahl:

```
pi = 3.141592653589793
```

Und hier ist es ein String:

```
message = 'And now for something completely different'
```

Wenn Sie eine Zuweisung ausführen, gibt es keine Ausgaben. Python legt die Variable an und gibt ihr einen Wert. Dabei hat die Zuweisung keine sichtbaren Auswirkungen. Allerdings können Sie die Variable nach ihrer Erstellung als

Ausdruck verwenden. Dadurch können wir den Wert von `message` folgendermaßen ausgeben:

```
message
```

```
'And now for something completely different'
```

Außerdem können Sie eine Variable als Teil eines Ausdrucks mit arithmetischen Operatoren verwenden:

```
n + 25
```

```
42
```

```
2 * pi
```

```
6.283185307179586
```

Oder Sie nutzen eine Variable als Teil eines Funktionsaufrufs:

```
round(pi)
```

```
3
```

```
len(message)
```

```
42
```

Zustandsdiagramme

Um Variablen auf dem Papier darzustellen, schreiben Sie ihren Namen und verbinden ihn durch einen Pfeil mit dem Wert, wie hier:

Diese Art Darstellung wird als **Zustandsdiagramm** bezeichnet, weil es den Zustand wiedergibt, in dem sich die einzelnen Variablen gerade befinden. Wir benutzen Zustandsdiagramme in diesem Buch als Modell für die Speicherung von Variablen und ihren Werten in Python.

Variablennamen

Variablennamen können beliebig lang sein. Sie können aus Buchstaben und Ziffern bestehen, dürfen aber nicht mit einer Ziffer beginnen. Grundsätzlich können Sie Groß- und Kleinbuchstaben verwenden, allerdings werden Variablennamen in der Regel komplett kleingeschrieben.

Das einzige Zeichen, das in einem Variablennamen vorkommen darf, ist der Unterstrich (_). Er wird oft benutzt, um Namen, die aus mehreren Wörtern bestehen, besser lesbar zu machen, wie in `your_name` oder `airspeed_of_unladen_swallow`.

Geben Sie einer Variablen einen ungültigen Namen, wird ein Syntaxfehler ausgelöst. Der Name `million!` ist ungültig, weil er ein Satzzeichen enthält:

```
million! = 1000000
```

```
  Cell In[15], line 1
    million! = 1000000
           ^
SyntaxError: invalid syntax
```

`76trombones` ist ungültig, weil er mit einer Ziffer beginnt:

```
76trombones = 'big parade'
```

```
  Cell In[16], line 1
    76trombones = 'big parade'
     ^
SyntaxError: invalid decimal literal
```

`class` ist ebenfalls ungültig. Hier ist der Grund aber nicht so leicht erkennbar:

```
        class = 'Self-Defence Against Fresh Fruit'
```

```
  Cell In[17], line 1
    class = 'Self-Defence Against Fresh Fruit'
          ^
SyntaxError: invalid syntax
```

Wie sich zeigt, ist `class` ein **Schlüsselwort**. Dabei handelt es sich um ein spezielles Wort, das benutzt wird, um die Struktur eines Programms zu definieren. Schlüsselwörter können nicht als Variablennamen eingesetzt werden.

Hier eine Liste aller Schlüsselwörter in Python:

```
False      await      else       import     pass
None       break      except     in         raise
True       class      finally    is         return
and        continue   for        lambda     try
as         def        from       nonlocal   while
assert     del        global     not        with
async      elif       if         or         yield
```

Sie müssen diese Liste nicht auswendig lernen. In den meisten Entwicklungsumgebungen werden Schlüsselwörter in einer anderen Farbe dargestellt. Wenn Sie versuchen, ein Schlüsselwort als Variablenname zu verwenden, werden Sie das schnell merken.

Die import-Anweisung

Um bestimmte Python-Merkmale nutzen zu können, müssen diese erst über eine `import`-Anweisung ins Programm einbezogen werden. Die folgende Anweisung importiert beispielsweise das `math`-Modul.

```
import math
```

Ein **Modul** ist eine Sammlung von Variablen und Funktionen. Das `math`-Modul stellt eine Variable namens `pi` zur Verfügung, die den Wert der mathematischen Konstante π enthält. Wir können ihren Wert wie folgt ausgeben:

```
math.pi
```

```
3.141592653589793
```

Um eine Variable aus einem Modul zu nutzen, müssen Sie den Namen des Moduls und den Variablennamen mit einem **Punktoperator** (`.`) verbinden.

Das `math`-Modul enthält außerdem einige Funktionen. Die Funktion `sqrt` berechnet beispielsweise Quadratwurzeln:

```
math.sqrt(25)
```

```
5.0
```

Die Funktion `pow` potenziert eine Zahl mit dem angegebenen Exponenten:

```
math.pow(5, 2)
```

```
25.0
```

Jetzt kennen Sie schon zwei Möglichkeiten, Zahlen zu potenzieren: Entweder verwenden Sie die Funktion `math.pow` oder den Potenzierungsoperator (**). Beides ist in Ordnung, wobei der Operator öfter eingesetzt wird als die Funktion.

Ausdrücke und Anweisungen

Mittlerweile kennen Sie schon einige Ausdrücke. Ein Ausdruck kann ein einzelner Wert sein, wie ein Integer, eine Fließkommazahl oder ein String, er kann aber auch aus einer Sammlung von Werten und Operatoren bestehen. Zudem kann er Variablennamen und Funktionsaufrufe enthalten. Hier ein Ausdruck, der mehrere dieser Elemente miteinander verbindet:

```
19 + n + round(math.pi) * 2
```

```
42
```

Außerdem haben wir inzwischen mehrere Arten von Anweisungen betrachtet. Eine **Anweisung** ist ein Codeabschnitt, der eine Auswirkung hat, aber keinen Wert. Eine Zuweisungsanweisung erstellt beispielsweise eine Variable und weist ihr einen Wert zu. Sie selbst hat aber keinen Wert.

```
n = 17
```

Ähnlich verhält es sich mit einer `import`-Anweisung. Auch sie hat keine sichtbaren Auswirkungen. Sie importiert ein Modul, damit wir die darin enthaltenen Werte und Funktionen nutzen können:

```
import math
```

Die Berechnung des Werts eines Ausdrucks wird als **Auswertung** bezeichnet. Die Ausführung einer Anweisung nennt man **Ausführung**.

Die print-Funktion

Wenn Sie einen Ausdruck auswerten, wird das Ergebnis ausgegeben:

```
n + 1
```

```
18
```

Werten Sie mehrere Ausdrücke aus, wird dagegen nur der Wert des letzten Ausdrucks angezeigt:

```
n + 2
n + 3
```

```
20
```

Um mehr als einen Wert auszugeben, können Sie die `print`-Funktion verwenden:

```
print(n+2)
print(n+3)
```

```
19
20
```

`print` funktioniert auch mit Fließkommazahlen und Strings:

```
print('The value of pi is approximately')
print(math.pi)
```

```
The value of pi is approximately
3.141592653589793
```

Darüber hinaus können Sie `print` eine Folge von Ausdrücken übergeben, die durch Kommas voneinander getrennt werden:

```
print('The value of pi is approximately', math.pi)
```

```
The value of pi is approximately 3.141592653589793
```

Beachten Sie, dass `print` die Werte bei der Ausgabe durch ein Leerzeichen voneinander trennt.

Argumente

Beim Aufruf einer Funktion wird der Ausdruck innerhalb der runden Klammern **Argument** genannt. Normalerweise würde ich jetzt den Grund für diese Bezeichnung erklären, in diesem Fall hat die technische Bedeutung des Begriffs aber so gut wie gar nichts mit der allgemeinen Wortbedeutung zu tun. Daher sehe ich hier besser davon ab.

Einige der bisher gesehenen Funktionen übernehmen nur ein Argument, zum Beispiel `int`:

```
int('101')
```

```
101
```

Andere übernehmen zwei Argumente, zum Beispiel `math.pow`:

```
math.pow(5, 2)
```

```
25.0
```

Manche Funktionen können auch zusätzliche Argumente übernehmen. Für `int` können Sie beispielsweise ein zweites Argument angeben, das die Basis der Zahl definiert:

```
int('101', 2)
```

```
5
```

Die Ziffernfolge `101` in Base-2-(Binär-)Schreibweise steht für die Zahl 5 im Dezimalsystem.

`round` kann ebenfalls ein optionales zweites Argument übernehmen, mit dem angegeben werden kann, auf wie viele Nachkommastellen gerundet werden soll:

```
round(math.pi, 3)
```

```
3.142
```

Manche Funktionen können eine beliebige Zahl von Argumenten übernehmen, wie `print`:

```
print('Any', 'number', 'of', 'arguments')
```

```
Any number of arguments
```

Wenn Sie versuchen, einer Funktion zu viele Argumente zu übergeben, erhalten Sie einen `TypeError`:

```
float('123.0', 2)
```

```
TypeError: float expected at most 1 argument, got 2
```

Zu wenige Argumente gelten ebenfalls als TypeError:

```
math.pow(2)
```

```
TypeError: pow expected 2 arguments, got 1
```

Übergeben Sie ein Argument eines Typs, mit dem die Funktion nicht umgehen kann, erhalten Sie – Sie haben es geahnt – einen TypeError:

```
math.sqrt('123')
```

```
TypeError: must be real number, not str
```

Diese Art der Überprüfung kann, besonders wenn Sie noch am Anfang stehen, nervig sein, aber sie hilft Ihnen, Fehler zu finden und diese zu korrigieren.

Kommentare

Je größer und komplexer Programme werden, desto schwieriger sind sie oft zu lesen. Formale Sprachen haben eine hohe Informationsdichte. Daher ist es oft nicht leicht, bei einem Blick auf ein Codestück sofort zu erkennen, was es tut und warum.

Aus diesem Grund ist es eine gute Idee, Ihr Programm mit Hinweisen zu versehen, die in natürlicher Sprache erklären, was das Programm gerade tut. Diese Hinweise heißen **Kommentare**. In Python werden sie durch ein Doppelkreuz (#) eingeleitet:

```
# Zahl der Sekunden in 42:42
seconds = 42 * 60 + 42
```

Hier steht der Kommentar auf einer eigenen Zeile. Sie können Kommentare aber auch am Zeilenende einfügen, wie hier:

```
miles = 10 / 1.61      # 10 Kilometer in Meilen
```

Alles ab dem # bis zum Ende der Zeile wird ignoriert und hat keine Auswirkungen auf die Ausführung des Programms. Kommentare sind besonders nützlich, wenn sie weniger offensichtliche Programmteile dokumentieren. Grundsätzlich können Sie davon ausgehen, dass die Leserinnen und Leser selbst herausfinden, *was* der Code tut. Daher ist es sinnvoller, zu erklären, *warum* er es tut.

Dieser Kommentar ist redundant und hat keinen zusätzlichen Nutzen:

```
v = 8     # 8 an v zuweisen
```

Der nächste Kommentar enthält dagegen nützliche Informationen, die nicht im Code enthalten sind:

```
v = 8     # Geschwindigkeit (velocity) in Meilen pro Stunde
```

Gute Variablennamen können den Bedarf für Kommentare verringern. Sind die Variablennamen aber zu lang, kann das die Lesbarkeit von komplexen Ausdrücken erschweren. Hier gilt es also, Vor- und Nachteile gegeneinander abzuwägen.

Debugging

In einem Programm können drei Arten von Fehlern auftreten: Syntaxfehler, Laufzeitfehler und semantische Fehler. Ihre Unterscheidung kann helfen, sie schneller zu finden:

Syntaxfehler
: *Syntax* bezeichnet die Struktur des Programms und die Regeln, die diese Struktur bestimmen. Enthält Ihr Programm einen Syntaxfehler, führt Python das Programm nicht aus, sondern gibt sofort eine Fehlermeldung aus.

Laufzeitfehler
: Enthält das Programm keine Syntaxfehler, kann seine Ausführung beginnen. Geht trotzdem etwas schief, gibt Python eine Fehlermeldung aus und hält das Programm an. Diese Art von Fehlern nennt man Laufzeitfehler. Dies wird auch als **Ausnahme** bezeichnet, weil dieser Fehler darauf hinweist, dass etwas Außergewöhnliches (engl. *exceptional*) passiert ist.

Semantische Fehler
: Die dritte Fehlerkategorie wird *semantisch* genannt, weil sie sich auf eine bestimmte Bedeutung bezieht. Enthält Ihr Programm einen semantischen Fehler, wird es vermutlich ohne Fehlermeldung ausgeführt, tut aber nicht das, was Sie wollten. Das Aufspüren semantischer Fehler kann schwierig sein, weil Sie sich rückwärts durch die Ausgaben des Programms arbeiten müssen, um herauszufinden, wo das Problem liegt.

Wie bereits gesehen, gelten ungültige Variablennamen als Syntaxfehler:

```
million! = 1000000
```

```
  Cell In[43], line 1
    million! = 1000000
           ^
SyntaxError: invalid syntax
```

Versuchen Sie, einen Operator mit einem nicht unterstützten Typ zu verwenden, löst das einen Laufzeitfehler aus:

```
'126' / 3
```

```
TypeError: unsupported operand type(s) for /: 'str' and 'int'
```

Und zum Schluss noch ein Beispiel für einen semantischen Fehler: Angenommen, wir wollten den Durchschnitt von `1` und `3` berechnen. Dabei haben wir allerdings die Reihenfolge der Operationen nicht beachtet und schreiben:

```
1 + 3 / 2
```

```
2.5
```

Wird dieser Ausdruck ausgewertet, erhalten Sie keine Fehlermeldung. Es gibt also keinen Syntax- oder Laufzeitfehler. Aber das Ergebnis ist nicht der Durchschnitt von `1` und `3`. Das Programm ist also nicht korrekt. Dies ist ein semantischer Fehler, denn das Programm wird zwar ausgeführt, tut aber nicht, was es soll.

Glossar

Variable
: Ein Name, der auf einen Wert verweist.

Zuweisungsanweisung
: Eine Anweisung, die einer Variablen einen Wert zuweist.

Zustandsdiagramm
: Eine grafische Darstellung von Variablen und der Werte, auf die sie verweisen.

Schlüsselwort
: Ein besonderes Wort für die Definition der Programmstruktur.

import-Anweisung
: Eine Anweisung, die eine Moduldatei liest und ein entsprechendes Modulobjekt erzeugt, das in einem Programm genutzt werden kann.

Modul
: Eine Datei mit Python-Code, die Funktionsdefinitionen und manchmal auch andere Anweisungen enthält.

Punktoperator
: Der Operator für den Zugriff auf Funktionen in einem anderen Modul. Hierbei wird zuerst der Modulname angegeben, direkt gefolgt vom Punktoperator (`.`), direkt gefolgt vom Namen der Funktion.

Anweisung
: Eine oder mehr Codezeilen, die für einen Befehl oder eine Aktion stehen.

Auswertung
: Durchführung der Operationen in einem Ausdruck, um einen Wert zu berechnen.

Ausführung
: Die Befehle einer Anweisung befolgen.

Argument
: Ein Wert, der einer Funktion bei ihrem Aufruf übergeben wird. Jedes Argument wird in der Funktion einem entsprechenden Parameter zugewiesen.

Kommentar
: Im Programm enthaltener Text, der Informationen über das Programm enthält, sich aber nicht auf dessen Ausführung auswirkt.

Laufzeitfehler
: Ein Fehler, der dafür sorgt, dass das Programm eine Fehlermeldung ausgibt und beendet wird.

Ausnahme
: Ein Fehler, der während der Ausführung des Programms aufritt.

Semantischer Fehler
: Ein Fehler, der dafür sorgt, dass das Programm nicht tut, was es soll, ohne dabei eine Fehlermeldung auszugeben.

Übungen

Fragen Sie einen virtuellen Assistenten

Auch in diesem Kapitel möchte ich Sie dazu ermutigen, einen virtuellen Assistenten zu benutzen, um mehr über die Themen dieses Kapitels zu erfahren.

Wenn Sie mehr über die Schlüsselwörter erfahren möchten, können Sie beispielsweise fragen: »Warum ist `class` ein Schlüsselwort?« oder: »Warum können Schlüsselwörter keine Variablennamen sein?«

Vermutlich haben Sie bemerkt, dass `int`, `float` und `str` in Python keine Schlüsselwörter sind. Es sind Variablen, die für bestimmte Typen stehen und nicht als Funktionen verwendet werden können. Daher ist es grundsätzlich *erlaubt*, eine Variable oder Funktion mit diesem Namen zu verwenden. Allerdings möchte ich dringend davon abraten. Fragen Sie einen Assistenten: »Warum ist es keine gute Idee, `int`, `float` und `str` als Variablennamen zu verwenden?«

Sie können auch fragen: »Wie heißen die eingebauten Funktionen in Python?« Wenn Sie mehr über einzelne Funktionen erfahren möchten, stellen Sie weitere Fragen.

In diesem Kapitel haben wir das `math`-Modul importiert und einige der enthaltenen Variablen und Funktionen benutzt. Fragen Sie einen Assistenten: »Welche Variablen und Funktionen sind im `math`-Modul enthalten?« und: »Welche Module außer `math` gehören zum Kern von Python?«

Übung 2-1

Folgen Sie meinem Rat aus dem vorherigen Kapitel und machen Sie beim Lernen neuer Merkmale absichtlich Fehler, um zu sehen, was dabei schiefgehen kann.

1. Wir wissen, dass `n = 17` eine gültige Zuweisung ist. Wie sieht es aber mit `17 = n` aus?
2. Was ist mit `x = y = 1`?
3. In manchen Sprachen muss jede Anweisung mit einem Semikolon (`;`) abgeschlossen werden. Was passiert, wenn Sie das in Python tun?
4. Was passiert, wenn Sie das Ende einer Anweisung mit einem Punkt versehen?

5. Was passiert, wenn Sie den Namen eines Moduls falsch schreiben, zum Beispiel als `import maath`?

Übung 2-2

Versuchen Sie, den Python-Interpreter als Taschenrechner zu benutzen:

Teil 1. Das Volumen einer Kugel mit dem Radius r ist $\frac{4}{3}\pi r^3$. Wie groß ist das Volumen einer Kugel mit dem Radius 5? Beginnen Sie mit einer Variablen namens `radius`, dann weisen Sie das Ergebnis der Berechnung einer Variablen `volume` (»Rauminhalt«) zu. Geben Sie das Ergebnis aus. Versehen Sie das Programm mit Kommentaren, die erklären, dass der Wert von `radius` in Zentimetern und der von `volume` in Kubikzentimetern angegeben wird.

Teil 2. Eine Regel der Trigonometrie besagt, dass für einen beliebigen Wert von x gilt, dass $(cos\ x)^2 + (sin\ x)^2 = 1$. Wir wollen überprüfen, ob diese Aussage für einen bestimmten Wert von x, zum Beispiel 42, wahr ist.

Erstellen Sie eine Variable namens `x` mit diesem Wert. Dann verwenden Sie die Funktionen `math.cos` und `math.sin`, um den Sinus und den Kosinus von x und die Summe ihrer Quadrate zu berechnen.

Das Ergebnis sollte nahe 1 liegen, weil Fließkommaarithmetik nicht vollkommen exakt ist, sondern nur annähernd.

Teil 3. Zusätzlich zu `pi` wird im `math`-Modul auch `e` definiert, das für die Basis des natürlichen Logarithmus steht, der in mathematischer Notation als e ausgedrückt wird. Wenn Sie sich mit diesem Wert nicht auskennen, fragen Sie einen virtuellen Assistenten: »Was ist `math.e`?« Jetzt wollen wir e^2 auf drei verschiedene Arten berechnen:

1. Verwenden Sie `math.e` und den Potenzierungsoperator (**).
2. Benutzen Sie `math.pow`, um `math.e` mit `2` zu potenzieren.
3. Verwenden Sie `math.exp`, das als Argument einen Wert$x$ übernimmt und e^x berechnet.

Vielleicht fällt Ihnen auf, dass sich das letzte Ergebnis leicht von den anderen beiden unterscheidet. Versuchen Sie, herauszufinden, welches Ergebnis richtig ist.

KAPITEL 3

Funktionen

Im vorherigen Kapitel haben wir verschiedene Python-eigene Funktionen wie `int` und `float` benutzt. Außerdem kamen einige vom `math`-Modul bereitgestellte Funktionen wie `sqrt` und `pow` zum Einsatz. In diesem Kapitel lernen Sie, Ihre eigenen Funktionen zu erstellen und auszuführen. Darüber hinaus werden wir sehen, wie sich Funktionen gegenseitig aufrufen können. Als Beispiele verwenden wir Texte von Monty-Python-Songs, um Ihnen ein wichtiges Leistungsmerkmal von Python zu zeigen – die Möglichkeit, eigene Funktionen zu schreiben, ist das Fundament der Programmierung.

In diesem Kapitel stellen wir außerdem eine neue Anweisung vor: die `for`-Schleife, mit der Berechnungen wiederholt werden können.

Neue Funktionen definieren

Eine **Funktionsdefinition** legt den Namen einer Funktion und die Reihenfolge der Anweisungen fest, die beim Aufruf der Funktion ausgeführt werden sollen. Hier ein Beispiel:

```
def print_lyrics():
    print("I'm a lumberjack, and I'm okay.")
    print("I sleep all night and I work all day.")
```

`def` ist ein Schlüsselwort, das anzeigt, dass es sich hier um eine Funktionsdefinition handelt. Der Name der Funktion lautet `print_lyrics` (»Songtext ausgeben«). Für Funktionen gelten die gleichen Namensregeln wie für Variablennamen.

Die leeren runden Klammern hinter dem Namen bedeuten, dass diese Funktion keine Argumente übernimmt.

Die erste Zeile der Funktion wird **Header** (Kopfteil) genannt – der Rest wird als **Body** (Funktionskörper) bezeichnet. Der Header muss mit einem Doppelpunkt abgeschlossen und der Body muss eingerückt werden. Per Konvention wird um vier Leerzeichen eingerückt. Der Funktionskörper besteht aus zwei `print`-Anweisungen. Grundsätzlich kann der Body einer Funktion eine beliebige Anzahl von Anweisungen unterschiedlicher Art enthalten.

Die Definition einer Funktion erzeugt ein Funktionsobjekt, das Sie wie folgt anzeigen können:

```
print_lyrics
```

```
<function __main__.print_lyrics()>
```

Das bedeutet, dass `print_lyrics` eine Funktion (engl. *Function*) ist, die keine Argumente übernimmt (runde Klammern ohne Inhalt nach dem Funktionsnamen). `__main__` gibt den Namen des Moduls an, das `print_lyrics` enthält.

Nachdem wir eine Funktion definiert haben, können wir sie auf die gleiche Weise aufrufen wie die eingebauten Funktionen:

```
print_lyrics()
```

```
I'm a lumberjack, and I'm okay.
I sleep all night and I work all day.
```

Läuft die Funktion, werden die Anweisungen im Body ausgeführt, wodurch die ersten zwei Zeilen des Lumberjack-Songs ausgegeben werden.

Parameter

Sie wissen bereits, dass für einige Funktionen Argumente angegeben werden müssen. Beim Aufruf von `abs` übergeben Sie beispielsweise eine Zahl als Argument. Manche Funktionen können auch mehr als ein Argument übernehmen. `math.pow` benötigt zum Beispiel zwei Argumente: die Basis und den Exponenten.

Hier die Definition einer Funktion, die ein Argument übernimmt:

```
def print_twice(string):
    print(string)
    print(string)
```

Der Variablenname innerhalb der runden Klammern wird **Parameter** genannt. Beim Aufruf der Funktion wird der Wert des Arguments diesem Parameter zugewiesen. So können wir `print_twice` (»zweimal ausgeben«) etwa so aufrufen:

```
print_twice('Dennis Moore, ')
```

```
Dennis Moore,
Dennis Moore,
```

Die Ausführung dieser Funktion hat die gleichen Auswirkungen wie die Zuweisung des Arguments an eine Variable und die Ausführung des Bodys der Funktion, wie hier gezeigt:

```
string = 'Dennis Moore, '
print(string)
print(string)
```

```
Dennis Moore,
Dennis Moore,
```

Auch Variablen können als Argument verwendet werden:

```
line = 'Dennis Moore, '
print_twice(line)
```

```
Dennis Moore,
Dennis Moore,
```

In diesem Beispiel wird der Wert von `line` dem Parameter `string` zugewiesen.

Funktionen aufrufen

Sobald eine Funktion definiert ist, kann sie innerhalb einer anderen Funktion eingesetzt werden. Um das zu demonstrieren, schreiben wir Funktionen, die den Text von »The Spam Song« (*https://www.songfacts.com/lyrics/monty-python/the-spam-song*) ausgeben:

> *Spam, Spam, Spam, Spam,*
> *Spam, Spam, Spam, Spam,*
> *Spam, Spam,*
> *(Lovely Spam, Wonderful Spam!)*
> *Spam, Spam,*

Wir beginnen mit der folgenden Funktion, die zwei Parameter übernimmt:

```
def repeat(word, n):
    print(word * n)
```

Mit dieser Funktion können wir die erste Zeile des Songs ausgeben, wie hier gezeigt:

```
spam = 'Spam, '
repeat(spam, 4)
```

```
Spam, Spam, Spam, Spam,
```

Um die ersten zwei Zeilen auszugeben, definieren wir eine neue Funktion, die `repeat` (»wiederholen«) verwendet:

```
def first_two_lines():
    repeat(spam, 4)
    repeat(spam, 4)
```

Diese können wir dann wie folgt aufrufen:

```
first_two_lines()
```

```
Spam, Spam, Spam, Spam,
Spam, Spam, Spam, Spam,
```

Um die letzten drei Zeilen auszugeben, können wir eine weitere Funktion definieren, die ebenfalls `repeat` verwendet:

```
def last_three_lines():
    repeat(spam, 2)
    print('(Lovely Spam, Wonderful Spam!)')
    repeat(spam, 2)
```

```
last_three_lines()
```

```
Spam, Spam,
(Lovely Spam, Wonderful Spam!)
Spam, Spam,
```

Zum Schluss kombinieren wir die Einzelteile zu einer Funktion, die die gesamte Strophe ausgibt:

```
def print_verse():
    first_two_lines()
    last_three_lines()
```

```
print_verse()
```

```
Spam, Spam, Spam, Spam,
Spam, Spam, Spam, Spam,
Spam, Spam,
(Lovely Spam, Wonderful Spam!)
Spam, Spam,
```

Bei der Ausführung von `print_verse` (»Strophe ausgeben«) wird die Funktion `first_two_lines` (»erste zwei Zeilen«) aufgerufen, die wiederum `repeat` aufruft, die ihrerseits `print` aufruft. Das sind ganz schön viele Funktionen.

Natürlich hätten wir die gleiche Sache auch mit weniger Funktionen erledigen können. In diesem Beispiel ging es aber darum, zu zeigen, wie Funktionen zusammenarbeiten können.

Wiederholung

Wenn Sie mehr als eine Zeile ausgeben wollen, können Sie auch eine `for`-Anweisung verwenden. Hier ein einfaches Beispiel:

```
for i in range(2):
    print(i)
```

```
0
1
```

Die erste Zeile der Funktion ist ein Header, der mit einem Doppelpunkt abgeschlossen wird.

Die folgende Zeile beginnt mit dem Schlüsselwort `for`, einer neuen Variablen namens `i` und einem weiteren Schlüsselwort namens `in`. Es verwendet die `range`-Funktion, um eine Folge von zwei Werten zu erzeugen: `0` und `1`. Wenn wir in Python zählen, beginnen wir in der Regel bei `0`.

Bei der Ausführung der `for`-Anweisung wird der erste von `range` erzeugte Wert der Variablen `i` zugewiesen. Danach wird die `print`-Funktion im Body der Schleife aufgerufen, wodurch `0` ausgegeben wird.

Am Ende des Bodys angekommen, springt Python wieder zurück zum Header, um den Code erneut auszuführen, was auch der Grund dafür ist, dass diese Anweisung als **Schleife** bezeichnet wird. Im zweiten Durchlauf wird `i` der nächste

Wert von range zugewiesen und ausgegeben. Weil dies der letzte von range erzeugte Wert ist, wird die Schleife danach beendet.

Hier sehen Sie, wie wir eine for-Schleife verwenden können, um zwei Strophen des Songs auszugeben:

```
for i in range(2):
    print("Verse", i)
    print_verse()
    print()
```

```
Verse 0
Spam, Spam, Spam, Spam,
Spam, Spam, Spam, Spam,
Spam, Spam,
(Lovely Spam, Wonderful Spam!)
Spam, Spam,

Verse 1
Spam, Spam, Spam, Spam,
Spam, Spam, Spam, Spam,
Spam, Spam,
(Lovely Spam, Wonderful Spam!)
Spam, Spam,
```

Eine for-Schleife kann auch innerhalb einer Funktion eingesetzt werden. Die Funktion print_n_verses übernimmt beispielsweise einen ganzzahligen Parameter namens n und gibt daraufhin die angegebene Anzahl von Strophen aus:

```
def print_n_verses(n):
    for i in range(n):
        print_verse()
        print()
```

In diesem Beispiel benutzen wir i nicht im Body der Schleife. Trotzdem muss der Header der Schleife einen Variablennamen enthalten.

Variablen und Parameter sind lokal

Wenn Sie innerhalb einer Funktion eine Variable anlegen, ist sie **lokal**. Das heißt, sie existiert nur innerhalb der Funktion. Die folgende Funktion übernimmt beispielsweise zwei Argumente, verkettet sie und gibt das Ergebnis zweimal aus:

```
def cat_twice(part1, part2):
    cat = part1 + part2
    print_twice(cat)
```

Hier ein Beispiel für die Verwendung der Funktion:

```
line1 = 'Always look on the '
line2 = 'bright side of life.'
cat_twice(line1, line2)
```

```
Always look on the bright side of life.
Always look on the bright side of life.
```

Bei der Ausführung von `cat_twice` (»zweimal verketten«) wird eine lokale Variable namens `cat` angelegt, die bei Beendigung der Funktion wieder gelöscht wird. Versuchen wir, sie danach auszugeben, erhalten wir einen `NameError`:

```
print(cat)
```

```
NameError: name 'cat' is not defined
```

Außerhalb der Funktion ist `cat` nicht definiert.

Auch Parameter sind lokal. So gibt es außerhalb von `cat_twice` nichts, worauf sich die Namen `part1` und `part2` beziehen.

Stack-Diagramme

Um mitzuverfolgen, welche Variablen wo verwendet werden können, kann es manchmal helfen, ein **Stack-Diagramm** zu zeichnen. Wie Zustandsdiagramme (siehe den Abschnitt »Zustandsdiagramme« auf Seite 38) zeigen Stack-Diagramme sowohl den Wert jeder Variablen als auch die Funktion, zu der sie gehören.

Dabei wird jede Funktion durch einen **Frame** (»Rahmen«) dargestellt. Das ist ein Kasten, der außen mit dem Funktionsnamen markiert wird und die Parameter und lokalen Variablen enthält.

Hier sehen Sie das Stack-Diagramm für das vorherige Beispiel:

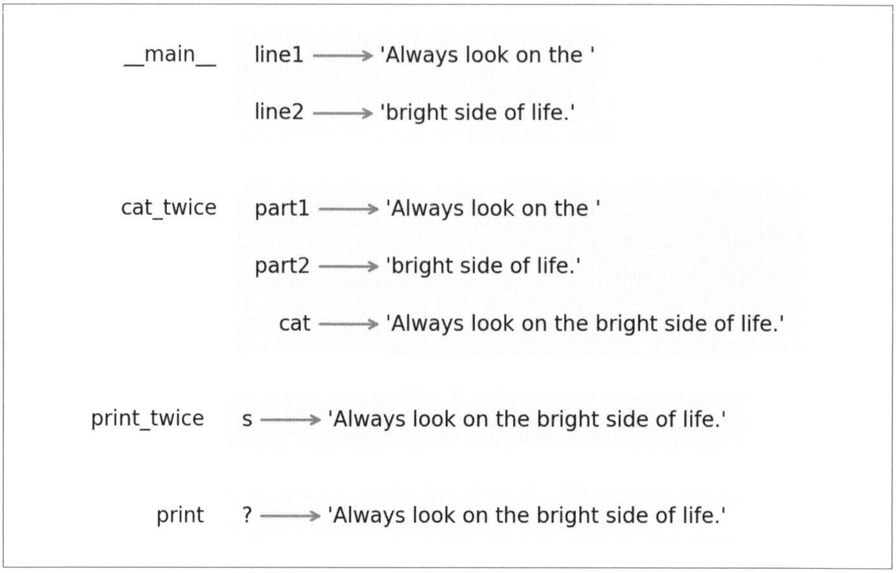

Die Frames werden so angeordnet, dass erkennbar wird, welche Funktion eine andere aufruft. Lesen wir das Diagramm von unten nach oben, sehen wir, dass `print` von `print_twice` aufgerufen wurde, das seinerseits von `cat_twice` aufgerufen wurde, das wiederum von `__main__` aufgerufen wurde. Dabei ist `__main__` ein spezieller Name für den obersten Frame. Erstellen Sie eine Variable außerhalb einer Funktion, gehört sie standardmäßig zu `__main__`.

Das Fragezeichen (?) im Frame für `print` gibt an, dass wir den Namen des Parameters nicht kennen. Wenn Sie neugierig sind, fragen Sie einen virtuellen Assistenten: »Wie heißen die Parameter von Pythons `print`-Funktion?«

Tracebacks

Tritt zur Laufzeit ein Fehler in einer Funktion auf, gibt Python, dem Stack folgend, die Namen der ausgeführten Funktion, der von ihr aufgerufenen Funktion und so weiter aus.

Um Ihnen ein Beispiel zu geben, definiere ich hier eine fehlerhafte Version von `print_twice`. Sie versucht, `cat` auszugeben, das aber eine lokale Variable in einer anderen Funktion ist:

```
def print_twice(string):
    print(cat)            # NameError
    print(cat)
```

Hier sehen Sie, was passiert, wenn wir jetzt versuchen, `cat_twice` auszuführen:

```
cat_twice(line1, line2)
```

```
Traceback (most recent call last):

    File <string>:2

    Cell In[21], line 3 in cat_twice
      print_twice(cat)

    Cell In[26], line 2 in print_twice
      print(cat)            # NameError

NameError: name 'cat' is not defined
```

Die Fehlermeldung enthält einen **Traceback** (engl. für »Rückverfolgung«). Dieser gibt an, welche Funktion gerade lief, als der Fehler auftrat, die Funktion, die sie aufgerufen hat, und so weiter. In diesem Beispiel sieht man, dass `cat_twice` die Funktion `print_twice` aufgerufen hat und dass der Fehler in `print_twice` auftrat.

Die Reihenfolge der Funktionen im Traceback entspricht der Reihenfolge im Stack-Diagramm. Die ausgeführte Funktion befindet sich am unteren Ende.

Warum Funktionen?

Eventuell ist Ihnen nicht klar, warum es sich lohnt, ein Programm in Funktionen aufzuteilen. Hierfür gibt es mehrere Gründe:

- Die Erstellung einer neuen Funktion gibt Ihnen die Möglichkeit, eine Gruppe von Anweisungen mit einem Namen zu versehen, wodurch sie leichter lesbar und einfacher zu debuggen sind.
- Funktionen können ein Programm verkleinern, weil Code nicht wiederholt werden muss. Spätere Änderungen müssen nur an einem Ort vorgenommen werden.
- Durch die Unterteilung eines langen Programms in Funktionen können Sie die Einzelteile nacheinander debuggen und sie dann zu einem funktionierenden Ganzen zusammenfügen.
- Gut entworfene Funktionen können oft in mehreren Programmen genutzt werden. Ist eine Funktion einmal geschrieben und von Fehlern befreit, kann sie immer wieder eingesetzt werden.

Debugging

Das Debugging, also das Aufspüren und Beseitigen von Programmierfehlern, kann ziemlich frustrierend, aber auch herausfordernd und interessant sein. Manchmal macht es sogar Spaß. Und es ist eine der wichtigsten Fähigkeiten, die Sie erlernen sollten.

Auf gewisse Weise hat das Debugging etwas von Detektivarbeit. Sie bekommen Hinweise und müssen daraus die Ereignisse ableiten, die zu den Ergebnissen geführt haben, die Sie sehen.

Debugging ist außerdem eine experimentelle wissenschaftliche Arbeit. Sobald Sie eine Idee davon haben, was falsch gelaufen ist, passen Sie Ihr Programm an und versuchen es noch einmal. War Ihre Hypothese korrekt, können Sie das Ergebnis der Änderung vorhersagen und kommen so einem funktionierenden Programm einen Schritt näher. War Ihre Hypothese falsch, müssen Sie sich eine neue überlegen.

Für manche Menschen sind Programmierung und Debugging untrennbar verbunden. Man könnte sagen, Programmierung ist der Prozess, ein Programm nach und nach zu debuggen, bis es tut, was Sie wollen. Hierbei ist es sinnvoll, mit einem funktionierenden Programm zu starten. Daran nehmen Sie kleine Änderungen und Anpassungen vor, die Sie in kleinen Schritten debuggen können.

Wenn Sie feststellen, dass Sie viel Zeit mit Debugging verbringen, ist das oft ein Signal dafür, dass Sie zu viel Code schreiben, bevor Sie mit dem Testen beginnen. Es kann gut sein, dass Sie mit kleineren Schritten schneller vorankommen.

Glossar

Funktionsdefinition
Eine Anweisung, die eine Funktion erstellt.

Header (Kopfteil)
Die erste Zeile einer Funktionsdefinition.

Body (Körper)
Die Folge der Anweisungen innerhalb einer Funktionsdefinition.

Funktionsobjekt
Ein Wert, der von einer Funktionsdefinition erzeugt wird. Der Name der Funktion ist eine Variable, die auf das Funktionsobjekt verweist.

Parameter
: Ein innerhalb einer Funktion verwendeter Name, der auf den Wert verweist, der als Argument übergeben wurde.

Schleife
: Eine Anweisung, die eine oder mehrere Anweisungen einmal oder mehrmals ausführt.

Lokale Variable
: Eine innerhalb einer Funktion definierte Variable, auf die nur innerhalb dieser Funktion zugegriffen werden kann.

Stack-Diagramm
: Eine grafische Darstellung eines Stacks (Stapels) von Funktionen, ihrer Variablen und der Werte, auf die sie sich beziehen.

Frame (Rahmen)
: Ein Kasten in einem Stack-Diagramm, der für einen Funktionsaufruf steht. Er enthält die lokalen Variablen und Parameter der Funktion.

Traceback (Rückverfolgung)
: Eine Liste der ausgeführten Funktionen; sie wird ausgegeben, wenn eine Ausnahme auftritt.

Übungen

Fragen Sie einen virtuellen Assistenten

Per Konvention werden die Anweisungen in einer Funktion oder `for`-Schleife um jeweils vier Leerzeichen eingerückt. Allerdings ist nicht jeder mit dieser Konvention einverstanden. Wenn Sie mehr über die Geschichte der »großen Diskussion« erfahren möchten, fordern Sie einen virtuellen Assistenten auf: »Erzähle mir mehr über Leerzeichen und Tabulatoren in Python.«

Virtuelle Assistenten sind ziemlich gut darin, kleine Funktionen zu schreiben:

1. Weisen Sie Ihren Lieblingsassistenten an: »Schreibe eine Funktion namens `repeat`, die einen String und einen Integer-Wert übernimmt und den String so oft ausgibt, wie durch den Integer angegeben.«
2. Wenn das Ergebnis eine `for`-Schleife verwendet, können Sie fragen: »Kannst du das auch ohne eine `for`-Schleife?«

3. Suchen Sie sich eine beliebige andere Funktion aus diesem Kapitel aus und weisen Sie den virtuellen Assistenten an, sie zu erstellen. Ihre Herausforderung besteht darin, die Funktion genau genug zu beschreiben, um das gewünschte Ergebnis zu erhalten. Verwenden Sie hierfür das Vokabular, das Sie bisher in diesem Buch gelernt haben.

Virtuelle Assistenten sind auch ziemlich gut im Debuggen von Funktionen:

1. Fragen Sie einen virtuellen Assistenten, was mit dieser Version von `print_twice` nicht stimmt:

```
def print_twice(string):
    print(cat)
    print(cat)
```

Und wenn Sie bei einer der folgenden Übungen nicht weiterkommen, könnten Sie ebenfalls einen virtuellen Assistenten um Unterstützung bitten.

Übung 3-1

Schreiben Sie eine Funktion mit dem Namen `print_right` (»rechtsbündig ausgeben«). Sie soll einen String mit dem Namen `text` als Parameter übernehmen und den Text mit genügend vorangestellten Leerzeichen ausgeben, sodass der letzte Buchstabe jedes Strings jeweils auf der 40. Spalte des Terminals steht, wie unten gezeigt. Tipp: Verwenden Sie die `len`-Funktion, den String-Verkettungsoperator (+) und den String-Wiederholungsoperator (*).

Hier ein Beispiel, das zeigt, wie so etwas funktionieren könnte:

```
print_right("Monty")
print_right("Python's")
print_right("Flying Circus")
```

```
                                   Monty
                                Python's
                           Flying Circus
```

Übung 3-2

Schreiben Sie eine Funktion namens `triangle` (»Dreieck«), die einen String und einen Integer übernimmt und ein Dreieck mit der angegebenen Höhe zeichnet, das aus Kopien des Strings besteht. Hier ein Beispiel für ein Dreieck mit fünf Ebenen, das den String `'L'` verwendet:

```
triangle('L', 5)
```

```
L
LL
LLL
LLLL
LLLLL
```

Übung 3-3

Schreiben Sie eine Funktion mit dem Namen `rectangle` (»Rechteck«), die einen String und zwei Integer als Argumente übernimmt und ein Rechteck mit der angegebenen Breite und Höhe zeichnet, das aus Kopien des Strings besteht. Hier ein Beispiel für ein Rechteck der Breite 5 und der Höhe 4 unter Verwendung des Strings `'H'`;

```
rectangle('H', 5, 4)
```

```
HHHHH
HHHHH
HHHHH
HHHHH
```

Übung 3-4

Der Song »99 Bottles of Beer« beginnt mit diesen Zeilen:

99 bottles of beer on the wall,
99 bottles of beer.
Take one down, pass it around,
98 bottles of beer on the wall.

Die zweite Strophe folgt dem gleichen Muster. Allerdings beginnt sie mit 98 Flaschen Bier (*bottles of beer*) und endet mit 97. Der Song geht – für eine lange Zeit – weiter, bis die Zahl der Flaschen 0 (*zero*) erreicht.

Schreiben Sie eine Funktion mit dem Namen `bottle_verse`, der eine Zahl als Parameter übergeben wird und die eine Strophe ausgibt, die mit der angegebenen Zahl von Flaschen beginnt.

Tipp: Es könnte sinnvoll sein, zuerst eine Funktion zu schreiben, die die erste, zweite oder letzte Zeile ausgeben kann. Diese könnten Sie dann benutzen, um `bottle_verse` zu erstellen.

Benutzen Sie diesen Funktionsaufruf, um die erste Strophe auszugeben:

```
bottle_verse(99)
```

```
99 bottles of beer on the wall
99 bottles of beer
Take one down, pass it around
98 bottles of beer on the wall
```

Um den gesamten Text auszugeben, können Sie diese `for`-Schleife verwenden, die, bei 99 beginnend, bis 1 herunterzählt. Sie müssen dieses Beispiel nicht vollständig verstehen – später werden Sie mehr über `for`-Schleifen und die `range`-Funktion lernen.

```
for n in range(99, 0, -1):
    bottle_verse(n)
    print()
```

KAPITEL 4

Funktionen und Interfaces

In diesem Kapitel lernen Sie ein Modul namens `jupyturtle` kennen, mit dem Sie einfache Zeichnungen erstellen können, indem Sie einer imaginären Schildkröte (engl. *Turtle*) Anweisungen geben. Wir werden dieses Modul verwenden, um Funktionen zu schreiben, die Quadrate, Polygone und Kreise zeichnen und um das Konzept des **Interface-Designs** vorzustellen, einer Möglichkeit, Funktionen zu entwerfen, die zusammenarbeiten.

Das jupyturtle-Modul

Um das Modul `jupyturtle` verwenden zu können, müssen wir es zunächst importieren:

```
import jupyturtle
```

Jetzt können Sie die im Modul definierten Funktionen nutzen, wie `make_turtle` (»Schildkröte erstellen«) und `forward` (»vorwärts«):

```
jupyturtle.make_turtle()
jupyturtle.forward(100)
```

`make_turtle` legt eine **Zeichenfläche** (engl. *Canvas*) an, einen Bereich auf dem Bildschirm, in dem wir zeichnen können. Außerdem erstellt die Funktion eine

»Schildkröte«, die durch einen runden Panzer und ein Dreieck dargestellt wird, das die Richtung der Schildkröte anzeigt.

`forward` bewegt die Schildkröte um die angegebene Entfernung in die Richtung, in die sie gerade zeigt. Der zurückgelegte Weg wird durch eine Linie dargestellt. Die Entfernung wird in nicht weiter definierten Einheiten angegeben, wobei die tatsächliche Größe von Ihrem Bildschirm abhängt.

Wir werden die im `jupyturtle`-Modul definierten Funktionen sehr oft einsetzen. Daher wäre es praktisch, wenn wir den Modulnamen nicht jedes Mal mit angeben müssten. Das ist möglich, wenn wir das Modul auf die hier gezeigte Weise importieren:

```
from jupyturtle import make_turtle, forward
```

Diese Version der `import`-Anweisung importiert die Funktionen `make_turtle` und `forward` aus dem Modul `jupyturtle`, damit wir sie wie folgt verwenden können:

```
make_turtle()
forward(100)
```

`jupyturtle` stellt zwei weitere Funktionen namens `left` und `right` bereit. Diese importieren wir ebenfalls nach dem gerade gezeigten Muster:

```
from jupyturtle import left, right
```

`left` sorgt dafür, dass unsere Schildkröte eine Linksdrehung vollführt. Diese Funktion benötigt ein Argument, das den Winkel der Drehung in Grad angibt. Um eine Linksdrehung um 90° durchzuführen, können wir beispielsweise schreiben:

```
make_turtle()
forward(50)
left(90)
forward(50)
```

Dieses Programm bewegt die Schildkröte zuerst nach Osten (nach rechts) und dann nach Norden (nach oben), wodurch zwei Linien gezeichnet werden. Probieren Sie vor dem Weiterlesen aus, ob Sie ein Programm schreiben können, das ein Quadrat zeichnet.

Ein Quadrat zeichnen

Hier sehen Sie eine Möglichkeit, ein Quadrat zu zeichnen:

```
make_turtle()

forward(50)
left(90)

forward(50)
left(90)

forward(50)
left(90)

forward(50)
left(90)
```

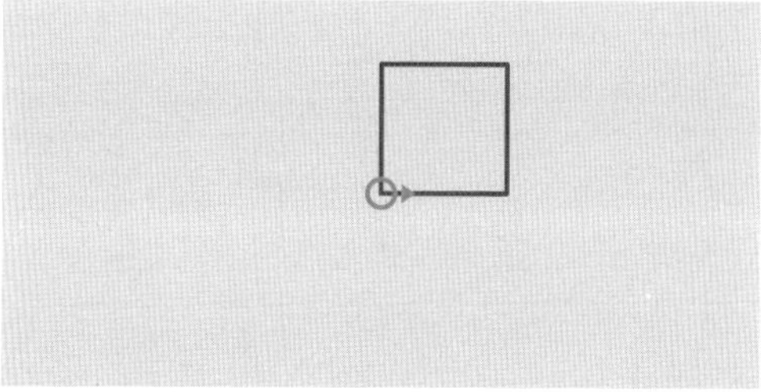

Da dieses Programm das gleiche Anweisungspaar viermal wiederholt, können wir diese Aufgabe mithilfe einer for-Schleife deutlich kürzer lösen:

```
make_turtle()
for i in range(4):
    forward(50)
    left(90)
```

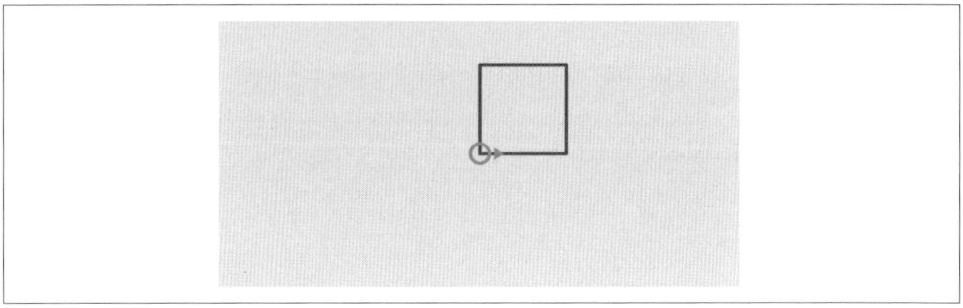

Verkapselung und Verallgemeinerung

Im folgenden Schritt verpacken wir den Code zum Zeichnen eines Quadrats aus dem vorherigen Abschnitt in eine eigene Funktion, die wir square (Quadrat) nennen:

```
def square():
    for i in range(4):
        forward(50)
        left(90)
```

Diese Funktion können wir nun wie folgt aufrufen:

```
make_turtle()
square()
```

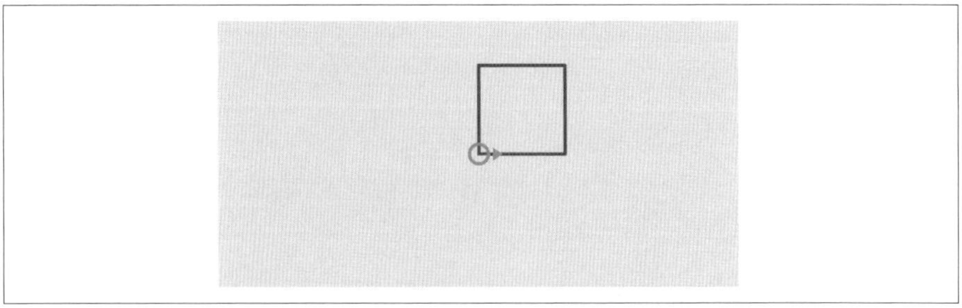

Das Verpacken eines Codestücks in eine Funktion nennt man **Verkapselung**. Das hat unter anderem den Vorteil, dass der Code jetzt über einen Namen aufgerufen werden kann, was gleichzeitig eine Form der Dokumentation darstellt. Ein weiterer Vorteil liegt in der Wiederverwendbarkeit des Codes. Es ist deutlich kürzer, eine Funktion mehrmals aufzurufen, als den Body der Funktion immer wieder neu zu kopieren und einzufügen!

In der aktuellen Version ist die Größe des Quadrats immer 50. Wollen wir Quadrate mit unterschiedlichen Größen zeichnen, können wir die Seitenlänge als Parameter (`length`) übergeben:

```
def square(length):
    for i in range(4):
        forward(length)
        left(90)
```

Jetzt können wir Quadrate in verschiedenen Größen zeichnen:

```
make_turtle()
square(30)
square(60)
```

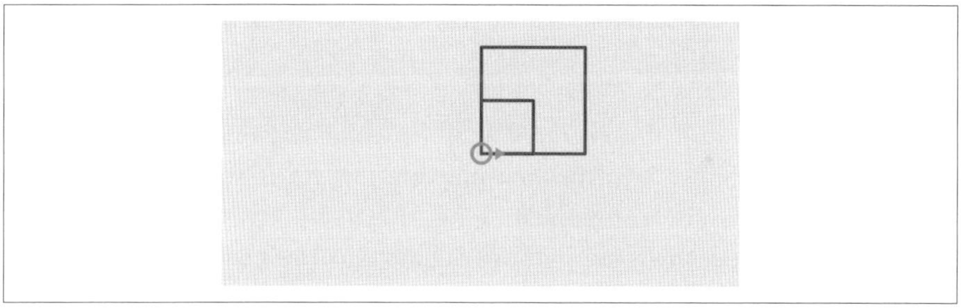

Das Hinzufügen eines Parameters zu einer Funktion wird als **Verallgemeinerung** bezeichnet, weil es die Funktion universeller macht. In der vorherigen Version hatte das Quadrat eine im Code festgelegte Größe; bei dieser Fassung kann eine beliebige Größe angegeben werden.

Fügen wir noch einen Parameter (`n`) hinzu, können wir die Funktion weiter verallgemeinern. Die folgende Funktion zeichnet regelmäßige Polygone (Mehrecke) mit der angegebenen Anzahl von Seiten:

```
def polygon(n, length):
    angle = 360 / n
    for i in range(n):
        forward(length)
        left(angle)
```

In einem regelmäßigen Polygon mit `n` Seiten beträgt der Winkel zwischen einander zugewandten Seiten `360 / n` Grad.

Das folgende Beispiel zeichnet ein 7-seitiges Polygon mit der Seitenlänge `30`:

```
make_turtle()
polygon(7, 30)
```

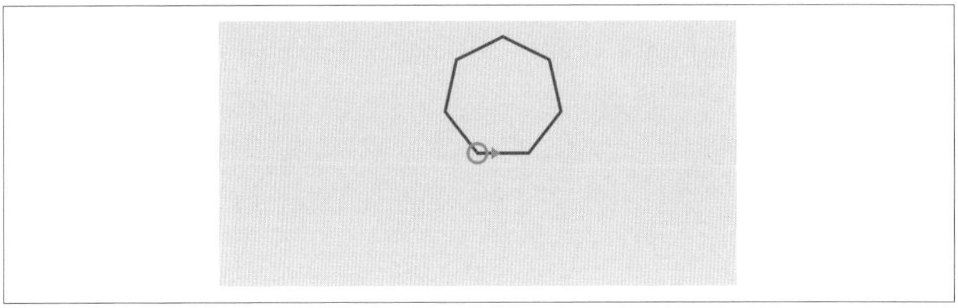

Wenn eine Funktion mehr als ein paar numerische Argumente besitzt, kann man leicht vergessen, wofür sie stehen oder in welcher Reihenfolge sie angegeben werden müssen. Daher kann es hilfreich sein, die Namen der Parameter in der Argumenteliste mit anzugeben – wie hier:

```
make_turtle()
polygon(n=7, length=30)
```

Diese Argumente werden manchmal auch *benannte Argumente* genannt, weil sie die Parameternamen ausdrücklich nennen. In Python werden sie dagegen meistens als **Schlüsselwortargumente** (engl. *Keyword Arguments*) bezeichnet. (Sie sollten allerdings nicht mit Pythons Schlüssel*wörtern* wie `for` und `def` verwechselt werden!)

Die hier gezeigte Verwendung des Zuweisungsoperators (`=`) dient als Erinnerung an die Funktionsweise von Argumenten und Parametern. Beim Aufruf der Funktion werden die Argumente den Parametern zugewiesen.

Näherung eines Kreises

Als Nächstes stellen wir uns vor, wir wollten einen Kreis zeichnen. Das können wir zumindest annähernd erreichen, indem wir ein Polygon mit einer ausreichend hohen Seitenzahl zeichnen. Dadurch ist jede Seite so klein, dass sie nur schwer zu erkennen ist. Hier sehen Sie eine Funktion, die `polygon` verwendet, um ein 30-seitiges Polygon zu zeichnen, das die Näherung eines Kreises darstellt:

```
import math

def circle(radius):
    circumference = 2 * math.pi * radius
    n = 30
    length = circumference / n
    polygon(n, length)
```

Die Funktion `circle` übernimmt den Radius des Kreises als Parameter. Sie berechnet `circumference`, also den Umfang des Kreises mit dem angegebenen Radius. `n` steht für die Anzahl der Seiten. Das heißt, `circumference / n` entspricht der Länge für jede Seite. Es kann sein, dass die Ausführung von `circle` recht lange dauert. Das können wir beschleunigen, wenn wir `make_turtle` mit dem Schlüsselwortargument `delay` aufrufen. Hiermit legen Sie die Zeit in Sekunden fest, die unsere Schildkröte nach jedem Schritt warten soll. Der Standardwert beträgt 0,2 Sekunden (geschrieben als `0.2`). Ändern wir diesen Wert zu `0.02`, läuft die Funktion zehnmal schneller.

```
make_turtle(delay=0.02)
circle(30)
```

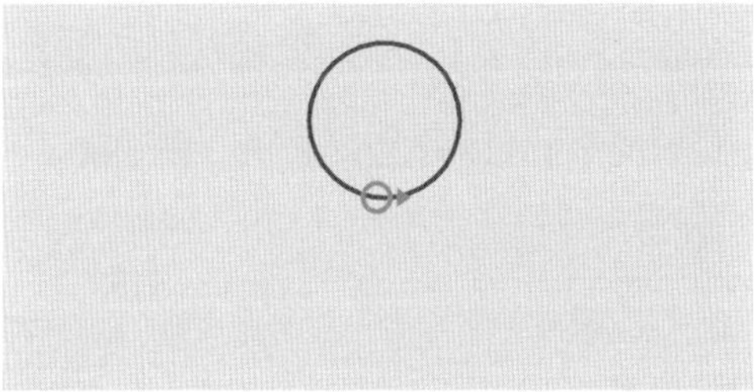

Eine Einschränkung dieser Lösung besteht darin, dass `n` eine Konstante ist, wodurch die Seiten für sehr große Kreise sehr lang sein werden. Bei sehr kleinen Kreisen verschwenden wir dagegen Zeit, indem wir sehr kurze Seiten zeichnen. Eine Möglichkeit besteht daran, `n` als Parameter zu verallgemeinern. Für den Augenblick reicht diese einfache Version der Funktion aber aus.

Refaktorierung

Jetzt wollen wir eine allgemeinere Version von `circle` schreiben, die wir `arc` (engl. für »Bogen«) nennen. Sie übernimmt einen zweiten Parameter namens `angle` (engl. für »Winkel«) und zeichnet einen Bogen, der den angegebenen

Winkel überspannt. Liegt der Wert von angle beispielsweise bei 360 Grad, wird ein vollständiger Kreis gezeichnet. Hat angle den Wert 180, entsteht ein Halbkreis.

Um circle zu schreiben, konnten wir unsere polygon-Funktion wiederverwenden, da ein vielseitiges Polygon eine gute Näherung an einen Kreis darstellt. Um arc zu schreiben, hilft uns polygon dagegen nicht weiter.

Stattdessen erstellen wir eine allgemeinere Version von polygon, die wir polyline nennen:

```
def polyline(n, length, angle):
    for i in range(n):
        forward(length)
        left(angle)
```

polyline übernimmt drei Parameter: die Anzahl der zu zeichnenden Liniensegmente (n), die Länge der einzelnen Segmente (length) und die Winkel zwischen zwei Segmenten (angle).

Jetzt können wir polygon so anpassen, dass es polyline verwendet:

```
def polygon(n, length):
    angle = 360.0 / n
    polyline(n, length, angle)
```

Und wir können polyline benutzen, um arc zu schreiben:

```
def arc(radius, angle):
    arc_length = 2 * math.pi * radius * angle / 360
    n = 30
    length = arc_length / n
    step_angle = angle / n
    polyline(n, length, step_angle)
```

Tatsächlich hat arc große Ähnlichkeit mit circle. Der einzige Unterschied besteht darin, dass arc_length berechnet wird, das für einen Bruchteil eines Kreisumfangs steht.

Schließlich können wir circle so abändern, dass es arc verwendet:

```
def circle(radius):
    arc(radius, 360)
```

Um zu überprüfen, ob diese Funktionen wie erwartet funktionieren, nutzen wir sie, um eine Art Schnecke zu zeichnen. Mit delay=0 läuft die Schildkröte so schnell sie kann:

```
make_turtle(delay=0)
polygon(n=20, length=9)
arc(radius=70, angle=70)
circle(radius=10)
```

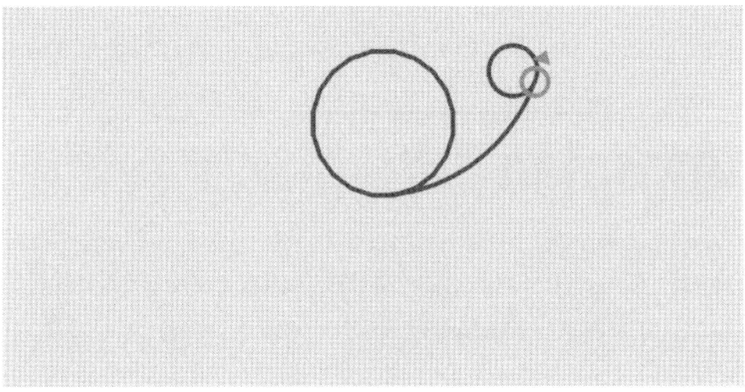

In diesem Beispiel haben wir mit funktionierendem Code begonnen und ihn mit verschiedenen Funktionen neu organisiert. Änderungen wie diese, die den Code verbessern, ohne sein Verhalten zu ändern, nennt man **Refaktorierung**.

Mit etwas mehr Planung und Vorausschau hätten wir `polyline` vielleicht zuerst geschrieben und uns die Refaktorierung sparen können. Oft fehlen Ihnen aber zu Beginn eines Projekts die nötigen Informationen, um alle Funktionen endgültig zu entwerfen. Sobald Sie mit der Programmierung anfangen, beginnen Sie, das Problem besser zu verstehen. Manchmal ist die Refaktorierung also ein Zeichen dafür, dass Sie etwas verstanden haben.

Stack-Diagramm

Beim Aufruf von `circle` wird `arc` aufgerufen, das seinerseits `polyline` aufruft. Diese Abfolge von Funktionsaufrufen und den dazugehörigen Parametern können wir durch ein Stack-Diagramm darstellen:

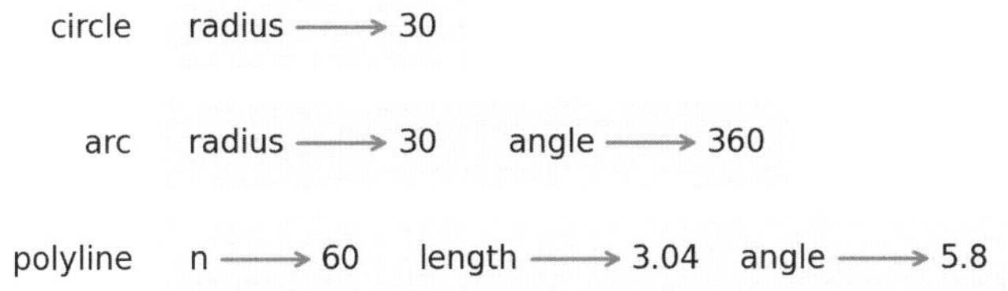

Beachten Sie, dass sich der Wert von `angle` in `polyline` vom `angle`-Wert in `arc` unterscheidet. Wie bereits gesagt, sind Parameter lokal. Das heißt, Sie können den gleichen Parameternamen in unterschiedlichen Funktionen verwenden, ohne dass diese sich in die Quere kommen. In beiden Funktionen ist `angle` jeweils eine eigenständige Variable, die auf einen anderen Wert verweisen kann.

Ein Entwicklungsplan

Ein **Entwicklungsplan** ist ein Prozess zum Schreiben von Programmen. Der in diesem Kapitel verwendete Entwicklungsplan wird »Verkapselung und Verallgemeinerung« genannt. Die Schritte dieses Prozesses sind:

1. Beginnen Sie mit dem Schreiben eines kleinen Programms ohne Funktionsdefinitionen.
2. Sobald das Programm läuft, finden Sie ein zusammenhängendes Stück Code, verkapseln dieses in einer Funktion und geben ihr einen Namen. Kopieren Sie den funktionierenden Code und fügen Sie ihn in die Funktion ein, um ein Neuschreiben (und erneutes Debugging) zu vermeiden.
3. Verallgemeinern Sie die Funktion, indem Sie passende Parameter hinzufügen.
4. Wiederholen Sie die Schritte 1 bis 3, bis Sie einen Satz an fehlerfreien Funktionen haben.
5. Suchen Sie nach Möglichkeiten, das Programm durch Refaktorierung zu verbessern. Verwenden Sie an verschiedenen Stellen ähnlichen Code, ist es vielleicht sinnvoll, diesen zu einer passenden allgemeinen Funktion zusammenzufassen.

Dieser Prozess hat ein paar Nachteile – wir werden später einige Alternativen kennenlernen. Grundsätzlich kann es helfen, wenn Sie schon vorher wissen, wie das Programm in Funktionen unterteilt werden kann. Dadurch können Sie den Entwurf beim Programmieren leichter anpassen.

Der Entwurf einer Funktion besteht aus zwei Teilen:

Interface
: Hier wird festgelegt, wie die Funktion eingesetzt wird, inklusive ihres Namens, der übernommenen Parameter und der Aufgaben, die sie ausführen soll.

Implementierung
Wie die Funktion die übertragenen Aufgaben ausführt.

Hier sehen Sie zum Beispiel die erste Version von `circle`, die `polygon` verwendet:

```
def circle(radius):
    circumference = 2 * math.pi * radius
    n = 30
    length = circumference / n
    polygon(n, length)
```

Und hier die refaktorierte Fassung, die `arc` nutzt:

```
def circle(radius):
    arc(radius,  360)
```

Diese Funktionen haben das gleiche Interface – das heißt, sie verwenden die gleichen Parameter und führen die gleiche Aufgabe aus –, aber sie haben unterschiedliche Implementierungen.

Docstrings

Ein **Docstring** (»Dokumentations-String«) ist eine Zeichenkette am Anfang einer Funktion, die das Interface erklärt. Hier ein Beispiel:

```
def polyline(n, length, angle):
    """Draws line segments with the given length and angle between them.

    n: integer number of line segments
    length: length of the line segments
    angle: angle between segments (in degrees)
    """
    for i in range(n):
        forward(length)
        left(angle)
```

Per Konvention werden Docstrings mit dreifachen doppelten Anführungszeichen umgeben, die auch als **Multiline-Strings** (»mehrzeilige Zeichenketten«) bezeichnet werden. Durch die Verwendung der dreifachen Anführungszeichen kann sich ein String über mehrere Zeilen erstrecken.

Ein Docstring sollte Folgendes enthalten:

- Eine knappe Erklärung dessen, was die Funktion tut, ohne detailliert die Funktionsweise zu beschreiben.
- Eine Erklärung dazu, wie sich die einzelnen Parameter auf das Verhalten der Funktion auswirken.
- Angaben dazu, welchen Typ die einzelnen Parameter haben sollten, sofern dies nicht offensichtlich ist.

Das Schreiben dieser Dokumentation ist ein wichtiger Teil des Interface-Designs. Ein gut entworfenes Interface sollte erklärt werden können. Fällt es Ihnen schwer, eine Ihrer Funktionen zu erklären, ist es vielleicht sinnvoll, das Interface zu verbessern.

Debugging

Ein Interface ist wie ein Vertrag zwischen einer Funktion und dem aufrufenden Code. Der Aufrufer verpflichtet sich, bestimmte Argumente anzugeben, während die Funktion sich verpflichtet, anhand dieser Argumente eine bestimmte Aufgabe auszuführen.

So benötigt `polyline` beispielsweise drei Argumente: `n` muss ein Integer sein, `length` eine positive Zahl und `angle` eine Zahl, die als Gradangabe interpretiert werden kann.

Diese Anforderungen werden **Präkonditionen** (Voraussetzungen) genannt. Sie müssen wahr sein, bevor die Funktion ausgeführt wird.Das Gegenteil dazu sind Bedingungen am Ende der Ausführung, die als **Postkonditionen** (Nachbedingungen) bezeichnet werden. Zu den Postkonditionen gehören die beabsichtigten Auswirkungen der Funktion (wie das Zeichnen von Liniensegmenten) und mögliche Nebenwirkungen (wie die Bewegung der Schildkröte oder das Vornehmen anderer Änderungen).

Die Erfüllung der Präkonditionen liegt in der Verantwortung des Aufrufers. Erfüllt dieser eine Voraussetzung nicht, wird die Funktion möglicherweise nicht korrekt ausgeführt. Hier liegt der Bug beim Aufrufer, nicht bei der Funktion.

Sind die Präkonditionen erfüllt, die Postkonditionen dagegen nicht, liegt der Fehler bei der Funktion. Klar definierte Prä- und Postkonditionen können Ihnen beim Debugging helfen.

Glossar

Interface-Design
Das Vorgehen beim Entwurf des Interface einer Funktion, inklusive der Parameter, die übergeben werden sollen.

Zeichenfläche
Ein Fenster, das für die Darstellung grafischer Elemente wie Linien, Kreise, Rechtecke und anderer Formen verwendet wird.

Verkapselung
Der Prozess, eine Folge von Anweisungen in eine Funktionsdefinition umzuwandeln.

Verallgemeinerung
Der Prozess, etwas unnötig Explizites (wie eine bestimmte Zahl) durch etwas Allgemeines (wie eine Variable oder einen Parameter) zu ersetzen.

Schlüsselwortargument
Ein Argument, das den Namen des entsprechenden Parameters enthält.

Refaktorierung
Ein funktionierendes Programm verändern, um das Funktions-Interface oder andere Eigenschaften des Codes zu verbessern.

Entwicklungsplan
Festgelegte Vorgehensweise für das Schreiben von Programmen.

Docstring
Ein (Multiline-)String am Anfang einer Funktionsdefinition, der das Interface der Funktion dokumentiert.

Multiline-String
Von dreifach doppelten Anführungszeichen umgebener String, der sich über mehrere Zeilen des Programms erstrecken kann.

Präkondition
Eine Voraussetzung, die vom Aufrufer einer Funktion erfüllt sein muss, bevor diese ausgeführt wird.

Postkondition
Eine Anforderung, die von der Funktion erfüllt werden muss, bevor sie endet.

Übungen

Für die folgenden Übungen finden Sie hier ein paar weitere `turtle`-Funktionen, die Ihnen bei der Lösung helfen könnten:

`penup`
: Hiermit wird der imaginäre Stift unserer Schildkröte angehoben, sodass beim Weiterbewegen keine Linie gezeichnet wird.

`pendown`
: Hiermit wird der Zeichenstift wieder auf die Zeichenfläche abgesenkt.

Die folgende Funktion verwendet `penup` (»Stift hoch«) und `pendown` (»Stift runter«), um die Schildkröte weiterzubewegen, ohne dabei eine Spur zu hinterlassen.

```
from jupyturtle import penup, pendown

def jump(length):
    """Move forward length units without leaving a trail.

    Postcondition: Leaves the pen down.
    """
    penup()
    forward(length)
    pendown()
```

Übung 4-1

Schreiben Sie eine Funktion namens `rectangle` (»Rechteck«), die ein Rechteck mit den angegebenen Seitenlängen zeichnet. Hier sehen Sie beispielsweise ein Rechteck, das `80` Einheiten breit und `40` Einheiten hoch ist:

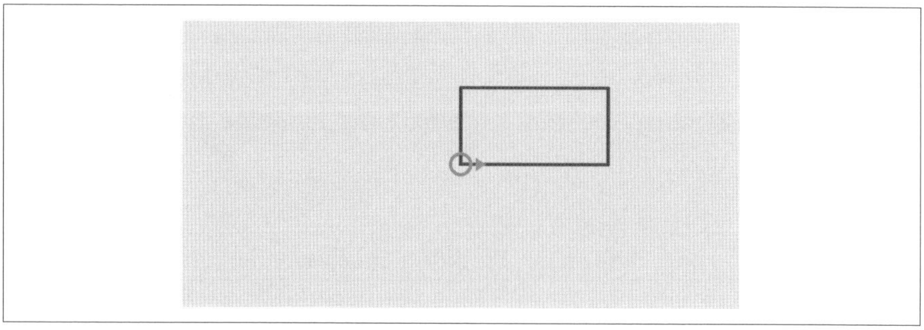

Übung 4-2

Schreiben Sie eine Funktion namens `rhombus` (»Raute«), die eine Raute mit der angegebenen Seitenlänge und dem angegebenen Innenwinkel zeichnet, hier zum Beispiel eine Raute mit der Seitenlänge `50` und einem Innenwinkel von `60` Grad.

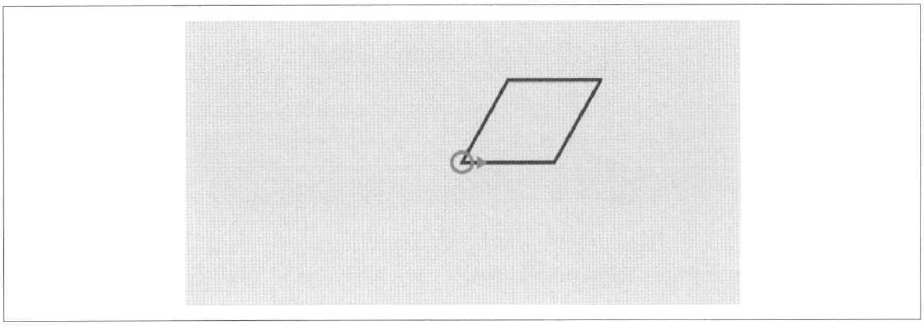

Übung 4-3

Schreiben Sie nun eine allgemeinere Funktion namens `parallelogram`, die ein Viereck mit parallelen Seiten zeichnet. Danach schreiben Sie `rectangle` und `rhombus` so um, dass beide Funktionen `parallelogram` verwenden.

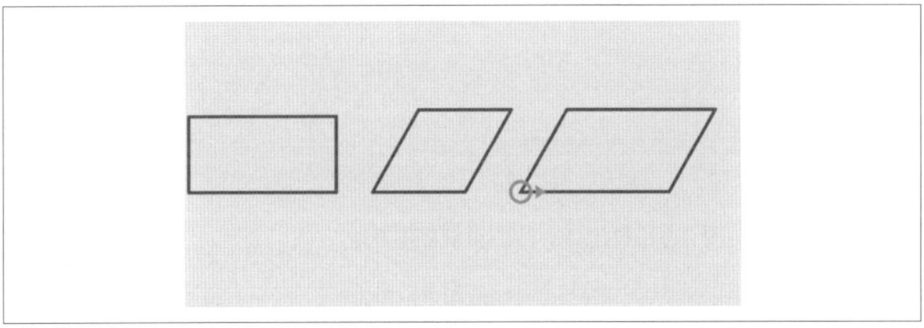

Übung 4-4

Schreiben Sie einen ausreichend allgemeinen Satz von Funktionen, der Formen wie die unten gezeigten zeichnen kann.

Tipp: Schreiben Sie eine Funktion namens `triangle` (»Dreieck«), die ein dreieckiges Segment zeichnet. Im Anschluss schreiben Sie eine Funktion namens `draw_pie` (»Torte zeichnen«), die `triangle` verwendet.

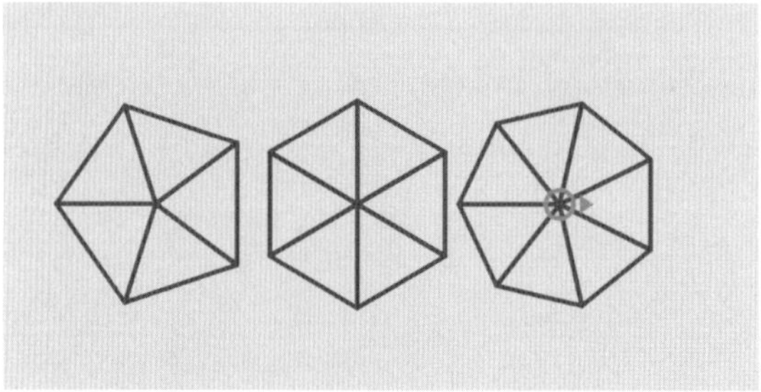

Übung 4-5

Schreiben Sie einen ausreichend allgemeinen Satz an Funktionen, der Blumen wie die unten gezeigten zeichnen kann.

Tipp: Benutzen Sie `arc`, um eine Funktion namens `petal` (»Blütenblatt«) zu schreiben, die ein Blütenblatt zeichnen kann.

Fragen Sie einen virtuellen Assistenten

Viele Module, inklusive `jupyturtle` in Python und der in diesem Kapitel verwendeten, wurden für dieses Buch speziell angepasst. Wenn Sie hierzu einen virtuellen Assistenten um Hilfe bitten, wird er nicht wissen, von welchem Modul Sie sprechen. Geben Sie dem Assistenten aber Beispiele, mit denen er arbeiten kann, bekommt er es vermutlich trotzdem heraus. Probieren Sie es beispielsweise mit diesem Prompt und prüfen Sie, ob der vom Assistenten erstellte Code tatsächlich eine Spirale zeichnen kann:

```
Das folgende Programm verwendet ein turtle-Grafikmodul,
um einen Kreis zu zeichnen:

from jupyturtle import make_turtle, forward, left
import math

def polygon(n, length):
    angle = 360 / n
    for i in range(n):
        forward(length)
        left(angle)

def circle(radius):
    circumference = 2 * math.pi * radius
    n = 30
    length = circumference / n
    polygon(n, length)

make_turtle(delay=0)
circle(30)

Schreibe eine Funktion, die eine Spirale zeichnet.
```

Vergessen Sie nicht, dass das Ergebnis möglicherweise Sprachmerkmale verwendet, die wir noch nicht behandelt haben, und fehlerhaft sein kann. Kopieren Sie den Code des virtuellen Assistenten und versuchen Sie, ihn zum Laufen zu bringen. Tut er nicht, was Sie wollen, versuchen Sie, den Prompt anzupassen.

KAPITEL 5

Bedingungen und Rekursion

Das Hauptthema dieses Kapitels ist die `if`-Anweisung, die, je nach Zustand des Programms, unterschiedlichen Code ausführt. Durch die `if`-Anweisung können wir eins der mächtigsten Konzepte der Informatik erforschen: die **Rekursion**.

Vorher wollen wir uns aber mit drei neuen Sprachmerkmalen befassen: dem Modulo-Operator, booleschen Ausdrücken und logischen Operatoren.

Integer-Division und Modulo

Wie bereits in Kapitel 1 gesagt, teilt der Operator für Integer-Division (`//`) eine Ganzzahl durch eine andere und rundet das Ergebnis zu einem Integer. Angenommen, ein Film dauert 105 Minuten und Sie wollen wissen, wie viele Stunden das sind. Eine konventionelle Division gibt hier eine Fließkommazahl zurück:

```
minutes = 105
minutes / 60
```

```
1.75
```

Normalerweise schreiben wir Stunden aber nicht als Zahlen mit Nachkommastellen. Die abrundende oder Ganzzahl-Division gibt die Zahl der Stunden auf den nächsten Integer abgerundet zurück.

```
minutes = 105
hours = minutes // 60
hours
```

```
1
```

Um den Restwert (engl. *Remainder*) in Minuten zu erhalten, subtrahieren Sie eine Stunde, in Minuten angegeben:

```
remainder = minutes - hours * 60
remainder
```

```
45
```

Alternativ können Sie auch den **Modulo-Operator** (%) verwenden. Dieser teilt zwei Zahlen und gibt den Restwert zurück:

```
remainder = minutes % 60
remainder
```

```
45
```

Der Modulo-Operator ist leistungsfähiger, als es scheint. Er kann zum Beispiel überprüfen, ob eine Zahl durch eine andere teilbar ist: Wenn `x % y` null ergibt, dann ist `x` durch `y` teilbar.

Außerdem kann er die am weitesten rechts stehende(n) Ziffer(n) einer Zahl zurückgeben. So gibt `x % 10` die am weitesten rechts stehende Ziffer von `x` (als Dezimalzahl) zurück. Entsprechend gibt `x % 100` die zwei am weitesten rechts stehenden Ziffern von `x` zurück.

```
a = 25 // 10
b = 25 % 10
a, b
```

```
(2, 5)
```

Schließlich kann der Modulo-Operator auch mit »Uhren-Arithmetik« umgehen. Beginnt ein Ereignis beispielsweise um 11 Uhr vormittags (`start`) und dauert drei Stunden (`duration`), dann können wir den Modulo-Operator einsetzen, um herauszufinden, um welche Uhrzeit das Ereignis endet:

```
start = 11
duration = 3
end = (start + duration) % 12
end
```

```
2
```

Das Ereignis wäre demnach um zwei Uhr nachmittags zu Ende.

Boolesche Ausdrücke

Ein **boolescher Ausdruck** ist ein Ausdruck, der entweder wahr oder falsch ist. Im folgenden Beispiel verwenden wir den Gleichheitsoperator (==), der zwei Werte miteinander vergleicht. Sind die Werte gleich, ist das Ergebnis `True` (wahr). Sind sie nicht gleich, ist das Ergebnis `False` (falsch).

```
5 == 5
```

```
True
```

```
5 == 7
```

```
False
```

Ein häufig anzutreffender Fehler ist die Verwendung eines einfachen Gleichheitszeichens (=) anstelle eines doppelten (==). Vergessen Sie nicht, dass = einer Variablen einen Wert zuweist, während == zwei Werte miteinander vergleicht.

```
x = 5
y = 7
```

```
x == y
```

```
False
```

`True` und `False` sind *keine Strings*, sondern besondere Werte vom Typ `bool` (»boolescher Wert«):

```
type(True)
```

```
bool
```

```
type(False)
```

```
bool
```

Der Operator == ist einer der **Vergleichsoperatoren**. Die anderen sind:

```
x != y               # x ist nicht gleich y
```

```
True
```

```
x > y                # x ist größer als y
```

```
False
```

```
x < y                  # x ist kleiner als y
```

```
True
```

```
x >= y                 # x ist größer oder gleich y
```

```
False
```

```
x <= y                 # x ist kleiner oder gleich y
```

```
True
```

Logische Operatoren

Mithilfe der **logischen Operatoren** können wir boolesche Werte zu Ausdrücken kombinieren. Die häufigsten logischen Operatoren sind `and` (logisches UND), `or` (logisches ODER) und `not` (logisches NICHT). So ist der Wert des folgenden Ausdrucks nur dann wahr (`True`), wenn `x` größer als `0` *und* kleiner als `10` ist:

```
x > 0 and x < 10
```

```
True
```

Der nächste Ausdruck ist wahr (`True`), wenn entweder *eine oder beide* Bedingungen wahr sind. Das heißt, die Zahl ist durch `2` *oder* durch `3` teilbar:

```
x % 2 == 0 or x % 3 == 0
```

```
False
```

Der logische Operator `not` sorgt schließlich dafür, dass ein boolescher Ausdruck verneint (negiert) wird. Das heißt, folgender Ausdruck ist wahr (`True`), wenn `x > y` falsch (`False`) ist:

```
not x > y
```

```
True
```

Streng genommen sollten die Operanden eines logischen Operators boolesche Ausdrücke sein. Python sieht das aber nicht so strikt. Jede Zahl ungleich null wird als `True` interpretiert:

```
42 and True
```

```
True
```

Diese Flexibilität kann hilfreich sein – sie bringt aber auch einige mögliche Fallstricke mit sich. Vermutlich sollten Sie diese Anwendung besser vermeiden.

if-Anweisungen

Um nützliche Programme schreiben zu können, brauchen wir fast immer die Möglichkeit, auf bestimmte Bedingungen zu testen und das Verhalten des Programms entsprechend anzupassen. Diese Fähigkeit erhalten wir durch **Bedingungsanweisungen**. Die einfachste Form ist eine `if`-Anweisung:

```
if x > 0:
    print('x is positive')
```

```
x is positive
```

`if` ist ein Python-Schlüsselwort. `if`-Anweisungen haben die gleiche Struktur wie Funktionsdefinitionen: ein Header, gefolgt von einer eingerückten Anweisung oder einer Folge von Anweisungen, die als **Block** bezeichnet werden.

Der boolesche Ausdruck nach dem `if` wird **Bedingung** genannt. Ist sie wahr, werden die Anweisungen im eingerückten Block ausgeführt. Ist die Bedingung falsch, dann nicht.

Für die Anzahl der Anweisungen in einem Block gibt es keine Obergrenze, es muss aber mindestens eine Anweisung geben. Gelegentlich ist es sinnvoll, einen Block zu definieren, der nichts tut – dieser dient normalerweise als Platzhalter für Code, der noch geschrieben werden muss. In diesem Fall können Sie die `pass`-Anweisung nutzen, die nichts tut:

```
if x < 0:
    pass            # TODO: Muss mit negativen Zahlen umgehen können!
```

Das Wort `TODO` (engl. für »noch zu tun«) in einem Codekommentar dient per Konvention als Erinnerung, dass hier zu einem späteren Zeitpunkt noch etwas erledigt werden muss.

Die else-Klausel

Eine `if`-Anweisung kann mit einem zweiten Teil, einer sogenannten `else`-Klausel (*else* = »ansonsten«), versehen werden. Die Syntax sieht so aus:

```
if x % 2 == 0:
    print('x is even')
else:
    print('x is odd')
```

```
x is odd
```

Ist die Bedingung nach dem `if` wahr, wird die erste eingerückte Anweisung ausgeführt, ansonsten (`else`) die zweite.

In diesem Beispiel ist `x` eine gerade Zahl, wenn `x` geteilt durch `2` den Wert `0` ergibt. In dem Fall ist die Bedingung erfüllt (`True`), und das Programm gibt die Meldung `x is even` (»x ist gerade«) aus. Ist `x` dagegen ungerade, bleibt der Rest `1`. Das heißt, die Bedingung ist nicht erfüllt (`False`), und das Programm gibt `x is odd` (»x ist ungerade«) aus.

Da die Bedingung zu `True` oder `False` ausgewertet werden muss, wird genau eine der beiden Möglichkeiten ausgeführt. Diese alternativen Codeblöcke werden auch als Zweige bezeichnet.

Verkettete Bedingungen

Manchmal gibt es mehr als zwei Möglichkeiten, und es werden entsprechend mehr Zweige gebraucht. Eine Möglichkeit, eine solche Berechnung auszudrücken, ist die **verkettete Bedingungsanweisung**, die eine `elif`-Klausel (kurz für *else if* = »ansonsten, falls«) verwendet, wie hier gezeigt:

```
if x < y:
    print('x is less than y')
elif x > y:
    print('x is greater than y')
else:
    print('x and y are equal')
```

```
x is less than y
```

Jede Bedingung wird in der Reihenfolge ihrer Definition überprüft. Ist die erste Bedingung falsch (`if`), wird die nächste (hier `elif`) überprüft. Ist die Bedingung wahr, wird der entsprechende Zweig ausgeführt, und die gesamte `if`-Anweisung wird beendet. Selbst wenn mehr als eine der Bedingungen erfüllt ist, wird nur der Zweig für die erste wahre Bedingung ausgeführt.

Verschachtelte Bedingungen

Bedingungsanweisungen können auch ineinander verschachtelt werden. Das Beispiel aus dem vorherigen Abschnitt hätten wir auch so schreiben können:

```
if x == y:
    print('x and y are equal')
else:
    if x < y:
        print('x is less than y')
    else:
        print('x is greater than y')
```

```
x is less than y
```

Die äußere `if`-Anweisung besitzt zwei Zweige. Der erste Zweig enthält eine einfache Anweisung. Der zweite Zweig enthält eine weitere `if`-Anweisung, die ihrerseits zwei Zweige hat. Diese beiden »inneren« Zweige bestehen ebenfalls aus einfachen Anweisungen. Sie könnten aber auch weitere Bedingungen enthalten.

Auch wenn die Einrückungen der Anweisungen die Struktur verdeutlichen, sind **verschachtelte Bedingungsanweisungen** eher schwer zu lesen. Ich rate Ihnen daher, sie nach Möglichkeit zu vermeiden.

Logische Operatoren können helfen, verschachtelte Bedingungsanweisungen zu vereinfachen. Hier ein Beispiel:

```
if 0 < x:
    if x < 10:
        print('x is a positive single-digit number.')
```

```
x is a positive single-digit number.
```

Die `print`-Anweisung wird nur ausgeführt, wenn beide Bedingungen erfüllt sind. Den gleichen Effekt können wir mit dem logischen and-Operator erzielen:

```
if 0 < x and x < 10:
    print('x is a positive single-digit number.')
```

```
x is a positive single-digit number.
```

Für diese Art von Bedingung stellt Python eine noch knappere Schreibweise zur Verfügung:

```
if 0 < x < 10:
    print('x is a positive single-digit number.')
```

```
x is a positive single-digit number.
```

Rekursion

Es ist durchaus erlaubt, dass eine Funktion sich selbst aufruft. Auf den ersten Blick ist vielleicht nicht klar, welche Vorteile das haben soll. Dennoch ist das eines der magischsten Dinge, die ein Programm tun kann. Ein Beispiel:

```
def countdown(n):
    if n <= 0:
        print('Blastoff!')
    else:
        print(n)
        countdown(n-1)
```

Hat `n` den Wert `0` oder ist eine negative Zahl, gibt `countdown` das Wort »Blastoff!« aus. Ansonsten gibt die Funktion den Wert von `n` aus und ruft sich selbst erneut auf, wobei `n-1` als Argument übergeben wird.

Unten sehen Sie, was passiert, wenn Sie `countdown` mit dem Argument 3 aufrufen:

```
countdown(3)
```

```
3
2
1
Blastoff!
```

> *Die Ausführung von* `countdown` *beginnt mit* `n=3`. *Da* `n` *größer als* `0` *ist, wird* 3 *ausgegeben, und die Funktion ruft sich selbst auf …*
>
> *Die Ausführung von* `countdown` *beginnt mit* `n=2`. *Da* `n` *größer als* `0` *ist, wird* 2 *ausgegeben, und die Funktion ruft sich selbst auf …*
>
> *Die Ausführung von* `countdown` *beginnt mit* `n=1`. *Da* `n` *größer als* `0` *ist, wird* 1 *ausgegeben, und die Funktion ruft sich selbst auf …*

Die Ausführung von `countdown` *beginnt mit* `n=0`. *Da* `n` *nicht größer als* `0` *ist, wird »Blastoff!« ausgegeben, und die Funktion wird beendet.*

Der Aufruf von `countdown` *mit* `n=1` *wird beendet.*

Der Aufruf von `countdown` *mit* `n=2` *wird beendet.*

Der Aufruf von `countdown` *mit* `n=3` *wird beendet.*

Eine Funktion, die sich selbst aufruft, bezeichnet man als **rekursiv**. Als weiteres Beispiel können wir eine Funktion schreiben, die einen String `n` Mal ausgibt:

```
def print_n_times(string, n):
    if n > 0:
        print(string)
        print_n_times(string, n-1)
```

Ist `n` positiv, gibt `print_n_times` den Wert von `string` aus und ruft sich anschließend selbst auf. Dabei werden `string` und `n-1` als Argumente übergeben.

Hat `n` den Wert `0` oder ist negativ, wurde die Bedingung nicht erfüllt, und `print_n_times` tut nichts.

Bei Übergabe der Argumente `Spam` und `4` sieht das so aus:

```
print_n_times('Spam ', 4)
```

```
Spam
Spam
Spam
Spam
```

Für einfache Beispiele wie diese ist es wahrscheinlich leichter, eine `for`-Schleife zu verwenden. Später werden wir allerdings Beispiele sehen, die deutlich einfacher mit einer Rekursion anstelle einer `for`-Schleife umsetzbar sind. Daher ist es sinnvoll, dieses Thema schon früh zu behandeln.

Stack-Diagramme für rekursive Funktionen

Hier sehen Sie ein Stack-Diagramm, das die Frames zeigt, die beim Aufruf von `countdown` mit `n=3` angelegt werden:

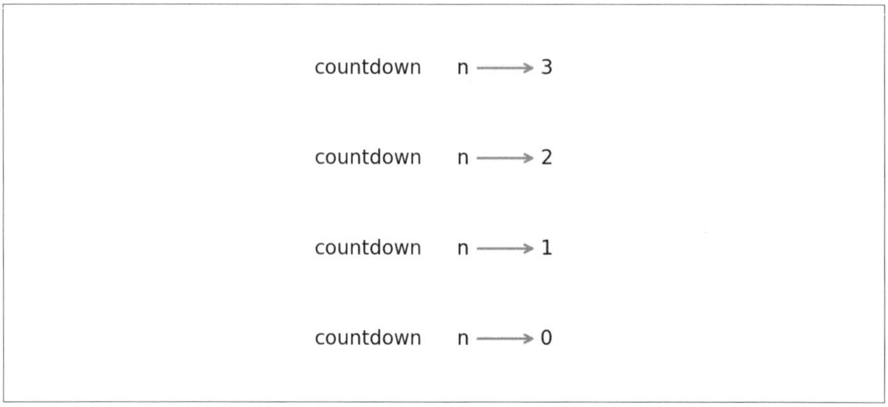

Die vier `countdown`-Frames haben jeweils unterschiedliche Werte für den Parameter `n`. Das untere Ende des Stacks, bei dem `n=0` ist, wird als Basisfall (engl. *Base Case*) bezeichnet. Da dieser keinen rekursiven Aufruf durchführt, gibt es keine weiteren Frames.

Unendliche Rekursion

Eine Rekursion, die ihren Basisfall niemals erreicht, würde sich bis in alle Ewigkeit selbst aufrufen, ohne dass das Programm jemals beendet würde. Dieses Verhalten wird als **unendliche Rekursion** bezeichnet, und die ist grundsätzlich keine gute Idee. Hier eine minimale Funktion, die eine endlose Rekursion enthält:

```
def recurse():
    recurse()
```

Bei jedem Aufruf von `recurse` ruft sich die Funktion erneut selbst auf, wodurch ein neuer Frame erzeugt wird. In Python gibt es eine Obergrenze für die Frames, die sich gleichzeitig auf einem Stack befinden können. Überschreitet das Programm diese Obergrenze, wird ein Laufzeitfehler ausgelöst:

```
recurse()
```

```
---------------------------------------------------------------------------
RecursionError                            Traceback (most recent call last)
Cell In[41], line 1
----> 1 recurse()
```

```
Cell In[39], line 2, in recurse()
      1 def recurse():
----> 2     recurse()

Cell In[39], line 2, in recurse()
      1 def recurse():
----> 2     recurse()

    [... skipping similar frames: recurse at line 2 (2958 times)]

Cell In[39], line 2, in recurse()
      1 def recurse():
----> 2     recurse()

RecursionError: maximum recursion depth exceeded
```

Der Traceback zeigt, dass sich fast 3.000 Frames auf dem Stack befanden, als der Fehler ausgelöst wurde.

Wenn Sie versehentlich in eine endlose Rekursion geraten, sollten Sie Ihre Funktion darauf überprüfen, um zu bestätigen, dass es keinen Basisfall gibt, der einen rekursiven Aufruf durchführt. Gibt es einen Basisfall, sollten Sie herausfinden, ob dieser auch garantiert erreicht wird.

Tastatureingaben

Die Programme, die wir bisher geschrieben haben, können keine Benutzereingaben entgegennehmen. Sie machen einfach immer das Gleiche.

Python besitzt eine eingebaute Funktion namens `input`. Sie hält das Programm an und wartet darauf, dass eine Nutzerin oder ein Nutzer etwas eingibt. Drücken Sie Return oder Enter, wird das Programm fortgesetzt, und `input` gibt die Eingabe als String zurück:

```
text = input()
```

Bevor Sie Nutzereingaben entgegennehmen, wollen Sie vermutlich eine Aufforderung anzeigen, die den Nutzenden mitteilt, welche Eingaben Sie erwarten. Eine solche Eingabeaufforderung können Sie `input` als Argument übergeben:

```
name = input('What...is your name?\n')
name
```

```
What...is your name?
It is Arthur, King of the Britons

'It is Arthur, King of the Britons'
```

Die Zeichenkette \n am Ende der Aufforderung steht für ein **Newline-Zeichen**. Dies ist ein Sonderzeichen, das einen Zeilenumbruch erzeugt. Dadurch wird die Nutzereingabe unterhalb der Aufforderung angezeigt.

Wenn Sie erwarten, dass die Nutzenden eine Ganzzahl eingeben, können Sie den Rückgabewert von `input` mithilfe von `int` in einen Integer-Wert (Typ `int`) umwandeln:

```
prompt = 'What...is the airspeed velocity of an unladen swallow?\n'
speed = input(prompt)
speed
```

```
What...is the airspeed velocity of an unladen swallow?
What do you mean: an African or European swallow?

'What do you mean: an African or European swallow?'
```

Wird dagegen etwas eingegeben, das kein Integer ist, wird ein Laufzeitfehler ausgelöst:

```
int(speed)
```

```
ValueError: invalid literal for int() with base 10: 'What do you mean:
            an African or European swallow?'
```

Wir werden später sehen, wie Sie mit dieser Art Fehler umgehen können.

Debugging

Tritt ein Syntax- oder Laufzeitfehler auf, enthält die Fehlermeldung eine Reihe von Informationen, die einen leicht überfordern können. Die nützlichsten Teile sind meistens:

- »Um welche Art von Fehler handelt es sich?«
- »Wo trat der Fehler auf?«

Syntaxfehler sind recht leicht zu finden, allerdings gibt es ein paar Dinge zu beachten. Fehler, die mit Leerzeichen und Tabulatoren zu tun haben, können knifflig sein, weil sie schnell übersehen werden:

```
x = 5
 y = 6
```

```
Cell In[50], line 2
  y = 6
  ^
IndentationError: unexpected indent
```

In diesem Beispiel liegt das Problem eigentlich darin, dass die zweite Zeile nur um ein Leerzeichen eingerückt wurde. Die Fehlermeldung `unexpected indent` (engl. für »unerwartete Einrückung«) zeigt jedoch auf das `y`, was zu Missverständnissen führen kann. Fehlermeldungen zeigen an, wo das Problem entdeckt wurde, auch wenn der tatsächliche Fehler früher im Code auftrat.

Das Gleiche gilt für Laufzeitfehler. Angenommen, Sie möchten ein Verhältnis in Dezibel umrechnen, wie hier gezeigt:

```
import math
numerator = 9
denominator = 10
ratio = numerator // denominator
decibels = 10 * math.log10(ratio)
```

```
---------------------------------------------------------------------------
ValueError                                Traceback (most recent call last)
Cell In[52], line 5
      3 denominator = 10
      4 ratio = numerator // denominator
----> 5 decibels = 10 * math.log10(ratio)

ValueError: math domain error
```

Hier verweist die Fehlermeldung auf Zeile 5 (`line 5`). In dieser Zeile ist aber alles in Ordnung. Das wirkliche Problem liegt in Zeile 4, in der eine Integer-Division (`//`) anstelle einer Fließkommadivision (`/`) verwendet wird. Als Ergebnis hat `ratio` (engl. für »Verhältnis«) den Wert `0`. Wenn wir nun `math.log10` aufrufen, erhalten wir einen `ValueError` mit der Meldung `math domain error`. Der Grund ist, dass sich `0` nicht im Bereich (engl. *Domain*) der gültigen Argumente für `math.log10` befindet, denn der Logarithmus von `0` ist nicht definiert.

Grundsätzlich sollten Sie sich deshalb die Zeit nehmen, die Fehlermeldungen sorgfältig zu lesen. Gehen Sie aber nicht davon aus, dass alles, was sie aussagen, korrekt ist.

Glossar

Rekursion
: Der Vorgang, bei dem eine Funktion sich selbst aufruft.

Modulo-Operator
: Ein Operator (`%`), der auf Integer-Werten (ganzen Zahlen) ausgeführt wird und den Restwert zurückgibt, wenn diese Zahl durch eine andere geteilt wird.

Boolescher Ausdruck
: Ein Ausdruck, dessen Wert entweder wahr (`True`) oder falsch (`False`) ist.

Vergleichsoperator
: Ein Operator, der seine Operanden miteinander vergleicht: `==`, `!=`, `>`, `<`, `>=` und `<=`.

Logischer Operator
: Ein Operator, der boolesche Ausdrücke miteinander kombiniert, wie `and`, `or` und `not`.

Bedingungsanweisung
: Eine Anweisung, die den Fluss der Ausführung abhängig von einer Bedingung kontrolliert.

Block
: Eine oder mehrere eingerückte Anweisungen. Die Einrückung besagt, dass diese Anweisungen zu einer weiteren Anweisung gehören (zum Beispiel als Zweig einer Bedingungsanweisung).

Bedingung
: Der boolesche Ausdruck in einer Bedingungsanweisung, der festlegt, welcher Zweig ausgeführt wird.

Zweig (engl. »Branch«)
: Eine der alternativen Folgen von Anweisungen in einer Bedingungsanweisung.

Verkettete Bedingung
Eine Bedingungsanweisung mit einer Reihe alternativer Zweige.

Verschachtelte Bedingung
Eine Bedingungsanweisung, die in einem der Zweige einer anderen Bedingungsanweisung erscheint.

Rekursiv
Eine Funktion, die sich selbst aufruft.

Basisfall
Ein bedingungsabhängiger Zweig einer rekursiven Funktion, der keinen rekursiven Aufruf vornimmt.

Unendliche Rekursion
Eine Rekursion, die keinen Basisfall besitzt oder diesen nie erreicht. Letztlich führt eine unendliche Rekursion zu einem Laufzeitfehler.

Newline-Zeichen
Ein Zeichen, das zwischen zwei Teilen eines Strings für einen Zeilenumbruch sorgt.

Übungen

Fragen Sie einen virtuellen Assistenten

- Fragen Sie einen virtuellen Assistenten: »Was sind einige der häufigsten Anwendungsfälle für den Modulo-Operator?«
- Python stellt Operatoren für die logischen Operationen `and`, `or` und `not` zur Verfügung. Ein Operator für die Berechnung eines exklusiven `or`, üblicherweise als `xor` geschrieben, fehlt dagegen. Fragen Sie einen Assistenten: »Was ist die logische `xor`-Operation, und wie kann ich sie in Python berechnen?«

In diesem Kapitel haben wir zwei Möglichkeiten kennengelernt, eine `if`-Anweisung mit drei Zweigen zu schreiben. Eine benutzte eine verkettete Bedingungsanweisung, die andere eine verschachtelte. Sie können einen virtuellen Assistenten verwenden, um die eine Form in die andere umzuwandeln. Weisen Sie den Assistenten hierzu an: »Konvertiere diese Anweisung in eine verkettete Bedingungsanweisung.«

```
if x == y:
    print('x and y are equal')
else:
    if x < y:
        print('x is less than y')
    else:
        print('x is greater than y')
```

```
x is less than y
```

Weisen Sie einen virtuellen Assistenten an: »Schreibe diese Anweisung unter Verwendung einer einzelnen Bedingung neu.«

```
if 0 < x:
    if x < 10:
        print('x is a positive single-digit number.')
```

```
x is a positive single-digit number.
```

Probieren Sie aus, ob ein virtueller Assistent diese unnötige Komplexität vereinfachen kann:

```
if not x <= 0 and not x >= 10:
    print('x is a positive single-digit number.')
```

```
x is a positive single-digit number.
```

Hier sehen Sie den Versuch einer rekursiven Funktion, die in Zweierschritten bis null herunterzählt:

```
def countdown_by_two(n):
    if n == 0:
        print('Blastoff!')
    else:
        print(n)
        countdown_by_two(n-2)
```

Das scheint zu funktionieren:

```
countdown_by_two(6)
```

```
6
4
2
Blastoff!
```

Allerdings enthält die Funktion einen Fehler. Fragen Sie einen virtuellen Assistenten danach, was hier nicht stimmt und wie er das Problem beheben würde. Kopieren Sie die Lösung und fügen Sie sie zum Testen in Ihre Jupyter-Umgebung ein.

Übung 5-1

Das Modul `time` stellt eine gleichnamige `time`-Funktion zur Verfügung. Sie gibt die Zahl der Sekunden seit der »Unix-Epoche«, dem 1. Januar 1970, 00:00:00 UTC (*Coordinated Universal Time*), zurück:

```
from time import time

now = time()
now
```

```
1709908595.7334914
```

Verwenden Sie eine Integer-Division und den Modulo-Operator, um die Zahl der Tage zu berechnen, die seit dem 1. Januar 1970 vergangen sind. Berechnen Sie außerdem die aktuelle Zeit in Stunden, Minuten und Sekunden.

Übung 5-2

Angenommen, Sie hätten drei Hölzer, dann können Sie diese nur unter bestimmten Umständen zu einem Dreieck anordnen. Ist eines der Hölzer zwölf Zentimeter lang und die anderen beiden nur einen Zentimeter, werden Sie es nicht schaffen, dass sich die kurzen Hölzer in der Mitte berühren. Es gibt einen Test, mit dem Sie feststellen können, ob es bei drei angegebenen Längen möglich ist, ein Dreieck zu bilden:

> *Ist eine beliebige der drei Längen größer als die Summe der anderen beiden, können Sie kein Dreieck bilden. Ansonsten ist es möglich. (Entspricht die Summe zweier Längen der dritten Länge, bilden Sie ein »nicht konstruierbares« Dreieck.)*

Schreiben Sie eine Funktion namens `is_triangle` (»ist Dreieck«), das drei Integer als Argumente übernimmt und dann »Yes« oder »No« ausgibt, je nachdem, ob aus Hölzern der gegebenen Längen ein Dreieck gebildet werden kann oder nicht. Tipp: Benutzen Sie eine verkettete Bedingungsanweisung.

Übung 5-3

Wie lauten die Ausgaben des folgenden Programms? Zeichnen Sie ein Stack-Diagramm, das den Zustand des Programms bei der Ausgabe des Ergebnisses zeigt.

```
def recurse(n, s):
    if n == 0:
        print(s)
    else:
        recurse(n-1, n+s)

recurse(3, 0)
```

```
6
```

Übung 5-4

Die folgende Übung verwendet das Modul `jupyturtle` aus Kapitel 4.

Lesen Sie die folgende Funktion und versuchen Sie, herauszufinden, was sie tut. Danach führen Sie die Funktion aus, um zu sehen, ob Sie richtig lagen. Passen Sie die Werte für `length` (Länge), `angle` (Winkel) und `factor` (Faktor) an, um festzustellen, wie sich ihre Werte auf das Ergebnis auswirken. Wenn Sie nicht sicher sind, ob Sie die Funktionsweise verstanden haben, fragen Sie einen virtuellen Assistenten um Rat.

```
from jupyturtle import forward, left, right, back

def draw(length):
    angle = 50
    factor = 0.6

    if length > 5:
        forward(length)
        left(angle)
        draw(factor * length)
        right(2 * angle)
        draw(factor * length)
        left(angle)
        back(length)
```

Übung 5-5

Fragen Sie einen virtuellen Assistenten: »Was ist die Koch-Kurve?«

Um eine Koch-Kurve der Länge x zu zeichnen, müssen Sie folgende Schritte ausführen:

1. Zeichne eine Koch-Kurve der Länge x/3.
2. Drehe dich um 60 Grad.
3. Zeichne eine Koch-Kurve der Länge x/3.
4. Drehe dich um 120 Grad.
5. Zeichne eine Koch-Kurve der Länge x/3.
6. Drehe dich um 60 Grad.
7. Zeichne eine Koch-Kurve der Länge x/3.

Eine Ausnahme von dieser Anweisung gibt es, wenn x kleiner als 5 ist. In diesem Fall zeichnen Sie einfach eine gerade Linie der Länge x.

Schreiben Sie eine Funktion mit dem Namen koch, die x als Argument übernimmt und eine Koch-Kurve der angegebenen Länge zeichnet. Das Ergebnis sieht ungefähr so aus:

```
make_turtle(delay=0)
koch(120)
```

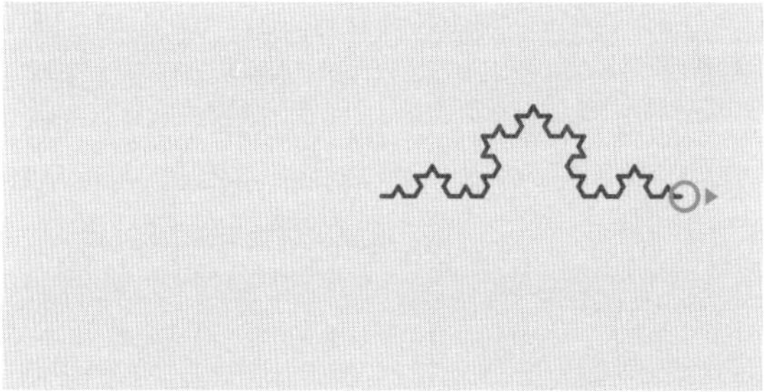

Übung 5-6

Virtuellen Assistenten sind die Funktionen im jupyturtle-Modul grundsätzlich bekannt. Da es aber viele verschiedene Versionen dieser Funktionen mit unterschiedlichen Namen gibt, weiß der Assistent möglicherweise nicht, wovon Sie reden.

Um das Problem zu lösen, können Sie beim Stellen der Frage zusätzliche Informationen angeben, zum Beispiel indem Sie schreiben: »Hier ist ein Programm, das das Modul jupyturtle verwendet.« Danach fügen Sie eines der Beispiele aus diesem Kapitel ein. Fragen Sie den virtuellen Assistenten, ob er Code erzeugen kann, der dieses Modul verwendet.

Als Beispiel könnten Sie einen virtuellen Assistenten anweisen, ein Sierpiński-Dreieck zu zeichnen. Der vom Assistenten zurückgegebene Code sollte ein guter Startpunkt sein. Möglicherweise ist aber noch etwas Debugging nötig. Sollte der erste Versuch nicht funktionieren, können Sie entweder den virtuellen Assistenten fragen, was schiefgelaufen ist – oder Sie können sich selbst auf die Fehlersuche begeben.

Hier ist eine Möglichkeit, wie das Ergebnis aussehen könnte, wobei Ihre Version unterschiedlich ausfallen kann:

```
make_turtle(delay=0, height=200)

draw_sierpinski(100, 3)
```

KAPITEL 6

Rückgabewerte

In den vorherigen Kapiteln haben wir eingebaute Funktionen wie `abs` und `round` verwendet, aber auch Funktionen aus dem `math`-Modul, wie `sqrt` und `pow`. Wenn Sie eine dieser Funktionen aufrufen, gibt sie einen Wert zurück, den Sie einer Variablen zuweisen oder als Teil eines Ausdrucks verwenden können.

Unsere bisher selbst geschriebenen Funktionen unterscheiden sich davon. Einige verwenden die `print`-Funktion, um Werte auszugeben, andere nutzen Funktionen aus `jupyturtle`, um Figuren zu zeichnen. Aber sie geben keine Werte zurück, die wir weiterverwenden können, wie oben beschrieben.

In diesem Kapitel lernen Sie, Funktionen zu schreiben, die Werte zurückgeben.

Manche Funktionen haben Rückgabewerte …

Beim Aufruf einer Funktion wie `math.sqrt` wird das Ergebnis als **Rückgabewert** bezeichnet. Erscheint der Funktionsaufruf am Ende einer Zelle, zeigt Jupyter den Rückgabewert sofort an:

```
import math

math.sqrt(42 / math.pi)
```

```
3.656366395715726
```

Weisen Sie den Rückgabewert dagegen einer Variablen zu, wird er nicht ausgegeben:

```
radius = math.sqrt(42 / math.pi)
```

Aber Sie können ihn später anzeigen lassen:

```
radius
```

```
3.656366395715726
```

Oder Sie können den Rückgabewert als Teil eines Ausdrucks weiterverwenden:

```
radius + math.sqrt(42 / math.pi)
```

```
7.312732791431452
```

Hier ein Beispiel für eine Funktion, die einen Wert zurückgibt:

```
def circle_area(radius):
    area = math.pi * radius**2
    return area
```

`circle_area` (»Kreis-Flächeninhalt«) übernimmt `radius` als Parameter und berechnet den Flächeninhalt eines Kreises mit dem angegebenen Radius.

Die letzte Zeile der Funktion ist eine `return`-Anweisung (»zurückgeben«), die den Wert von `area` (»Flächeninhalt«) zurückgibt.

Wenn wir die Funktion wie hier gezeigt aufrufen, gibt Jupyter den Rückgabewert aus:

```
circle_area(radius)
```

```
42.00000000000001
```

Den Rückgabewert können wir auch einer Variablen zuweisen:

```
a = circle_area(radius)
```

Oder ihn als Teil eines Ausdrucks verwenden:

```
circle_area(radius) + 2 * circle_area(radius / 2)
```

```
63.000000000000014
```

Später können wir den Wert der Variablen ausgeben, der wir das Ergebnis zugewiesen haben:

```
a
```

```
42.00000000000001
```

Auf area können wir dagegen nicht zugreifen:

```
area
```

```
NameError: name 'area' is not defined
```

Der Grund ist, dass area eine lokale Variable innerhalb der Funktion ist (siehe den Abschnitt »Variablen und Parameter sind lokal« auf Seite 56), auf die wir von außerhalb der Funktion nicht zugreifen können.

... und andere haben keine

Besitzt eine Funktion keine return-Anweisung, gibt sie standardmäßig None zurück. Dies ist ein spezieller Wert, ähnlich wie True und False. Als Beispiel hier noch einmal die Funktion repeat aus Kapitel 3:

```
def repeat(word, n):
    print(word * n)
```

Wenn wir die Funktion wie unten gezeigt aufrufen, gibt sie die erste Zeile des Monty-Python-Songs »Finland« aus:

```
repeat('Finland, ', 3)
```

```
Finland, Finland, Finland,
```

Diese Funktion nutzt die print-Funktion, um einen String auszugeben. Sie verwendet aber keine return-Anweisung, um einen Wert zurückzugeben. Wenn wir das Ergebnis einer Variablen zuweisen, wird der String trotzdem ausgegeben:

```
result = repeat('Finland, ', 3)
```

```
Finland, Finland, Finland,
```

Versuchen wir dagegen, den Wert der Variablen auszugeben, wird nichts angezeigt:

```
result
```

Tatsächlich hat result einen Wert, der von Jupyter aber nicht angezeigt wird. Mithilfe von print geht es trotzdem:

```
print(result)
```

```
None
```

Der Rückgabewert von repeat ist None.

Die folgende Funktion unterscheidet sich von repeat nur darin, dass sie einen Rückgabewert hat:

```
def repeat_string(word, n):
    return word * n
```

Beachten Sie, dass wir in einer return-Anweisung nicht nur eine Variable, sondern auch einen Ausdruck verwenden können.

In dieser Version können wir das Ergebnis einer Variablen zuweisen. Wird die Funktion beendet, wird nichts ausgegeben:

```
line = repeat_string('Spam, ', 4)
```

Später können wir den line zugewiesenen Wert jedoch anzeigen lassen:

```
line
```

```
'Spam, Spam, Spam, Spam, '
```

Eine solche Funktion wird als **reine Funktion** bezeichnet, weil sie nichts ausgibt oder irgendeine andere Wirkung hat – außer einen Wert zurückzugeben.

Rückgabewerte und Bedingungen

Besäße Python keine eingebaute abs-Funktion, könnten wir sie selbst schreiben, wie hier gezeigt:

```
def absolute_value(x):
    if x < 0:
        return -x
    else:
        return x
```

Ist x negativ, gibt die erste return-Anweisung -x zurück, und die Funktion wird sofort beendet. Ansonsten gibt die zweite return-Anweisung x zurück, und die Funktion endet.

Wenn Sie eine Bedingungsanweisung mit return-Anweisungen versehen, müssen Sie dabei sicherstellen, dass jeder mögliche Pfad eine return-Anweisung erreicht. Hier zum Beispiel eine nicht korrekte Version von absolute_value:

```
def absolute_value_wrong(x):
    if x < 0:
        return -x
    if x > 0:
        return x
```

Wenn wir diese Funktion mit 0 als Argument aufrufen, passiert Folgendes:

```
absolute_value_wrong(0)
```

Also nichts! Wenn `x` den Wert `0` hat, ist keine der Bedingungen wahr, und die Funktion endet, ohne dass sie eine `return`-Anweisung erreicht. Dadurch ist der Rückgabewert `None`, und Jupyter gibt nichts aus.

Hier noch ein Beispiel mit einer weiteren Version von `absolute_value`, diesmal mit einer zusätzlichen `return`-Anweisung:

```
def absolute_value_extra_return(x):
    if x < 0:
        return -x
    else:
        return x

    return 'This is dead code'
```

Ist `x` negativ, wird die erste `return`-Anweisung ausgeführt, und die Funktion endet. Ansonsten läuft die zweite `return`-Anweisung, und die Funktion wird ebenfalls beendet. In keinem Fall wird die dritte `return`-Anweisung erreicht und kann daher auch nie ausgeführt werden.

Code, der niemals ausgeführt werden kann, wird als **toter Code** (engl. *Dead Code*) bezeichnet. Er richtet zwar keinen Schaden an, ist aber oft ein Anzeichen für ein Missverständnis und kann für Menschen verwirrend sein, die versuchen, das Programm zu verstehen.

Inkrementelle Entwicklung

Wenn Sie größere Funktionen schreiben, werden Sie auch mehr Zeit mit dem Debugging verbringen. Für den Umgang mit immer komplexeren Programmen kann die **inkrementelle** (schrittweise) **Entwicklung** hilfreich sein. Hierbei wird immer nur ein kleiner Teil des Codes hinzugefügt und getestet.

Nehmen wir zum Beispiel an, Sie haben die Koordinaten (x_1, y_1) und (x_2, y_2) erhalten. Nach dem Satz des Pythagoras beträgt ihre Entfernung:

$$\text{Entfernung} = \sqrt{(x_2 - x_1)^2 + (y_2 - y_1)^2}$$

Der erste Schritt besteht darin, zu überlegen, wie eine `distance`-Funktion (»Entfernung«) in Python aussehen könnte. Welche Eingaben (Parameter) und welche Ausgaben (Rückgabewerte) soll es geben?

Für diese Funktion sind die Eingaben die Koordinaten der Punkte, und der Rückgabewert ist die Entfernung. Mit den Informationen können Sie direkt einen Entwurf der Funktion schreiben:

```
def distance(x1, y1, x2, y2):
    return 0.0
```

Diese Version berechnet noch keine Entfernungen – sie gibt immer `0.0` zurück. Trotzdem ist es eine vollständige Funktion mit einem Rückgabewert. Das heißt, Sie können sie testen, bevor sie zu kompliziert wird.

Hierfür rufen wir die Funktion mit einigen Beispielargumenten auf:

```
distance(1, 2, 4, 6)
```

```
0.0
```

Ich habe diese Werte so gewählt, dass ihre horizontale Entfernung `3` und die vertikale Entfernung `4` beträgt. Dadurch ist das Ergebnis `5`, die Hypotenuse eines rechtwinkligen Dreiecks mit den Seitenlängen `3`, `4` und `5`. Beim Testen einer Funktion ist es nützlich, die richtige Antwort bereits zu kennen.

Bis jetzt haben wir bestätigt, dass die Funktion ausgeführt wird und einen Wert zurückgibt. Nun können wir den Body der Funktion mit zusätzlichem Code versehen. Ein guter nächster Schritt besteht darin, die Differenzen `x2 - x1` und `y2 - y1` zu finden. Hier sehen Sie eine Version, die die Werte in temporären Variablen speichert und ausgibt:

```
def distance(x1, y1, x2, y2):
    dx = x2 - x1
    dy = y2 - y1
    print('dx is', dx)
    print('dy is', dy)
    return 0.0
```

Wird die Funktion korrekt ausgeführt, sollte sie `dx is 3` und `dy is 4` ausgeben. In diesem Fall wissen wir, dass die Funktion die richtigen Argumente erhält und ihre ersten Berechnungen korrekt durchführt. Falls nicht, müssen wir nur wenige Programmzeilen überprüfen:

```
distance(1, 2, 4, 6)
```

```
dx is 3
dy is 4

0.0
```

So weit, so gut. Als Nächstes berechnen wir die Summe der Quadrate von `dx` und `dy`:

```
def distance(x1, y1, x2, y2):
    dx = x2 - x1
    dy = y2 - y1
    dsquared = dx**2 + dy**2
    print('dsquared is: ', dsquared)
    return 0.0
```

Wir führen die Funktion erneut aus und überprüfen die Ausgabe, die nun `25` lauten sollte:

```
distance(1, 2, 4, 6)
```

```
dsquared is:  25

0.0
```

Zum Schluss können wir `math.sqrt` verwenden, um die Distanz zu berechnen:

```
def distance(x1, y1, x2, y2):
    dx = x2 - x1
    dy = y2 - y1
    dsquared = dx**2 + dy**2
    result = math.sqrt(dsquared)
    print("result is", result)
```

Danach testen wir:

```
distance(1, 2, 4, 6)
```

```
result is 5.0
```

Das Ergebnis ist zwar korrekt, aber diese Version der Funktion gibt das Ergebnis nicht zurück, sondern zeigt es nur an. Der Rückgabewert ist also `None`. Das können wir aber leicht beheben, indem wir die `print`-Funktion durch eine `return`-Anweisung ersetzen:

```
def distance(x1, y1, x2, y2):
    dx = x2 - x1
    dy = y2 - y1
    dsquared = dx**2 + dy**2
    result = math.sqrt(dsquared)
    return result
```

Diese Version von `distance` ist eine reine Funktion. Wenn wir sie wie unten gezeigt aufrufen, wird nur das Ergebnis ausgegeben:

```
distance(1, 2, 4, 6)
```

```
5.0
```

Und auch wenn wir das Ergebnis einer Variablen zuweisen, wird nichts ausgegeben:

```
d = distance(1, 2, 4, 6)
```

Die zu Beginn eingefügten `print`-Anweisungen haben uns beim Debugging geholfen. Aber sobald die Funktion korrekt läuft, können sie wieder entfernt werden. Code wie dieser wird als **Scaffolding** (engl. für »Baugerüst«) bezeichnet. Er hilft bei der Erstellung des Programms, ist aber nicht Teil des Endprodukts. Dieses Beispiel demonstriert die inkrementelle Entwicklung. Hier die wichtigsten Schritte:

1. Beginnen Sie mit einem funktionierenden Programm, nehmen Sie kleine Änderungen vor und testen Sie nach jeder Änderung.
2. Benutzen Sie Variablen, um Zwischenwerte zu speichern. So können Sie diese leichter ausgeben und überprüfen.
3. Sobald das Programm funktioniert, können Sie das Scaffolding entfernen.

So lassen sich möglicherweise auftretende Fehler schnell aufspüren. Die inkrementelle Entwicklung kann Ihnen eine Menge Debugging-Zeit ersparen.

Boolesche Funktionen

Funktionen können auch die booleschen Werte `True` und `False` zurückgeben. So lassen sich komplexe Tests bequem in einer Funktion verkapseln. Die Funktion `is_divisible` (»ist teilbar«) überprüft beispielsweise, ob `x` ohne Rest durch y teilbar ist:

```
def is_divisible(x, y):
    if x % y == 0:
        return True
    else:
        return False
```

Und so wird sie benutzt:

```
is_divisible(6, 4)
```

```
False
```

```
is_divisible(6, 3)
```

```
True
```

Innerhalb der Funktion ist das Ergebnis des ==-Operators ein boolescher Wert. Daher können wir die Funktion verkürzen, indem wir ihn direkt zurückgeben:

```
def is_divisible(x, y):
    return x % y == 0
```

Boolesche Funktionen kommen oft in Bedingungsanweisungen zum Einsatz:

```
if is_divisible(6, 2):
    print('divisible')
```

```
divisible
```

Eventuell sind Sie jetzt versucht, etwas zu schreiben wie das hier:

```
if is_divisible(6, 2) == True:
    print('divisible')
```

```
divisible
```

Aber dieser Vergleich ist nicht nötig.

Rekursion mit Rückgabewerten

Nachdem wir wissen, wie man Funktionen mit Rückgabewerten schreibt, können wir auch rekursive Funktionen mit Rückgabewerten erstellen. Und mit dieser Fähigkeit haben wir eine wichtige Schwelle überschritten. Die bisher in diesem Buch behandelte Untermenge von Python ist nun **Turing-vollständig**. Das heißt, wir können jede Berechnung durchführen, die durch einen Algorithmus beschrieben werden kann.

Um Ihnen eine Rekursion mit Rückgabewerten zu zeigen, werten wir ein paar rekursiv definierte mathematische Funktionen aus. Eine rekursive Definition hat Ähnlichkeit mit einer zirkulären Definition, bei der sich die Definition auf die Sache bezieht, die definiert wird. Eine tatsächlich zirkuläre Definition ist dagegen nicht sehr nützlich:

> *vorpal: Ein Adjektiv, mit dem etwas beschrieben wird, was vorpal ist.*

Begegnet Ihnen eine solche Definition in einem Wörterbuch, sind Sie möglicherweise genervt. Wenn Sie dagegen die Definition der Fakultätsfunktion nachschlagen, die durch das Symbol ! ausgedrückt wird, erhalten Sie etwas wie das hier:

$0! = 1$
$n! = n(n - 1)!$

Diese Definition besagt, dass die Fakultät von 0 den Wert 1 ergibt. Die Fakultät eines anderen Werts n ist n, multipliziert mit der Fakultät von $n - 1$.

Wenn es möglich ist, eine rekursive Definition von etwas zu formulieren, dann können Sie auch ein Python-Programm schreiben, um diese Definition auszuwerten. Gemäß dem Prinzip der inkrementellen Entwicklung beginnen wir mit einer Funktion namens `factorial` (»Fakultät«), die `n` als Parameter übernimmt und immer `0` zurückgibt:

```
def factorial(n):
    return 0
```

Jetzt können wir den ersten Teil der Definition einbauen – ist das Argument `0`, müssen wir einfach nur `1` zurückgeben:

```
def factorial(n):
    if n == 0:
        return 1
    else:
        return 0
```

Und damit zum zweiten Teil: Falls `n` nicht `0` ist, müssen wir einen rekursiven Aufruf starten, um die Fakultät von $n - 1$ zu finden, und dann das Ergebnis mit n multiplizieren:

```
def factorial(n):
    if n == 0:
        return 1
    else:
        recurse = factorial(n-1)
        return n * recurse
```

Die Ausführung verläuft ähnlich wie bei der Funktion `countdown` aus Kapitel 5. Wenn wir `factorial` mit dem Wert `3` aufrufen, passiert Folgendes:

> *Da* `3` *nicht* `0` *ist, nutzen wir den zweiten Zweig und berechnen die Fakultät von* `n-1` *…*
>
> *Da* `2` *nicht* `0` *ist, nutzen wir den zweiten Zweig und berechnen die Fakultät von* `n-1` *…*
>
> *Da* `1` *nicht* `0` *ist, nutzen wir den zweiten Zweig und berechnen die Fakultät von* `n-1` *…*
>
> *Da* `0` *gleich* `0` *ist, nutzen wir den ersten Zweig und geben ohne weitere rekursive Aufrufe* `1` *zurück.*
>
> *Der Rückgabewert* `1` *wird mit* `n` *multipliziert, was* `1` *ergibt. Das Ergebnis wird zurückgegeben.*
>
> *Der Rückgabewert* `1` *wird mit* `n` *multipliziert, was* `2` *ergibt. Das Ergebnis wird zurückgegeben.*
>
> *Der Rückgabewert* `1` *wird mit* `n` *multipliziert, was* `3` *ergibt. Das Ergebnis ist also* `6`*. Dieser Wert wird zurückgegeben.*

Die folgende Abbildung zeigt das Stack-Diagramm für diese Folge von Funktionsaufrufen:

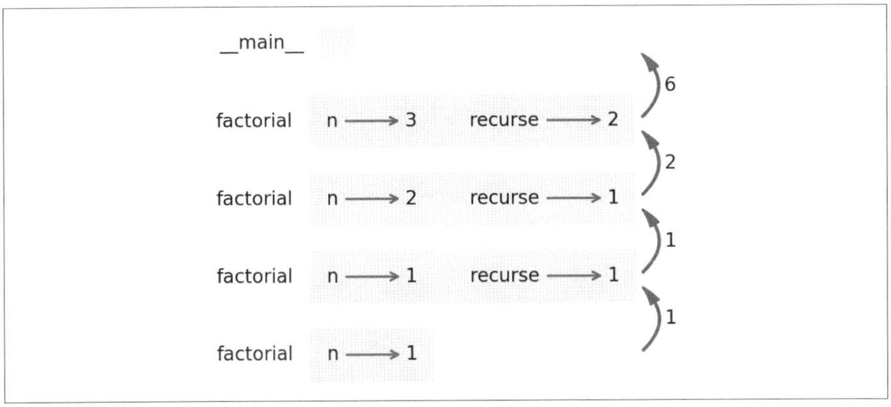

Wie man sieht, werden die Rückgabewerte im Stack »nach oben« weitergereicht. In jedem Frame ist der Rückgabewert das Produkt aus `n` und `recurse`.

Im letzten Frame existiert die lokale Variable `recurse` nicht, weil der Zweig, der sie erzeugt, nicht ausgeführt wird.

Sprung ins kalte Wasser

Eine Möglichkeit, Programme zu lesen, besteht darin, dem Fluss ihrer Ausführung zu folgen. Das kann einen aber schnell überfordern. Eine Alternative ist der sprichwörtliche »Sprung ins kalte Wasser«. Wenn Ihnen ein Funktionsaufruf begegnet, folgen Sie nicht dem Ausführungsfluss, sondern Sie gehen davon aus, dass die Funktion korrekt funktioniert und das richtige Ergebnis zurückgibt.

Tatsächlich sind Sie bereits ins kalte Wasser gesprungen, als Sie eingebaute Funktionen benutzt haben. Beim Aufruf von `abs` oder `math.sqrt` haben Sie auch nicht erst die Funktionskörper untersucht. Sie sind einfach davon ausgegangen, dass sie korrekt funktionieren.

Das Gleiche gilt für den Aufruf Ihrer eigenen Funktionen. So haben wir vorhin die Funktion `is_divisible` geschrieben, die herausfindet, ob eine Zahl durch eine andere teilbar ist. Sobald wir uns davon überzeugt haben, dass die Funktion korrekt läuft, können wir sie verwenden, ohne den Body erneut zu untersuchen.

Das trifft auch auf rekursive Programme zu. Anstatt dem Ausführungsfluss zu folgen, sollten Sie bei Erreichen des rekursiven Aufrufs davon ausgehen, dass dieser funktioniert. Dann können Sie sich fragen: »Angenommen, ich kann die Fakultät von $n - 1$berechnen. Kann ich dann auch die Fakultät von n bestimmen?« Die rekursive Definition der Fakultät impliziert, dass dies möglich ist, indem Sie mit n multiplizieren.

Natürlich ist es etwas seltsam, einfach davon auszugehen, dass eine Funktion korrekt funktioniert, wenn Sie diese noch gar nicht fertiggestellt haben. Aber genau deshalb wird es ja als Sprung ins kalte Wasser bezeichnet!

Fibonacci

Nach unserer Fakultätsfunktion `factorial` ist das zweithäufigste Beispiel die Berechnung der Fibonacci-Folge. Sie hat folgende Definition:

fibonacci(0) = 0
fibonacci(1) = 1
fibonacci(*n*) = fibonacci(*n* – 1) + fibonacci(*n* – 2)

Nach Python übersetzt, sieht das so aus:

```
def fibonacci(n):
    if n == 0:
        return 0
    elif  n == 1:
        return 1
    else:
        return fibonacci(n-1) + fibonacci(n-2)
```

Wenn Sie versuchen, dem Fluss der Ausführung von `fibonacci` zu folgen, wird Ihr Kopf selbst bei kleinen Werten für *n* schnell explodieren. Wenn Sie dagegen gemäß dem »Sprung ins kalte Wasser« davon ausgehen, dass die zwei rekursiven Aufrufe korrekt funktionieren, können Sie zuversichtlich sein, dass auch die letzte `return`-Anweisung korrekt ist.

Diese Art, Fibonacci-Zahlen zu berechnen, ist übrigens sehr ineffizient. Im Abschnitt »Memos« auf Seite 189 erkläre ich den Grund und schlage eine Verbesserungsmöglichkeit vor.

Typen überprüfen

Was passiert wohl, wenn wir `factorial` mit dem Argument `1.5` aufrufen?

```
factorial(1.5)
```

```
RecursionError: maximum recursion depth exceeded in comparison
```

Das sieht aus wie eine unendliche Rekursion. Wie kann das sein? Der Basisfall der Funktion tritt ein, wenn `n == 0` ist. Aber wenn `n` kein Integer ist, kann es passieren, dass wir den Basisfall *verfehlen* und in eine endlose Rekursion eintreten.

In diesem Beispiel ist der Startwert von `n` `1.5`. Im ersten rekursiven Aufruf ist der Wert von `n` `0.5`, im folgenden `-0.5`. Von hier aus wird der Wert immer kleiner (negativer), aber ohne jemals `0` zu erreichen.

Um eine unendliche Rekursion zu vermeiden, können wir zum Überprüfen des Typs des Arguments die eingebaute Funktion `isinstance` verwenden. Um herauszufinden, ob ein Wert ein Integer ist, schreiben Sie Folgendes:

```
isinstance(3, int)
```

```
True
```

```
isinstance(1.5, int)
```

```
False
```

Damit können wir eine Version von `factorial` schreiben, die eine entsprechende Fehlerprüfung enthält:

```
def factorial(n):
    if not isinstance(n, int):
        print('factorial is only defined for integers.')
        return None
    elif n < 0:
        print('factorial is not defined for negative numbers.')
        return None
    elif n == 0:
        return 1
    else:
        return n * factorial(n-1)
```

Zuerst wird überprüft, ob `n` ein ganzzahliger Wert ist. Falls nicht, wird eine Fehlermeldung ausgegeben und `None` zurückgegeben:

```
factorial('crunchy frog')
```

```
factorial is only defined for integers.
```

Danach wird getestet, ob `n` negativ ist. Auch in diesem Fall wird eine Fehlermeldung ausgegeben und `None` zurückgegeben:

```
factorial(-2)
```

```
factorial is not defined for negative numbers.
```

Wurden beide Tests bestanden, wissen wir, dass `n` ein nicht negativer Integer-Wert ist und wir sicher sein können, dass die Rekursion beendet wird. Die Überprüfung der Parameter einer Funktion, um sicherzustellen, dass sie die korrekten Typen und Werte besitzen, nennt man **Eingabevalidierung**.

Debugging

Die Unterteilung eines Programms in kleine Einheiten schafft natürliche Ansatzpunkte für die Fehlersuche. Tut eine Funktion nicht, was sie soll, gilt es drei Möglichkeiten zu bedenken:

- Mit den übergebenen Argumenten stimmt etwas nicht. Das heißt, eine Präkondition (Vorbedingung) wurde nicht erfüllt.
- Mit der Funktion selbst stimmt etwas nicht. Das heißt, eine Postkondition wurde nicht erfüllt.
- Der Aufrufer geht mit dem Rückgabewert falsch um.

Um die erste Möglichkeit auszuschließen, können Sie am Anfang der Funktion eine `print`-Anweisung einfügen, die die Parameterwerte (und eventuell ihre Typen) ausgibt. Oder Sie schreiben Code, der die Präkonditionen explizit überprüft.

Sehen die Parameter gut aus, können Sie vor jeder `return`-Anweisung eine `print`-Anweisung einfügen und die Rückgabewerte anzeigen lassen. Rufen Sie die Funktion nach Möglichkeit mit Argumenten auf, die eine Überprüfung des Ergebnisses erleichtern.

Wenn die Funktion richtig zu funktionieren scheint, sollten Sie sich den Funktionsaufruf ansehen, um sicherzustellen, dass der Rückgabewert korrekt beziehungsweise überhaupt verwendet wird.

Das Einfügen von `print`-Anweisungen am Anfang und am Ende einer Funktion kann helfen, den Fluss der Ausführung sichtbarer zu machen. Hier sehen Sie zum Beispiel eine Version von `factorial` mit `print`-Anweisungen:

```
def factorial(n):
    space = ' ' * (4 * n)
    print(space, 'factorial', n)
    if n == 0:
        print(space, 'returning 1')
        return 1
    else:
        recurse = factorial(n-1)
        result = n * recurse
        print(space, 'returning', result)
        return result
```

space ist ein String, der Leerzeichen enthält. Er kontrolliert die Einrückung der Ausgaben. Hier ist das Ergebnis von factorial(3):

```
factorial(3)

            factorial 3
        factorial 2
    factorial 1
factorial 0
returning 1
    returning 1
        returning 2
            returning 6

6
```

Diese Art von Ausgaben kann hilfreich sein, wenn Ihnen der Fluss der Ausführung nicht klar ist. Zwar kann es etwas Zeit brauchen, um ein Scaffolding zu entwickeln, aber schon ein wenig davon kann Ihnen eine Menge Debugging-Arbeit ersparen.

Glossar

Rückgabewert
Das Ergebnis einer Funktion. Wird ein Funktionsaufruf als Ausdruck verwendet, ist der Rückgabewert der Wert des Ausdrucks.

Reine Funktion
Eine Funktion, die nichts ausgibt oder irgendeinen anderen Effekt hat, außer einen Wert zurückzugeben.

Toter Code
Teil eines Programms, der nie ausgeführt werden kann, oft, weil er auf eine return-Anweisung folgt.

Inkrementelle Entwicklung
Ein Entwicklungsplan für Programme, der Debugging vermeiden soll, indem dem Programm immer nur kleine Codeteile hinzugefügt und dann getestet werden.

Scaffolding
Code, der während der Programmentwicklung verwendet wird, aber nicht Teil der endgültigen Version ist.

Turing-vollständig

Eine Sprache oder die Untermenge einer Sprache ist Turing-vollständig, wenn sie jede Berechnung durchführen kann, die durch einen Algorithmus beschreibbar ist.

Eingabevalidierung

Die Überprüfung der Parameter einer Funktion, um sicherzustellen, dass sie die korrekten Typen und Werte besitzen.

Übungen

Fragen Sie einen virtuellen Assistenten

In diesem Kapitel haben wir eine inkorrekte Funktion gesehen, die enden kann, ohne einen Wert zurückzugeben:

```
def absolute_value_wrong(x):
    if x < 0:
        return -x
    if x > 0:
        return x
```

Außerdem haben wir eine Version derselben Funktion gezeigt, die am Ende toten Code enthält:

```
def absolute_value_extra_return(x):
    if x < 0:
        return -x
    else:
        return x

    return 'This is dead code.'
```

Und wir haben das folgende Beispiel betrachtet, das zwar korrekt, aber nicht sprachüblich ist:

```
def is_divisible(x, y):
    if x % y == 0:
        return True
    else:
        return False
```

Fragen Sie einen virtuellen Assistenten danach, was mit diesen Funktionen nicht stimmt, und versuchen Sie, die Fehler zu finden oder den Stil zu verbessern.

Dann weisen Sie den Assistenten an: »Schreibe eine Funktion, die Koordinaten von zwei Punkten übernimmt und die dazwischenliegende Distanz berechnet.« Sehen Sie nach, ob das Ergebnis Ähnlichkeit mit unserer Version von `distance` aus diesem Kapitel hat.

Übung 6-1

Nutzen Sie die inkrementelle Programmierung, um eine Funktion namens `hypot` zu schreiben, die die Länge der Hypotenuse eines rechtwinkligen Dreiecks anhand der Längen der anderen beiden Seiten als Argumente berechnet.

Das `math`-Modul enthält ebenfalls eine Funktion namens `hypot`, die das Gleiche tut. Diese sollten Sie für die Übung jedoch nicht benutzen!

Selbst wenn Sie die Funktion gleich beim ersten Versuch korrekt hinbekommen, sollten Sie mit einer Funktion beginnen, die immer `0` zurückgibt. Üben Sie, kleine Änderungen vorzunehmen und unterwegs immer wieder zu testen. Wenn Sie fertig sind, sollte die Funktion nur einen Wert zurückgeben, aber nichts ausgeben.

Übung 6-2

Schreiben Sie eine boolesche Funktion namens `is_between(x, y, z)`, die `True` zurückgibt, sofern $(x < y < z)$ oder sofern $(z < y < x)$, ansonsten soll der Rückgabewert `False` lauten.

Übung 6-3

Die Ackermann-Funktion, $A(m, n)$, ist definiert als:

$$A(m,n) = \begin{cases} n+1 & \text{if } m = 0 \\ A(m-1,1) & \text{if } m > 0 \text{ and } n = 0 \\ A(m-1, A(m, n-1)) & \text{if } m > 0 \text{ and } n > 0 \end{cases}$$

Schreiben Sie eine Funktion namens `ackermann`, die die Ackermann-Funktion auswertet. Was passiert beim Aufruf von `ackermann(5,5)`?

Übung 6-4

Der größte gemeinsame Teiler (engl. *Greatest Common Divisor*, kurz GCD) von a und b ist die größte Zahl, die beide Werte ohne Restwert teilen kann.

Eine Möglichkeit, den größten gemeinsamen Teiler zu finden, basiert auf der Beobachtung, dass, wenn beim Teilen von a durch b der Restwert r ist, gilt, dass $gcd(a, b) = gcd(b, r)$. Als Basisfall können wir $gcd(a, 0) = a$ verwenden.

Schreiben Sie eine Funktion namens `gcd`, die die Parameter `a` und `b` übernimmt und ihren größten gemeinsamen Teiler zurückgibt.

KAPITEL 7

Iteration und Suche

1939 veröffentlichte Ernest Vincent Wright einen 50.000 Wörter umfassenden Roman mit dem Namen *Gadsby*, der an keiner Stelle den Buchstaben »e« enthält. Da »e« im Englischen (und im Deutschen) am häufigsten vorkommt, ist es schwierig, auch nur wenige Wörter ohne ihn zu schreiben. Um ein Gefühl dafür zu bekommen, wie schwer das ist, berechnen wir in diesem Kapitel den Anteil der englischen Wörter, die mindestens ein »e« enthalten.

Zu diesem Zweck benutzen wir eine `for`-Schleife, um über die Buchstaben eines Strings und die Wörter in einer Datei zu iterieren. Dabei aktualisieren wir Variablen in der Schleife, um die Anzahl der Wörter zu zählen, die ein »e« enthalten. Mithilfe des `in`-Operators überprüfen wir, ob ein bestimmter Buchstabe in einem Wort vorkommt. Außerdem lernen Sie ein Programmiermuster namens »lineare Suche« kennen.

Als Übung werden Sie die neuen Werkzeuge verwenden, um ein Worträtsel namens *Spelling Bee* (»Buchstabiene«) zu lösen.

Schleifen und Strings

In Kapitel 3 haben wir eine `for`-Schleife gesehen, die die `range`-Funktion nutzt, um eine Zahlenfolge auszugeben:

```
for i in range(3):
    print(i, end=' ')
```

```
0 1 2
```

Diese Version nutzt das Schlüsselwortargument `end`. Es sorgt dafür, dass die `print`-Funktion nach jeder Zahl ein Leerzeichen anstelle eines Newline-Zeichens (Zeilenumbruchs) einfügt.

Wir können die `for`-Schleife auch nutzen, um die Buchstaben in einem String auszugeben:

```
for letter in 'Gadsby':
    print(letter, end=' ')
```

```
G a d s b y
```

Wie Sie sehen, habe ich die Variable hier von `i` in `letter` (»Buchstabe«) umbenannt, damit klar wird, worauf sie sich bezieht. Eine Variable, die in einer Schleife definiert wird, nennt man **Schleifenvariable**.

Nachdem wir eine Schleife über die Buchstaben eines Worts ausführen können, sind wir jetzt in der Lage, zu überprüfen, ob es den Buchstaben »e« enthält:

```
for letter in "Gadsby":
    if letter == 'E' or letter == 'e':
        print('This word has an "e"')
```

Bevor wir weitermachen, wollen wir die Schleife aber noch in einer Funktion verkapseln:

```
def has_e():
    for letter in "Gadsby":
        if letter == 'E' or letter == 'e':
        print('This word has an "e"')
```

Außerdem stellen wir sicher, dass es eine reine Funktion ist, die `True` zurückgibt, wenn das Wort ein »e« enthält und ansonsten `False`:

```
def has_e():
    for letter in "Gadsby":
        if letter == 'E' or letter == 'e':
            return True
    return False
```

Das können wir verallgemeinern, sodass die Funktion ein Wort als Parameter übernimmt:

```
def has_e(word):
    for letter in word:
        if letter == 'E' or letter == 'e':
            return True
    return False
```

Danach können wir die Funktion wie folgt testen:

```
has_e('Gadsby')
```

```
False
```

```
has_e('Emma')
```

```
True
```

Die Wortliste einlesen

Um zu überprüfen, wie viele Wörter ein »e« enthalten, brauchen wir zunächst eine Wortliste. Wir verwenden eine Liste aus etwa 114.000 offiziellen Kreuzworträtseln. Es handelt sich also um Wörter, die in Kreuzworträtseln und anderen Wortspielen als gültig angesehen werden.

Die Wortliste befindet sich in einer Datei namens *words.txt*, die im Notebook zu diesem Kapitel heruntergeladen werden kann. Um sie einzulesen, verwenden wir die eingebaute Funktion `open`. Sie übernimmt den Namen der Datei als Parameter und gibt ein **Dateiobjekt** (engl. *File Object*) zurück, das wir verwenden können, um die Datei einzulesen:

```
file_object = open('words.txt')
```

Das Dateiobjekt stellt eine Funktion mit dem Namen `readline` (»zeilenweise lesen«) zur Verfügung, die so lange die Zeichen aus einer Datei liest, bis sie auf ein Newline-Zeichen trifft. Das Ergebnis wird als String zurückgegeben:

```
file_object.readline()
```

```
'aa\n'
```

Beachten Sie, dass sich die Syntax für den Aufruf von `readline` von den bisher verwendeten Funktionen unterscheidet. Der Grund ist, dass es sich hierbei um eine **Methode** handelt, also um eine Funktion, die mit einem bestimmten Objekt verbunden ist. In diesem Fall gehört `readline` zu unserem Dateiobjekt. Wir rufen sie auf, indem wir den Namen des Objekts angeben, gefolgt vom Punktoperator und dem Namen der Methode selbst.

Das erste Wort ist »aa«, das im Englischen für eine bestimmte Form von Lava steht. Die Zeichenfolge `\n` steht für ein Newline-Zeichen, das dieses Wort vom folgenden trennt.

Das Dateiobjekt merkt sich, wo in der Datei es sich gerade befindet. Dadurch wird beim nächsten Aufruf von `readline` das folgende Wort in der Datei zurückgegeben.

```
line = file_object.readline()
line
```

```
'aah\n'
```

Um das Wort von dem nachgestellten Newline-Zeichen zu befreien, können wir die String-Methode `strip` verwenden, wie hier gezeigt:

```
word = line.strip()
word
```

```
'aah'
```

`strip` entfernt Whitespace-Zeichen, also Leerzeichen, Tabulatoren und Newline-Zeichen, vom Anfang und vom Ende eines Strings.

Das Dateiobjekt kann auch als Teil einer `for`-Schleife verwendet werden. Das folgende Programm liest *words.txt* und gibt die Wörter zeilenweise aus:

```
for line in open('words.txt'):
    word = line.strip()
    print(word)
```

Nachdem wir die Wortliste einlesen können, besteht der nächste Schritt darin, die Wörter zu zählen. Hierfür brauchen wir die Möglichkeit, Variablen zu aktualisieren.

Variablen aktualisieren

Wie Sie vielleicht schon entdeckt haben, ist es erlaubt, mehr als eine Zuweisung auf dieselbe Variable vorzunehmen. Eine neue Zuweisung sorgt dafür, dass diese Variable nun auf einen neuen Wert verweist (und nicht mehr auf den vorherigen).

Hier eine anfängliche Zuweisung, die eine Variable anlegt:

```
x = 5
x
```

```
5
```

Und hier eine Zuweisung, die den Wert dieser Variablen ändert:

```
x = 7
x
```

```
7
```

Die folgende Abbildung zeigt ein Zustandsdiagramm dieser Zuweisungen:

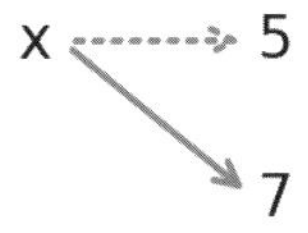

Der gepunktete Pfeil besagt, dass x nicht länger auf 5 verweist. Der durchgehende Pfeil zeigt an, dass x jetzt auf 7 verweist.

Eine häufige Form der Zuweisung ist die **Aktualisierung**, bei der die neue Variable von der älteren abhängt:

```
x = x + 1
x
```

```
8
```

Diese Anweisung besagt: »Nimm den aktuellen Wert von x, addiere 1 und weise das Ergebnis wieder x zu.«

Versuchen Sie, eine Variable zu aktualisieren, die noch nicht existiert, erhalten Sie einen Fehler, weil Python den Ausdruck auf der rechten Seite auswertet, bevor es den Wert auf der linken Seite zuweist:

```
y = y + 1
```

Aus diesem Grund müssen Sie eine Variable zunächst **initialisieren**, bevor Sie sie aktualisieren können. Hierfür reicht eine einfache Zuweisung:

```
y = 0
y = y + 1
y
```

```
1
```

Das Erhöhen des Werts einer Variablen wird als **Inkrementierung** bezeichnet, das Verringern des Werts entsprechend als **Dekrementierung**.

Schleifen und Zählen

Das folgende Programm zählt die Anzahl der Wörter in der Wortliste:

```
total = 0

for line in open('words.txt'):
    word = line.strip()
    total = total + 1
```

Das Programm beginnt, indem `total` mit dem Wert `0` initialisiert wird. Bei jedem Schleifendurchlauf wird `total` um `1` inkrementiert. Dadurch enthält `total` beim Beenden der Schleife die Gesamtzahl der Wörter in unserer Liste:

```
total
```

```
113783
```

Eine Variable wie diese, die mitverfolgt, wie oft etwas passiert, wird – vollkommen unerwartet – als **Zähler** bezeichnet.

Wir können das Programm mit einem zweiten Zähler versehen, um die Anzahl der Wörter zu erfassen, die den Buchstaben »e« enthalten:

```
total = 0
count = 0

for line in open('words.txt'):
    word = line.strip()
    total = total + 1
    if has_e(word):
        count = count + 1
```

Schauen wir mal, wie viele Wörter mindestens ein »e« enthalten:

```
count
```

```
76162
```

Berechnen wir, wie groß der prozentuale Anteil von `count` in `total` ist, stellen wir fest, dass ungefähr zwei Drittel der Wörter ein »e« enthalten:

```
count / total * 100
```

```
66.93618554617122
```

Jetzt wird klar, warum es so schwierig ist, ein Buch zu schreiben, das ohne diese Wörter auskommt.

Der in-Operator

Die oben vorgestellte Version von has_e ist komplizierter als nötig, denn Python besitzt den Operator in, mit dem wir wesentlich leichter testen können, ob ein String ein bestimmtes Zeichen enthält:

```
word = 'Gadsby'
'e' in word
```

```
False
```

Dadurch können wir has_e auch wie folgt schreiben:

```
def has_e(word):
    if 'E' in word or 'e' in word:
        return True
    else:
        return False
```

Und da die Bedingung der if-Anweisung einen booleschen Wert besitzt, können wir die if-Anweisung auch weglassen und den booleschen Wert direkt zurückgeben:

```
def has_e(word):
    return 'E' in word or 'e' in word
```

Wir vereinfachen die Funktion weiter, indem wir die Methode lower verwenden. Sie wandelt die Buchstaben eines Strings in Kleinbuchstaben um. Hier ein Beispiel:

```
word.lower()
```

```
'gadsby'
```

lower erzeugt einen neuen String. Das heißt, der ursprüngliche String in word wird nicht verändert.

```
word
```

```
'Gadsby'
```

Hier sehen Sie, wie wir lower in has_e einsetzen können:

```
def has_e(word):
    return 'e' in word.lower()
```

```
has_e('Gadsby')
```

```
False
```

```
has_e('Emma')
```

```
True
```

Suche

Basierend auf dieser vereinfachten Version von has_e wollen wir jetzt eine allgemeinere Funktion namens uses_any (»enthält einen beliebigen angegebenen Buchstaben«) schreiben. Sie übernimmt einen zweiten Parameter in Form eines Strings mit Buchstaben. Sie gibt True zurück, falls das Wort einen dieser Buchstaben enthält, und ansonsten False:

```
def uses_any(word, letters):
    for letter in word.lower():
        if letter in letters.lower():
            return True
    return False
```

Hier ein Beispiel, bei dem das Ergebnis True ist:

```
uses_any('banana', 'aeiou')
```

```
True
```

Und hier eines mit dem Ergebnis False:

```
uses_any('apple', 'xyz')
```

```
False
```

uses_only (»verwendet nur die angegebenen Buchstaben«) konvertiert word und letters in Kleinbuchstaben, sodass die Funktion mit einer beliebigen Kombination aus Groß- und Kleinbuchstaben verwendet werden kann:

```
uses_any('Banana', 'AEIOU')
```

```
True
```

Die Struktur von uses_any hat Ähnlichkeit mit has_e. Die Funktion führt eine Schleife über die Buchstaben in word durch und überprüft sie der Reihe nach. Findet sie einen der in letters angegebenen Buchstaben, gibt sie sofort True zurück. Wird die Schleife durchlaufen, ohne dass sie etwas findet, ist der Rückgabewert False.

Dieses Muster wird als **lineare Suche** bezeichnet. In den Übungen am Ende dieses Kapitels werden Sie weitere Funktionen schreiben, die diesem Muster folgen.

Doctest

Im Abschnitt »Docstrings« auf Seite 75 haben wir einen Docstring benutzt, um eine Funktion zu dokumentieren, also um zu erklären, was sie tut. Ein Docstring kann aber auch verwendet werden, um eine Funktion zu *testen*. Hier sehen Sie eine Version von uses_any, die einen Docstring nutzt, der Tests enthält:

```
def uses_any(word, letters):
    """Checks if a word uses any of a list of letters.

    >>> uses_any('banana', 'aeiou')
    True
    >>> uses_any('apple', 'xyz')
    False
    """
    for letter in word.lower():
        if letter in letters.lower():
            return True
    return False
```

Jeder Test beginnt mit drei schließenden spitzen Klammern (>>>), die in einigen Python-Umgebungen als Prompt genutzt werden, um anzuzeigen, dass User Code eingeben können. In einem Doctest folgt auf diesen Prompt ein Ausdruck, üblicherweise ein Funktionsaufruf. Die darauffolgende Zeile gibt an, welchen Rückgabewert die Funktion haben sollte, wenn sie korrekt ausgeführt wurde.

Im ersten Beispiel enthält der String 'banana' den Buchstaben 'a'. Das Ergebnis sollte also True lauten. Im zweiten Beispiel enthält 'apple' keinen der Buchstaben in 'xyz', und das Ergebnis müsste False sein.

Um diese Tests nutzen zu können, müssen wir zunächst das Modul `doctest` importieren und eine Funktion namens `run_docstring_examples` ausführen. Um die Nutzung dieser Funktion zu vereinfachen, habe ich die folgende Funktion geschrieben, die ein Funktionsobjekt als Argument übernimmt:

```
from doctest import run_docstring_examples

def run_doctests(func):
    run_docstring_examples(func, globals(), name=func.__name__)
```

Bis jetzt haben wir `globals` und `__name__` noch nicht kennengelernt, und Sie können beides ignorieren. Jetzt können wir `uses_any` wie folgt testen:

```
run_doctests(uses_any)
```

`run_doctests` findet einen Ausdruck im Docstring und wertet ihn aus. Entspricht das Ergebnis dem erwarteten Wert, gilt der Test als **bestanden** (engl. *pass*). Ansonsten **schlägt er fehl** (engl. *fail*).

Werden alle Tests bestanden, gibt `run_doctests` nichts aus. In diesem Fall gelten keine Nachrichten als gute Nachrichten. Um zu sehen, was passiert, wenn ein Test fehlschlägt, können Sie die folgende fehlerhafte Version von `uses_any` nutzen:

```
def uses_any_incorrect(word, letters):
    """Checks if a word uses any of a list of letters.

    >>> uses_any_incorrect('banana', 'aeiou')
    True
    >>> uses_any_incorrect('apple', 'xyz')
    False
    """
    for letter in word.lower():
        if letter in letters.lower():
            return True
        else:
            return False     # FALSCH!
```

Und hier sehen Sie, was passiert, wenn wir diese Version testen:

```
run_doctests(uses_any_incorrect)
```

```
**********************************************************************
File "__main__", line 4, in uses_any_incorrect
Failed example:
```

```
    uses_any_incorrect('banana', 'aeiou')
Expected:
    True
Got:
    False
```

Die Ausgabe enthält das fehlgeschlagene Beispiel (`Failed example`), den von der Funktion erwarteten Rückgabewert (`Expected`) und den tatsächlich erzeugten Wert (`Got`). Wenn Sie nicht sicher sind, warum der Test fehlgeschlagen ist, haben Sie jetzt die Gelegenheit, die Funktion als Übung zu debuggen.

Glossar

Schleifenvariable
: Eine Variable, die im Header einer `for`-Schleife definiert wird.

Dateiobjekt
: Ein Objekt, das für eine geöffnete Datei steht und mitverfolgt, welcher Teil der Datei gelesen oder geschrieben wurde.

Methode
: Eine mit einem Objekt verbundene Funktion, die unter Verwendung des Punktoperators (`.`) aufgerufen wird.

Aktualisierung
: Eine Zuweisungsanweisung, die eine bereits vorhandene Variable mit einem neuen Wert versieht, anstatt eine neue Variable anzulegen.

Initialisierung
: Eine neue Variable anlegen und mit einem Startwert versehen.

Inkrementierung
: Den Wert einer Variablen erhöhen.

Dekrementierung
: Den Wert einer Variablen verringern.

Zähler
: Eine Variable, mit der etwas gezählt wird. Diese wird üblicherweise mit `0` initialisiert und dann inkrementiert.

Lineare Suche
: Ein Verarbeitungsmuster, das eine Folge von Elementen durchsucht und anhält, sobald das Gesuchte gefunden wurde.

Bestanden
: Wird ein Test durchgeführt und das Ergebnis entspricht den Erwartungen, gilt der Test als bestanden.

Fehlschlag
: Wird ein Test durchgeführt und das Ergebnis entspricht nicht den Erwartungen, gilt der Test als fehlgeschlagen.

Übungen

Fragen Sie einen virtuellen Assistenten

Vielleicht ist Ihnen aufgefallen, dass die erste `return`-Anweisung in `uses_any` innerhalb der Schleife steht, während sich die zweite außerhalb befindet:

```
def uses_any(word, letters):
    for letter in word.lower():
        if letter in letters.lower():
            return True
    return False
```

Ein häufig vorkommender Anfängerfehler beim Schreiben solcher Funktionen besteht darin, beide `return`-Anweisungen innerhalb der Schleife zu platzieren, wie hier:

```
def uses_any_incorrect(word, letters):
    for letter in word.lower():
        if letter in letters.lower():
            return True
        else:
            return False     # FALSCH!
```

Befragen Sie einen virtuellen Assistenten, um herauszufinden, was mit dieser Version nicht in Ordnung ist.

Übung 7-1

Schreiben Sie eine Funktion namens `uses_none` (»enthält keinen der angegebenen Buchstaben«), die ein Wort und einen String mit »verbotenen« Buchstaben übernimmt und `True` zurückgibt, wenn das Wort keinen der verbotenen Buchstaben enthält.

Hier das Grundgerüst der Funktion, die zwei Doctests enthält. Ergänzen Sie die Funktion, sodass die Tests bestanden werden. Danach fügen Sie mindestens einen weiteren Doctest hinzu:

```
def uses_none(word, forbidden):
    """Checks whether a word avoid forbidden letters.

    >>> uses_none('banana', 'xyz')
    True
    >>> uses_none('apple', 'efg')
    False
    """
    return None
```

Übung 7-2

Schreiben Sie eine Funktion namens `uses_only` (»verwendet nur«), die ein Wort und einen String mit Buchstaben übernimmt und `True` zurückgibt, wenn das Wort nur aus den Buchstaben im String besteht.

Hier das Grundgerüst der Funktion, die zwei Doctests enthält. Ergänzen Sie die Funktion, sodass die Tests bestanden werden. Danach fügen Sie mindestens einen weiteren Doctest hinzu:

```
def uses_only(word, available):
    """Checks whether a word uses only the available letters.

    >>> uses_only('banana', 'ban')
    True
    >>> uses_only('apple', 'apl')
    False
    """
    return None
```

Übung 7-3

Schreiben Sie eine Funktion namens `uses_all` (»verwendet alle«), die ein Wort und einen String mit Buchstaben übernimmt und die `True` zurückgibt, wenn das Wort alle Buchstaben aus dem String mindestens einmal enthält.

Hier das Grundgerüst der Funktion, die zwei Doctests enthält. Ergänzen Sie die Funktion, sodass die Tests bestanden werden. Danach fügen Sie mindestens einen weiteren Doctest hinzu:

```
def uses_all(word, required):
    """Checks whether a word uses all required letters.

    >>> uses_all('banana', 'ban')
    True
    >>> uses_all('apple', 'api')
    False
    """
    return None
```

Übung 7-4

Die *New York Times* veröffentlicht täglich ein Buchstabenrätsel mit dem Namen *Spelling Bee* (»Buchstabiene«).[1] Hierbei sollen die Leserinnen und Leser aus nur sieben Buchstaben so viele Wörter wie möglich bilden. Die Wörter müssen aus mindestens vier Buchstaben bestehen, wobei mindestens einer der Buchstaben immer enthalten sein muss.

An dem Tag, als ich diesen Text geschrieben habe, lauteten die Buchstaben ACDLORT, wobei R der »erforderliche« Buchstabe war. Das bedeutet, »color« (»Farbe«) ist ein gültiges Wort, aber »told« (»erzählt«) nicht, weil es kein »R« enthält. Das Wort »rat« (»Ratte«) ist ungültig, weil es nur aus drei Buchstaben besteht. Die Buchstaben dürfen mehr als einmal verwendet werden; »ratatat« ist also gültig.

Schreiben Sie eine Funktion mit dem Namen `check_word` (»Wort überprüfen«), die testet, ob das als Argument angegebene Wort die Regeln erfüllt. Als Parameter sollte die Funktion das zu überprüfende Wort, einen String mit sieben

1 Eine deutsche Version finden Sie auf der Website der »Zeit« unter der Adresse *https://spiele.zeit.de/buchstabiene/*.

Buchstaben und einen String übernehmen, der den einzelnen unbedingt erforderlichen Buchstaben enthält. Sie können die Funktionen aus den früheren Übungen verwenden.

Hier das Grundgerüst der Funktion, die zwei Doctests enthält. Ergänzen Sie die Funktion, sodass die Tests bestanden werden. Danach fügen Sie mindestens einen weiteren Doctest hinzu:

```
def check_word(word, available, required):
    """Check whether a word is acceptable.

    >>> check_word('color', 'ACDLORT', 'R')
    True
  >>> check_word('ratatat', 'ACDLORT', 'R')
    True
    >>> check_word('rat', 'ACDLORT', 'R')
    False
    >>> check_word('told', 'ACDLORT', 'R')
    False
    >>> check_word('bee', 'ACDLORT', 'R')
    False
    """
    return False
```

Nach den Spelling-Bee-Regeln werden folgende Punkte vergeben:

- Wörter mit vier Buchstaben sind jeweils einen Punkt wert.
- Längere Wörter bekommen einen Punkt pro Buchstabe.
- Jedes Rätsel enthält mindestens ein »Pangram«, das alle möglichen Buchstaben enthält. Dieses ist sieben Extrapunkte wert!

Schreiben Sie eine Funktion namens `score_word` (»Wortwert«), die ein Wort und einen String der verfügbaren Buchstaben übernimmt und den entsprechenden Wert zurückgibt. Sie können davon ausgehen, dass das Wort den Regeln entspricht.

Auch hier wieder ein Grundgerüst mit passenden Doctests:

```
def word_score(word, available):
    """Compute the score for an acceptable word.

    >>> word_score('card', 'ACDLORT')
    1
```

```
    >>> word_score('color', 'ACDLORT')
    5
    >>> word_score('cartload', 'ACDLORT')
    15
    """
    return 0
```

Übung 7-5

Vielleicht ist Ihnen aufgefallen, dass die Funktionen aus den vorherigen Übungen viele Gemeinsamkeiten haben. Tatsächlich sind sie sich so ähnlich, dass Sie eine Funktion nutzen können, um eine andere zu schreiben.

Verwendet ein Wort beispielsweise keinen der »verbotenen« Buchstaben, ist das im Grunde die Verneinung der Bedingung von uses_any. Wir können uses_none also auch folgendermaßen schreiben:

```
def uses_none(word, forbidden):
    """Checks whether a word avoids forbidden letters.

    >>> uses_none('banana', 'xyz')
    True
    >>> uses_none('apple', 'efg')
    False
    >>> uses_none('', 'abc')
    True
    """
    return not uses_any(word, forbidden)
```

Auch zwischen uses_only und uses_all gibt es Ähnlichkeiten, die Sie nutzen können. Haben Sie eine funktionierende Version von uses_only, versuchen Sie, eine Version von uses_all zu erstellen, die uses_only aufruft.

Übung 7-6

Wenn Sie bei der vorherigen Übung nicht weiterkommen, versuchen Sie, einen virtuellen Assistenten zu befragen: »Gegeben sei die Funktion uses_only, die zwei Strings übernimmt und überprüft, ob der erste String nur die Buchstaben im zweiten String enthält. Diese Funktion soll benutzt werden, um die Funktion `uses_all` zu schreiben, die zwei Strings übernimmt und überprüft, ob der erste String sämtliche im zweiten String angegebenen Buchstaben enthält. Wiederholungen der Buchstaben im zweiten String sind erlaubt.«

Verwenden Sie `run_doctests`, um die Antwort zu überprüfen.

Übung 7-7

Und jetzt wollen wir versuchen, `uses_all` so zu schreiben, dass es `uses_any` verwendet.

Fragen Sie einen virtuellen Assistenten: »Gegeben sei die Funktion `uses_any`, die zwei Strings übernimmt und überprüft, ob der erste irgendwelche der im zweiten String angegebenen Buchstaben enthält. Verwende diese Funktion, um eine Funktion namens `uses_all` zu schreiben, die Strings übernimmt und überprüft, ob der erste String sämtliche im zweiten String angegebenen Buchstaben enthält. Wiederholungen der Buchstaben im zweiten String sind erlaubt.«

Wenn der Assistent behauptet, das sei möglich, sollten Sie das Ergebnis auf jeden Fall überprüfen!

KAPITEL 8

Strings und reguläre Ausdrücke

Strings verhalten sich nicht wie Integer, Floats oder boolesche Werte. Ein String ist eine **Folge**. Das heißt, er enthält mehrere der Reihe nach geordnete Werte. In diesem Kapitel zeigen wir, wie Sie auf die Werte, aus denen ein String besteht, zugreifen und wie Sie die Funktionen für die String-Verarbeitung nutzen können.

Außerdem verwenden wir reguläre Ausdrücke – ein mächtiges Werkzeug zum Aufspüren von Mustern in einem String und die Durchführung von Operationen wie das Suchen und Ersetzen.

Als Übung haben Sie die Möglichkeit, diese Werkzeuge auf ein Wortspiel namens Wordle anzuwenden.

Ein String ist eine Folge

Ein String ist eine Folge von Zeichen. Ein **Zeichen** kann ein Buchstabe (in fast jedem beliebigen Alphabet), eine Ziffer, ein Interpunktionszeichen oder ein Whitespace-Zeichen sein.

Um ein Zeichen aus einem String auszuwählen, verwenden Sie den »Eckige-Klammern-Operator« ([ ]). In diesem Beispiel wählt die Anweisung das Zeichen mit der Nummer `1` aus dem Wort (der Zeichenfolge) in der Variablen `fruit` aus und weist es der Variablen `letter` zu:

```
fruit = 'banana'
letter = fruit[1]
```

Der Ausdruck innerhalb der eckigen Klammern ist ein **Index**. Er zeigt an, welches Zeichen in der Folge ausgewählt werden soll. Das Ergebnis entspricht vielleicht nicht ganz Ihren Erwartungen:

```
letter
```

```
'a'
```

Tatsächlich steht der Buchstabe mit dem Index `1` an zweiter Stelle des Strings. Ein Index gibt die »Verschiebung« (engl. *Offset*) vom Anfang des Strings an. Die Verschiebung für den ersten Buchstaben ist demnach `0`.

```
fruit[0]
```

```
'b'
```

Sie können sich `'b'` als den nullten Buchstaben von `'banana'` vorstellen.

Der Index in den eckigen Klammern kann auch eine Variable sein:

```
i = 1
fruit[i]
```

```
'a'
```

Oder ein Ausdruck, der Variablen und Operatoren enthält:

```
fruit[i+1]
```

```
'n'
```

Der Wert des Index muss dagegen ein Integer sein – sonst erhalten Sie einen `TypeError`:

```
fruit[1.5]
```

```
TypeError: string indices must be integers
```

Wie Sie bereits in Kapitel 1 gesehen haben, können wir die eingebaute Funktion `len` nutzen, um die Länge eines Strings herauszufinden:

```
n = len(fruit)
n
```

```
6
```

Um auf den letzten Buchstaben eines Strings zuzugreifen, könnten Sie jetzt versucht sein, Folgendes zu schreiben:

```
fruit[n]
```

```
IndexError: string index out of range
```

Das löst allerdings einen `IndexError` aus, weil `'banana'` keinen Buchstaben mit dem Index `6` enthält. Da wir die Zählung bei `0` beginnen, werden die sechs Buchstaben von `0` bis `5` nummeriert. Das heißt, um an das letzte Zeichen zu gelangen, müssen wir `1` von `n` subtrahieren:

```
fruit[n-1]
```

```
'a'
```

Das geht aber auch einfacher. Um an das letzte Zeichen eines Strings zu gelangen, können Sie auch einen negativen Index verwenden, der vom Ende des Strings rückwärts zählt:

```
fruit[-1]
```

```
'a'
```

Der Index `-1` wählt den letzten Buchstaben aus, `-2` den vorletzten und so weiter.

String-Slices

Ein Abschnitt oder Segment eines Strings wird als **Slice** (engl. für »Abschnitt«) bezeichnet. Die Auswahl eines Slice funktioniert ähnlich wie die Auswahl eines einzelnen Zeichens:

```
fruit = 'banana'
fruit[0:3]
```

```
'ban'
```

Der Operator `[n:m]` gibt den Teil des Strings zurück, der sich vom Zeichen mit dem Index `n` bis zum Zeichen mit dem Index `m` erstreckt, inklusive des ersten, aber exklusive des letzten Zeichens. Dieses Verhalten scheint auf den ersten

Blick nicht besonders intuitiv. Es kann helfen, wenn Sie sich vorstellen, dass die Indizes *zwischen* die Zeichen zeigen, wie in dieser Abbildung:

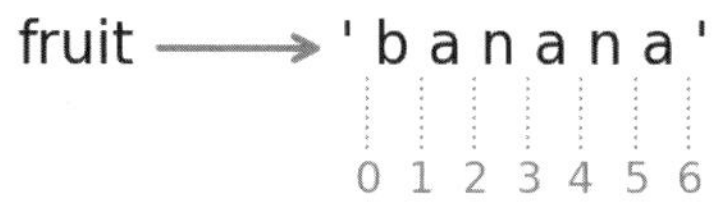

Das heißt, der Slice `[3:6]` wählt die Buchstaben ana aus. Hierbei ist 6 zwar ein gültiger Teil des Slice, aber kein gültiger Index.

Lassen Sie den ersten Index weg, beginnt der Slice am Anfang des Strings:

```
fruit[:3]
```

```
'ban'
```

Lassen Sie dagegen den zweiten Index weg, erstreckt sich der Slice bis zum Ende des Strings:

```
fruit[3:]
```

```
'ana'
```

Ist der erste Index größer oder gleich dem zweiten, ist das Ergebnis ein **leerer String**, dargestellt durch zwei einfache Anführungszeichen:

```
fruit[3:3]
```

```
''
```

Ein leerer String enthält keine Zeichen und hat die Länge 0.

Was, glauben Sie, macht `fruit[:]`? Probieren Sie es aus.

Strings sind immutabel

Sie könnten jetzt versuchen, den `[]`-Operator auf der linken Seite einer Zuweisung zu verwenden, um ein Zeichen in einem String wie folgt zu verändern:

```
greeting = 'Hello, world!'
greeting[0] = 'J'
```

```
TypeError: 'str' object does not support item assignment
```

Das sorgt für einen `TypeError`. In der Fehlermeldung ist `object` der String und `item` das Zeichen, das wir versucht haben, zuzuweisen. Die Meldung besagt also, dass ein Objekt vom Typ `'str'` die Zuweisung unseres Zeichens nicht unterstützt. Im Moment reicht es, wenn Sie sich ein Objekt als einen Wert vorstellen. Wir werden diese Definition später aber noch präzisieren.

Diese Fehlermeldung tritt auf, weil Strings **immutabel** sind, das heißt, sie können nicht verändert werden. Die beste Möglichkeit besteht darin, einen neuen String zu erstellen, der eine Variation des Originals enthält:

```
new_greeting = 'J' + greeting[1:]
new_greeting
```

```
'Jello, world!'
```

Dieses Beispiel stellt den neuen ersten Buchstaben einem Slice von `greeting` voran. Dabei wird der Originalstring nicht verändert.

```
greeting
```

```
'Hello, world!'
```

String-Vergleiche

Die Vergleichsoperatoren, die Sie aus Kapitel 5 kennen (siehe den Abschnitt »Boolesche Ausdrücke« auf Seite 85), funktionieren auch mit Strings. Mit dem ==-Operator können wir testen, ob zwei Strings gleich sind:

```
word = 'banana'

if word == 'banana':
    print('All right, banana.')
```

```
All right, banana.
```

Andere Vergleichsoperatoren können dabei helfen, Wörter alphabetisch zu sortieren:

```
def compare_word(word):
    if word < 'banana':
        print(word, 'comes before banana.')
    elif word > 'banana':
        print(word, 'comes after banana.')
```

```
    else:
        print('All right, banana.')
```

```
compare_word('apple')
```

```
apple comes before banana.
```

Dabei hat Python eine andere Auffassung von Groß- und Kleinbuchstaben als Menschen. Alle Großbuchstaben kommen vor allen Kleinbuchstaben. Das führt zu folgendem Ergebnis:

```
compare_word('Pineapple')
```

```
Pineapple comes before banana.
```

Um dieses Problem zu lösen, können wir die Strings in ein Standardformat, zum Beispiel Kleinbuchstaben, umwandeln, bevor wir den Vergleich durchführen. Vergessen Sie aber nicht, dass Sie sich möglicherweise gegen Menschen verteidigen müssen, die mit einer Ananas bewaffnet sind.[1]

String-Methoden

Strings stellen Methoden bereit, mit denen eine Reihe nützlicher Operationen durchgeführt werden können. Eine Methode hat Ähnlichkeit mit einer Funktion – sie übernimmt Argumente und gibt einen Wert zurück –, aber die Syntax ist eine andere. Im Unterschied zur Schreibweise für Funktionen, `upper(word)`, verwenden Methoden die Syntax `word.upper()`.

Die Methode `upper` übernimmt einen String und gibt einen neuen String zurück, der ausschließlich Großbuchstaben enthält:

```
word = 'banana'
new_word = word.upper()
new_word
```

```
'BANANA'
```

Der Einsatz des Punktoperators (`.`) gibt den Namen der Methode (`upper`) und den Namen des Strings an, auf den die Methode angewendet werden soll (`word`). Die leeren runden Klammern besagen, dass diese Methode keine Argumente übernimmt.

1 Siehe *https://www.youtube.com/watch?v=MlroOdP8p2Y*.

Diese Verwendung der Methode wird als **Aufruf** bezeichnet. In diesem Fall rufen wir `upper` auf `word` auf.

Dateien schreiben

String-Operatoren können auch beim Lesen und Schreiben von Textdateien hilfreich sein. Als Beispiel arbeiten wir mit dem Text des Romans *Dracula* von Bram Stoker, der auf der Website von Project Gutenberg (*https://www.gutenberg.org/ebooks/345*) zu finden ist. Ich habe das Buch als reine Textdatei mit dem Namen *pg345.txt* heruntergeladen. Wir können sie wie hier gezeigt öffnen:

```
reader = open('pg345.txt')
```

Neben dem eigentlichen Text des Buchs enthält die Datei am Anfang einen Abschnitt mit weiteren Informationen über das Buch sowie einen Teil mit Lizenzinformationen am Ende. Bevor wir den Text verarbeiten, können wir dieses zusätzliche Material entfernen, indem wir die speziellen Zeilen am Anfang und am Ende finden, die mit `'***'` beginnen.

Die folgende Funktion übernimmt eine Zeile und überprüft, ob sie eine der speziellen Zeilen ist. Hierfür nutzt sie die Methode `startswith` (»beginnt mit«), die überprüft, ob ein String mit der angegebenen Zeichenfolge beginnt:

```
def is_special_line(line):
    return line.startswith('*** ')
```

Wir können diese Funktion verwenden, um eine Schleife über die Zeilen in der Datei auszuführen und nur die speziellen Zeilen auszugeben:

```
for line in reader:
    if is_special_line(line):
        print(line.strip())
```

```
*** START OF THE PROJECT GUTENBERG EBOOK DRACULA ***
*** END OF THE PROJECT GUTENBERG EBOOK DRACULA ***
```

Jetzt wollen wir eine neue Datei namens *pg345_cleaned.txt* erstellen, die nur den Text des Buchs enthält. Um eine weitere Schleife über das Buch auszuführen, müssen wir es erneut zum Lesen öffnen, und um in eine neue Datei zu schreiben, müssen wir diese ausdrücklich zum Schreiben öffnen:

```
reader = open('pg345.txt')
writer = open('pg345_cleaned.txt', 'w')
```

`open` übernimmt einen optionalen Parameter, der angibt, in welchem »Modus« die Datei geöffnet werden soll. In diesem Beispiel steht `'w'` für *write*. Das heißt, wir öffnen die Datei zum Schreiben. Existiert die Datei nicht, wird sie neu erstellt. Falls doch, wird ihr Inhalt ersetzt.

Im ersten Schritt führen wir eine Schleife über die Datei aus, bis wir die erste spezielle Zeile finden:

```
for line in reader:
    if is_special_line(line):
        break
```

Die `break`-Anweisung sorgt dafür, dass das Programm aus der Schleife »ausbricht« und diese sofort beendet wird, bevor das Dateiende erreicht wird.

Beim Beenden der Schleife enthält `line` die spezielle Zeile, die unsere Bedingung erfüllt hat:

```
line
```

```
'*** START OF THE PROJECT GUTENBERG EBOOK DRACULA ***\n'
```

Da `reader` mitverfolgt, wo in der Datei wir uns befinden, können wir eine zweite Schleife benutzen, um dort weiterzumachen, wo wir gerade angehalten haben.

Die folgende Schleife liest Zeile für Zeile den Rest der Datei. Findet sie eine spezielle Zeile, die das Ende des Texts signalisiert, wird die Schleife sofort beendet. Ansonsten schreibt sie die Zeile in unsere Ausgabedatei:

```
for line in reader:
    if is_special_line(line):
        break
    writer.write(line)
```

Am Ende der Schleife enthält `line` die zweite spezielle Zeile:

```
line
```

```
'*** END OF THE PROJECT GUTENBERG EBOOK DRACULA ***\n'
```

Zu diesem Zeitpunkt sind die Dateien in `reader` und `writer` immer noch geöffnet. Wir könnten also weitere Zeilen aus `reader` lesen oder in `writer` schreiben.

Um anzuzeigen, dass wir fertig sind, schließen wir beide Dateien mithilfe der close-Methode wieder:

```
reader.close()
writer.close()
```

Um zu überprüfen, ob dieser Prozess erfolgreich war, können wir die ersten Zeilen aus der gerade erstellten Datei lesen:

```
for line in open('pg345_cleaned.txt'):
    line = line.strip()
    if len(line) > 0:
        print(line)
    if line.endswith('Stoker'):
        break
```

```
DRACULA
_by_
Bram Stoker
```

Die Methode endswith (»endet auf«) überprüft, ob ein String mit der angegebenen Zeichenfolge endet.

Suchen und ersetzen

In der isländischen Übersetzung von *Dracula* aus dem Jahr 1901 wurde der Name einer Romanfigur von »Jonathan« zu »Thomas« geändert. Um diese Änderung auch in der englischen Version vorzunehmen, können wir eine weitere Schleife über das Buch ausführen und dabei die replace-Methode benutzen, um einen Namen gegen den anderen auszutauschen und das Ergebnis in eine neue Datei zu schreiben.

Wir beginnen, indem wir die Zeilen in *pg345_cleaned.txt* zählen:

```
total = 0
for line in open('pg345_cleaned.txt'):
    total += 1

total
```

```
15499
```

Um zu testen, ob eine Zeile »Jonathan« enthält, können wir wieder den in-Operator verwenden, der überprüft, ob diese Zeichenfolge irgendwo in der Zeile auftaucht:

```
total = 0
for line in open('pg345_cleaned.txt'):
    if 'Jonathan' in line:
        total += 1

total
```

```
199
```

Das heißt, unsere Datei enthält 199 Zeilen, in denen der Name vorkommt. Aber das ist nicht unbedingt die vollständige Anzahl, da der Name auch mehrmals in der gleichen Zeile stehen kann. Um die Gesamtzahl zu ermitteln, können wir die count-Methode nutzen. Sie gibt die Anzahl der Vorkommen einer bestimmten Zeichenfolge in einem String zurück:

```
total = 0
    for line in open('pg345_cleaned.txt'):
        total += line.count('Jonathan')

total
```

```
200
```

Jetzt können wir 'Jonathan' wie folgt durch 'Thomas' ersetzen:

```
writer = open('pg345_replaced.txt', 'w')

for line in open('pg345_cleaned.txt'):
    line = line.replace('Jonathan', 'Thomas')
    writer.write(line)
```

Das Ergebnis ist eine neue Datei mit dem Namen *pg345_replaced.txt,* die eine Version von Dracula enthält, in der Jonathan Harker den Namen Thomas trägt.

Reguläre Ausdrücke

Wenn wir genau wissen, nach welcher Zeichenfolge wir suchen, können wir sie mit dem in-Operator finden und mithilfe von replace ersetzen. Es gibt aber noch ein anderes Werkzeug namens **reguläre Ausdrücke**, mit denen Sie diese Operationen ebenfalls ausführen können – und noch eine Menge mehr.

Um zu zeigen, wie reguläre Ausdrücke – kurz auch *Regexes* – funktionieren, beginnen wir mit einem einfachen Beispiel und arbeiten uns von dort aus weiter vor. Auch diesmal wollen wir alle Zeilen finden, die ein bestimmtes Wort enthalten. Hier verwenden wir zur Abwechslung den Titelhelden des Buchs, Graf Dracula (engl. *Count Dracula*). Dies ist eine Zeile, in der er erwähnt wird:

```
text = "I am Dracula; and I bid you welcome, Mr. Harker, to my house."
```

Und hier das **Muster**, das wir für die Suche verwenden:

```
pattern = 'Dracula'
```

Die Funktionen für den Einsatz von regulären Ausdrücken werden durch das Modul `re` (kurz für *regular expressions*) bereitgestellt. Nachdem wir es importiert haben, können wir die enthaltene `search`-Funktion nutzen, um zu überprüfen, ob unser Muster im Text vorkommt:

```
import re

result = re.search(pattern, text)
result
```

```
<re.Match object; span=(5, 12), match='Dracula'>
```

Wurde das Muster im Text gefunden, gibt `search` ein `Match`-Objekt (»Treffer«) zurück, das die Suchergebnisse enthält. Neben weiteren Informationen enthält es eine Variable namens `string`, die die gesuchte Textzeile enthält:

```
result.string
```

```
'I am Dracula; and I bid you welcome, Mr. Harker, to my house.'
```

Das Objekt stellt außerdem die `group`-Methode zur Verfügung, die den Textteil zurückgibt, auf den das Suchmuster gepasst hat:

```
result.group()
```

```
'Dracula'
```

Zusätzlich gibt es noch die Methode `span`, die die Indizes im Text zurückgibt, an denen das Suchmuster beginnt und endet:

```
result.span()
```

```
(5, 12)
```

Wurde das gesuchte Muster nicht im Text gefunden, ist das Ergebnis von search None.

```
result = re.search('Count', text)
print(result)
```

```
None
```

Um zu überprüfen, ob die Suche erfolgreich war, können wir nachsehen, ob das Ergebnis None lautet:

```
result == None
```

```
True
```

Wenn wir das alles zusammenbauen, erhalten wir eine Funktion, die eine Schleife über das Buch ausführt, bis sie eine Zeile entdeckt, auf die das angegebene Suchmuster passt, und daraufhin ein Match-Objekt zurückgibt:

```
def find_first(pattern):
    for line in open('pg345_cleaned.txt'):
        result = re.search(pattern, line)
            if result != None:
                return result
```

Das können wir einsetzen, um die erste Erwähnung einer Figur zu finden:

```
result = find_first('Harker')
result.string
```

```
'CHAPTER I. Jonathan Harker's Journal\n'
```

Für dieses Beispiel hätten wir eigentlich keine regulären Ausdrücke gebraucht. Wir hätten das Gleiche viel einfacher mit dem in-Operator erledigen können. Aber reguläre Ausdrücke haben Fähigkeiten, die der in-Operator nicht besitzt.

Enthält das Suchmuster beispielsweise einen senkrechten Balken (|), kann das Muster entweder die Zeichenfolge links davon *oder* die Sequenz auf der rechten Seite finden. Angenommen, wir wollten die erste Erwähnung von Mina Murray im Buch finden, wissen aber nicht, ob sie mit ihrem Vor- oder ihrem Nachnamen genannt wird. In diesem Fall könnten wir folgendes Muster benutzen, das auf beide Möglichkeiten passt:

```
pattern = r'Mina|Murray'
result = find_first(pattern)
result.string
```

```
'CHAPTER V. Letters-Lucy and Mina\n'
```

Muster wie diese können wir außerdem verwenden, um zu ermitteln, wie oft eine Figur mit Vor- oder Nachname erwähnt wird. Hier eine Funktion, die das Buch durchläuft und die Anzahl der Zeilen zählt, auf die das angegebene Muster passt:

```
def count_matches(pattern):
    count = 0
    for line in open('pg345_cleaned.txt'):
        result = re.search(pattern, line)
        if result != None:
            count += 1
    return count
```

Jetzt können wir herausfinden, wie oft Mina erwähnt wird:

```
count_matches('Mina|Murray')
```

```
229
```

Das Caret-Zeichen (^) verankert das Suchmuster am Anfang eines Strings. So können wir eine Zeile finden, die mit dem angegebenen Muster beginnt:

```
result = find_first('^Dracula')
result.string
```

```
'Dracula, jumping to his feet, said:--\n'
```

Das Dollarzeichen ($) verankert das Suchmuster dagegen am Ende eines Strings. Um eine Zeile zu finden, die auf das Muster endet (wobei das Newline-Zeichen am Ende ignoriert wird), könnten wir schreiben:

```
result = find_first('Harker$')
result.string
```

```
"by five o'clock, we must start off; for it won't do to leave Mrs. Harker\n"
```

String-Ersetzung

Bram Stoker wurde in Irland geboren und lebte 1897, als *Dracula* veröffentlicht wurde, in England. Wir könnten also davon ausgehen, dass er die britische Schreibweise für Wörter wie »centre« oder »colour« verwendet hat. Um das zu überprüfen, nutzen wir das folgende Muster, das entweder auf »centre« oder die amerikanische Schreibweise »center« passt.

```
pattern = 'cent(er|re)'
```

In diesem Muster umgeben die runden Klammern den Teil des Musters, für den der senkrechte Balken gilt. Das Muster passt also auf Zeichenfolgen, die mit `'cent'` beginnen und auf `'er'` oder `'re'` enden:

```
result = find_first(pattern)
result.string
```

```
'horseshoe of the Carpathians, as if it were the centre of some sort of\n'
```

Wie erwartet, hat Bram Stoker die britische Schreibweise benutzt.

Wir können auch überprüfen, ob Stoker die britische Schreibweise von »colour« verwendet hat. Das folgende Muster benutzt das Fragezeichen (?). Es gibt an, dass das vorangehende Zeichen optional ist:

```
pattern = 'colou?r'
```

Das Muster findet also sowohl `'colour'` (mit `'u'`) als auch `'color'` (ohne `'u'`):

```
result = find_first(pattern)
line = result.string
line
```

```
'undergarment with long double apron, front, and back, of coloured stuff\n'
```

Erwartungsgemäß verwendete Stoker auch hier die britische Schreibweise.

Und jetzt nehmen wir an, Sie wollten eine Ausgabe des Buchs mit amerikanischer Schreibweise herausbringen. Hierfür können wir die `sub`-Funktion aus dem `re`-Modul einsetzen, die **String-Ersetzungen** durchführen kann:

```
re.sub(pattern, 'color', line)
```

```
'undergarment with long double apron, front, and back, of colored stuff\n'
```

Das erste Argument für `sub` ist das Muster, das wir finden und ersetzen wollen, das zweite ist der String, mit dem das Gefundene ersetzt werden soll, und das dritte Argument ist der String, nach dem wir suchen wollen. Im Ergebnis sehen Sie, dass »colour« durch »color« ersetzt wurde.

Debugging

Beim Lesen und Schreiben von Dateien ist das Debugging nicht immer ganz einfach. Wenn Sie in einem Jupyter Notebook arbeiten, können Ihnen **Shell-Befehle** bei der Arbeit helfen. Um beispielsweise die erste Zeile einer Datei auszugeben, können Sie den Befehl `!head` verwenden, wie hier gezeigt:

```
!head pg345_cleaned.txt
```

Das erste Ausrufungszeichen (`!`) besagt, dass es sich hier um einen Shell-Befehl handelt, der nicht Teil von Python ist. Um die letzten paar Zeilen einer Datei auszugeben, können Sie `!tail` nutzen:

```
!tail pg345_cleaned.txt
```

Bei der Arbeit mit großen Dateien kann das Debugging schwer sein, weil es einfach zu viele Ausgaben gibt, um sie manuell überprüfen zu können. Eine gute Debugging-Strategie besteht darin, zuerst mit einem kleineren Teil der Datei zu beginnen, das Programm zum Laufen zu bekommen und es dann mit der gesamten Datei auszuführen.

Um eine kleine Datei zu erzeugen, die nur einen Teil einer größeren Datei enthält, können Sie wiederum `!head` einsetzen und die Ausgaben mithilfe des Umleitungsoperators (>) in einer Datei speichern, anstatt sie auf dem Bildschirm anzuzeigen:

```
!head pg345_cleaned.txt > pg345_cleaned_10_lines.txt
```

Standardmäßig gibt `!head` die ersten zehn Zeilen aus. Mit einem optionalen Argument können Sie aber auch explizit angeben, wie viele Zeilen gelesen werden sollen:

```
!head -100 pg345_cleaned.txt > pg345_cleaned_100_lines.txt
```

Dieser Shell-Befehl liest die ersten 100 Zeilen aus *pg345_cleaned.txt* und schreibt sie in eine Datei mit dem Namen *pg345_cleaned_100_lines.txt*.

Beachten Sie, dass die Shell-Befehle `!head` und `!tail` nicht auf allen Betriebssystemen zur Verfügung stehen. Falls die Beispiele für Sie nicht funktionieren, können wir ähnliche Funktionen in Python schreiben. Sehen Sie sich hierzu zum Beispiel die erste Übung am Ende dieses Kapitels an.

Glossar

Folge
: Eine geordnete Wertesammlung, bei der jeder Wert durch einen ganzzahligen Index identifiziert wird.

Zeichen
: Ein Element eines Strings inklusive Buchstaben, Zahlen und Symbolen.

Index
: Der ganzzahlige Wert (siehe oben), mit dem ein Element in einer Folge ausgewählt werden kann, zum Beispiel als Zeichen in einem String. In Python beginnt die Nummerierung der Indizes bei `0`.

Slice
: Der durch einen Bereich aus Indizes angegebene Teil eines Strings.

Leerer String
: Ein String, der keine Zeichen enthält und die Länge 0 hat.

Objekt
: Etwas, auf das eine Variable verweisen kann. Ein Objekt hat einen Typ und einen Wert.

Immutabel
: Wenn der Wert eines Objekts nicht verändert werden kann, bezeichnet man das Objekt als immutabel.

Aufruf
: Ein Ausdruck oder der Teil eines Ausdrucks, der eine Methode aufruft.

Regulärer Ausdruck
: Eine Zeichenfolge, mit der ein Suchmuster definiert wird.

Muster
: Eine Regel, die angibt, welche Anforderungen ein String erfüllen muss, um einen Treffer zu erzielen.

String-Ersetzung
: Ersetzung eines Strings oder eines Teils davon durch einen anderen String.

Shell-Befehl

Eine Anweisung in einer Shell-Sprache, über die mit dem Betriebssystem interagiert werden kann, zum Beispiel Bash oder DOS.

Roher String

Ein Python-String, dem der Buchstabe `r` vorangestellt wird. Dieser gibt an, dass die Backslashs (\) im String nicht als Teil einer besonderen Zeichenfolge interpretiert werden sollen.

Übungen

Fragen Sie einen virtuellen Assistenten

In diesem Kapitel haben wir die Fähigkeiten von regulären Ausdrücken gerade einmal oberflächlich berührt. Um einen Eindruck von den Möglichkeiten zu bekommen, können Sie einen virtuellen Assistenten fragen: »Was sind die häufigsten Sonderzeichen in Pythons regulären Ausdrücken?«

Sie können auch nach einem Muster fragen, das bestimmte Arten von Strings findet. Probieren Sie es beispielsweise mit folgenden Anweisungen:

- »Schreibe einen regulären Ausdruck in Python, der auf eine zehnstellige Telefonnummer passt, die Bindestriche enthalten kann.«
- »Schreibe einen regulären Ausdruck in Python, der auf eine amerikanische Adresse passt, bei der auf die Hausnummer der Straßenname folgt und auf diesen entweder `ST` (für *Street*) oder `AVE` (für *Avenue*).«
- »Schreibe einen regulären Ausdruck in Python, der auf einen vollständigen englischen Namen mit einem Titel wie `Mr` oder `Mrs` passt. Der vollständige Name kann auch aus mehreren Namen bestehen, die mit einem Großbuchstaben beginnen. Zwischen einigen Namen können Bindestriche stehen.«

Und falls Sie etwas wirklich Kompliziertes sehen wollen, versuchen Sie, nach einem regulären Ausdruck zu fragen, der auf eine beliebige gültige URL passt.

Ein regulärer Ausdruck beginnt in Python oft mit einem `r` vor dem ersten Anführungszeichen. Damit wird angegeben, dass es sich um einen **rohen String** handelt. Um weitere Informationen zu erhalten, fragen Sie einen virtuellen Assistenten: »Was ist ein roher String in Python?«

Übung 8-1

Versuchen Sie, eine Funktion zu schreiben, die das Gleiche tut wie der Shell-Befehl `!head`. Sie sollte folgende Argumente übernehmen: den Namen der zu lesenden Datei, die Anzahl der zu lesenden Zeilen und den Namen der Datei, in die die Zeilen geschrieben werden sollen. Ist der dritte Parameter `None`, sollten die Zeilen ausgegeben werden, anstatt sie in eine Datei zu schreiben.

Sie können hierbei auch einen virtuellen Assistenten um Hilfe bitten. In diesem Fall sollten Sie ihn allerdings anweisen, keine `with`- oder `try`-Anweisungen zu benutzen.

Übung 8-2

Wordle ist ein Onlinespiel, bei dem es darum geht, ein englisches Wort aus fünf Buchstaben in sechs oder weniger Versuchen zu erraten. Jeder Versuch muss als Wort erkannt werden, wobei Eigennamen nicht als Worte gelten. Nach jedem Versuch erhalten Sie Informationen darüber, welche der von Ihnen geratenen Buchstaben im Zielwort enthalten sind und welche davon sich an der richtigen Position befinden.

Wenn das gesuchte Wort beispielsweise `MOWER` (»Rasenmäher«) lautet und Sie `TRIED` (»probiert«) geraten haben, dann sollten Sie erfahren, dass sich das `E` im Zielwort an der richtigen Position befindet, dass das `R` im Wort enthalten ist, aber nicht an der richtigen Position, und dass `T`, `I` und `D` nicht im Wort enthalten sind.

In einem zweiten Beispiel haben Sie eventuell die Wörter `SPADE` (»Spaten«) und `CLERK` (»Sachbearbeiter/Sachbearbeiterin«) geraten. Dabei haben Sie herausgefunden, dass `E` im Wort enthalten ist, aber an einer anderen Position, und dass keiner der anderen Buchstaben im Wort enthalten ist.

Wie viele der Wörter in der Wortliste kommen als Zielwort infrage? Schreiben Sie eine Funktion mit dem Namen `check_word`, die ein Wort aus fünf Buchstaben übernimmt und überprüft, ob es das Zielwort sein könnte.

Sie dürfen alle Funktionen aus dem vorherigen Kapitel wie beispielsweise `uses_any` einsetzen.

Übung 8-3

Um die vorherige Übung weiterzuführen, gehen wir jetzt davon aus, dass Sie das Wort `TOTEM` geraten haben und dass das `E` sich *immer noch nicht* an der richtigen Stelle befindet. Wie viele Wörter kommen noch infrage?

Übung 8-4

Der Roman *Der Graf von Monte Christo* von Alexandre Dumas gilt als Literaturklassiker. Bei der Vorstellung einer englischen Übersetzung des Buchs gestand der Schriftsteller Umberto Eco allerdings, dass er das Buch für einen der »am schlechtesten geschriebenen Romane aller Zeiten« halte.

Insbesondere sagte er, das Buch sei »schamlos in seiner Verwendung des gleichen Adjektivs«, und erwähnte vor allem die Zahl der Situationen, in denen die Figuren entweder erschauderten oder erbleichten.

Um zu überprüfen, ob Ecos Kritik begründet ist, wollen wir herausfinden, wie oft das Wort `pale` (»bleich, blass«) in seinen verschiedenen Formen wie `pale`, `pales`, `paled`, `paleness` und auch das verwandte `pallor` im Buch tatsächlich Verwendung findet. Benutzen Sie hierfür einen regulären Ausdruck, der alle diese Wörter und keine anderen findet.

KAPITEL 9

Listen

In diesem Kapitel geht es um einen der nützlichsten Python-Typen: Listen. Außerdem lernen Sie mehr über Objekte und darüber, was passieren kann, wenn mehrere Variablen auf das gleiche Objekt verweisen.

In den Übungen am Ende des Kapitels erstellen wir eine Wortliste und verwenden sie, um nach besonderen Wörtern wie Palindromen und Anagrammen zu suchen.

Eine Liste ist eine Folge

Wie ein String ist auch eine **Liste** eine Folge von Werten. In einem String sind die Werte Buchstaben (und andere Zeichen); in einer Liste können sie einen beliebigen Typ haben. Die Werte einer Liste werden als **Elemente** bezeichnet.

Um eine Liste zu erstellen, gibt es verschiedene Möglichkeiten: Die einfachste Methode besteht darin, die Elemente mit eckigen Klammern ([und]) zu umgeben, hier zum Beispiel eine Liste mit zwei Integern:

```
numbers = [42, 123]
```

Und hier eine Liste mit drei Strings:

```
cheeses = ['Cheddar', 'Edam', 'Gouda']
```

Dabei müssen die Elemente der Liste nicht den gleichen Typ haben. Die folgende Liste enthält einen String, eine Fließkommazahl, einen Integer und sogar eine weitere Liste:

```
t = ['spam', 2.0, 5, [10, 20]]
```

Enthält eine Liste eine weitere Liste, sagt man, die Listen sind ineinander **verschachtelt**.

Eine Liste, die keine Elemente enthält, wird als leere Liste bezeichnet. Sie kann mit einem leeren Paar eckiger Klammern ([ ]) erstellt werden:

```
empty = []
```

Um die Länge einer Liste zu ermitteln, können Sie auch hier die `len`-Funktion einsetzen:

```
len(cheeses)
```

```
3
```

Die Länge einer leeren Liste ist `0`.

Die folgende Abbildung zeigt die Zustandsdiagramme für `cheeses`, `numbers` und `empty`:

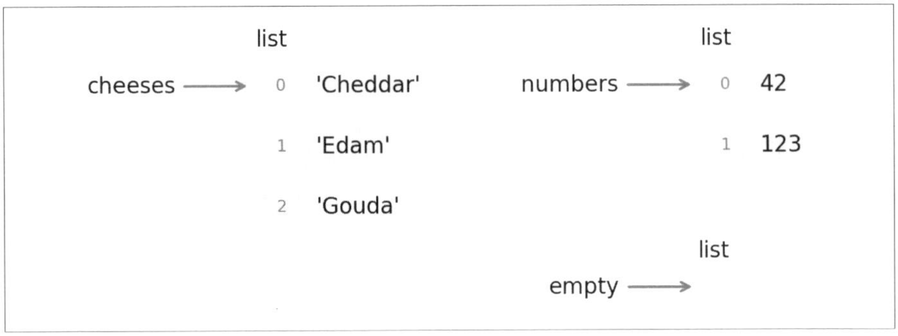

Listen werden in Zustandsdiagrammen durch Kästen mit der Beschriftung `list` dargestellt, die die nummerierten Listenelemente enthalten.

Listen sind mutabel

Um ein Listenelement auszulesen, können wir den »Eckige-Klammern-Operator« verwenden. Der Index des ersten Elements ist `0`:

```
cheeses[0]
```

```
'Cheddar'
```

Im Gegensatz zu Strings sind Listen mutabel. Steht der Eckige-Klammern-Operator auf der linken Seite einer Zuweisung, gibt er den Index des Listenelements an, dem der Wert auf der rechten Seite zugewiesen werden soll:

```
numbers[1] = 17
numbers
```

```
[42, 17]
```

Das zweite Element von `numbers` hatte zuvor den Wert `123`. Jetzt lautet er `17`.

Listen-Indizes funktionieren auf die gleiche Weise wie bei Strings:

- Als Index kann jeder Ausdruck verwendet werden, der zu einem Integer ausgewertet wird.
- Versuchen Sie, ein Element zu lesen, das nicht existiert, erhalten Sie einen `IndexError`.
- Hat ein Index einen negativen Wert, zählt er vom Ende der Liste rückwärts.

Der `in`-Operator kann ebenfalls mit Listen verwendet werden. Er überprüft, ob das angegebene Element irgendwo in der Liste vorhanden ist:

```
'Edam' in cheeses
```

```
True
```

```
'Wensleydale' in cheeses
```

```
False
```

Auch wenn Listen ineinander verschachtelt sein können, gilt die »innere« Liste als einzelnes Element der »äußeren« Liste. Demnach enthält die folgende Liste nur vier Elemente:

```
t = ['spam', 2.0, 5, [10, 20]]
len(t)
```

```
4
```

Dabei ist `10` kein Element von `t`, sondern ein Element der verschachtelten »inneren« Liste:

```
10 in t
```

```
False
```

Listen-Slices

Der Slice-Operator funktioniert mit Listen auf die gleiche Weise wie mit Strings. Im folgenden Beispiel werden das zweite und das dritte Element aus einer Liste mit vier Buchstaben ausgewählt:

```
letters = ['a', 'b', 'c', 'd']
letters[1:3]
```

```
['b', 'c']
```

Lassen Sie den ersten Index weg, beginnt der Slice am Anfang der Liste:

```
letters[:2]
```

```
['a', 'b']
```

Lassen Sie den zweiten Index weg, erstreckt sich der Slice bis zum Ende der Liste:

```
letters[2:]
```

```
['c', 'd']
```

Verzichten Sie auf beide Indizes, ist der Slice eine Kopie der gesamten Liste:

```
letters[:]
```

```
['a', 'b', 'c', 'd']
```

Eine weitere Möglichkeit, eine Liste zu kopieren, besteht in der Verwendung der `list`-Funktion:

```
list(letters)
```

```
['a', 'b', 'c', 'd']
```

Da `list` der Name einer eingebauten Funktion ist, sollten Sie es vermeiden, ihn als Variablennamen zu verwenden:

Listenoperationen

Der +-Operator kann Listen verketten:

```
t1 = [1, 2]
t2 = [3, 4]
t1 + t2
```

```
[1, 2, 3, 4]
```

Der *-Operator wiederholt eine Liste so oft, wie angegeben:

```
['spam'] * 4
```

```
['spam', 'spam', 'spam', 'spam']
```

Andere mathematische Operatoren können nicht mit Listen eingesetzt werden, aber die eingebaute Funktion `sum` kann die enthaltenen Elemente addieren:

```
sum(t1)
```

```
3
```

Außerdem können `min` und `max` die kleinsten und größten Elemente finden:

```
min(t1)
```

```
1
```

```
max(t2)
```

```
4
```

Listenmethoden

Python stellt spezielle Methoden für die Arbeit mit Listen bereit. Mit der `append`-Methode (»anhängen«) können Sie beispielsweise am Ende der Liste ein neues Element hinzufügen:

```
letters.append('e')
letters
```

```
['a', 'b', 'c', 'd', 'e']
```

`extend` (»erweitern«) übernimmt eine Liste als Argument und hängt alle darin enthaltenen Elemente der bereits vorhandenen Liste an:

```
letters.extend(['f', 'g'])
letters
```

```
['a', 'b', 'c', 'd', 'e', 'f', 'g']
```

Um Elemente aus einer Liste zu entfernen, gibt es zwei Methoden. Wenn Sie den Index des gewünschten Elements kennen, können Sie `pop` benutzen:

```
t = ['a', 'b', 'c']
t.pop(1)
```

```
'b'
```

Der Rückgabewert ist das entfernte Element. Hier die Bestätigung, dass die Liste tatsächlich verändert wurde:

```
t
```

```
['a', 'c']
```

Wenn Sie wissen, welches Element entfernt werden soll (aber nicht den Index kennen), können Sie `remove` verwenden:

```
t = ['a', 'b', 'c']
t.remove('b')
```

Der Rückgabewert von `remove` ist `None`. Auch hier geben wir die Liste aus, um zu bestätigen, dass sie tatsächlich verändert wurde:

```
t
```

```
['a', 'c']
```

Ist das Element, das Sie entfernen wollen, nicht in der Liste, erhalten Sie einen `ValueError`:

```
t.remove('d')
```

```
ValueError: list.remove(x): x not in list
```

Listen und Strings

Ein String ist eine Folge von *Zeichen*, eine Liste eine Folge von *Werten*. Aber eine Liste mit Zeichen ist nicht das Gleiche wie ein String. Mithilfe der `list`-Funktion können Sie einen String in eine Liste mit Zeichen umwandeln:

```
s = 'spam'
t = list(s)
t
```

```
['s', 'p', 'a', 'm']
```

Dabei trennt `list` einen String in die einzelnen enthaltenen Zeichen (Buchstaben, Sonderzeichen etc.) auf. Wollen Sie einen String in die enthaltenen »Wörter« aufteilen, geht das mithilfe der `split`-Methode:

```
s = 'pining for the fjords'
t = s.split()
t
```

```
['pining', 'for', 'the', 'fjords']
```

Als optionales Argument übernimmt `split` ein **Trennzeichen** (engl. *Delimiter*), das angibt, welches Zeichen als »Wortgrenze« benutzt werden soll. Das folgende Beispiel verwendet einen Bindestrich als Trennzeichen:

```
s = 'ex-parrot'
t = s.split('-')
t
```

```
['ex', 'parrot']
```

Haben Sie eine Liste mit Strings, können Sie diese per `join` zu einem gemeinsamen String zusammenfügen. Da es sich bei `join` um eine String-Methode handelt, müssen Sie sie auf dem *Trennzeichen* aufrufen und ihr die Liste als Argument übergeben:

```
delimiter = ' '
t = ['pining', 'for', 'the', 'fjords']
s = delimiter.join(t)
s
```

```
'pining for the fjords'
```

Hier ist das Trennzeichen ein Leerzeichen, wodurch `join` im zusammengefügten String ein Leerzeichen zwischen den Wörtern einfügt. Um Strings ohne Trennzeichen zu verketten, verwenden Sie einen leeren String (`''`) als Trennzeichen.

Schleifen über Listen ausführen

Mithilfe einer `for`-Schleife können Sie über die Elemente einer Liste iterieren:

```
for cheese in cheeses:
print(cheese)
```

```
Cheddar
Edam
Gouda
```

Und wir können über die von `split` zurückgegebene Wortliste eine `for`-Schleife ausführen:

```
s = 'pining for the fjords'

for word in s.split():
    print(word)
```

```
pining
for
the
fjords
```

Eine `for`-Schleife über eine leere Liste wird die eingerückten Anweisungen nicht ausführen:

```
for x in []:
    print('This never happens.')
```

Listen sortieren

Eine weitere Python-eigene Funktion ist `sorted`. Sie sortiert die Elemente einer Liste:

```
scramble = ['c', 'a', 'b']
sorted(scramble)
```

```
['a', 'b', 'c']
```

Dabei bleibt die Ausgangsliste unverändert:

```
scramble
```

```
['c', 'a', 'b']
```

`sorted` funktioniert mit jeder beliebigen Art von Folge, nicht nur mit Listen. Die Buchstaben in einem String können wir daher wie hier gezeigt sortieren:

```
sorted('letters')
```

```
['e', 'e', 'l', 'r', 's', 't', 't']
```

Das Ergebnis ist wiederum eine Liste. Mithilfe von `join` können wir sie in einen String zurückverwandeln:

```
''.join(sorted('letters'))
```

```
'eelrstt'
```

Hier verwenden wir einen leeren String als Trennzeichen, sodass die Listenelemente »lückenlos« miteinander verkettet werden.

Objekte und Werte

Wenn wir die folgenden Zuweisungsanweisungen ausführen, sehen wir, dass sowohl `a` als auch `b` auf einen String verweisen. Wir wissen allerdings nicht, ob beide auf den *gleichen* String verweisen:

```
a = 'banana'
b = 'banana'
```

Es gibt zwei mögliche Zustände, wie in der folgenden Darstellung gezeigt wird:

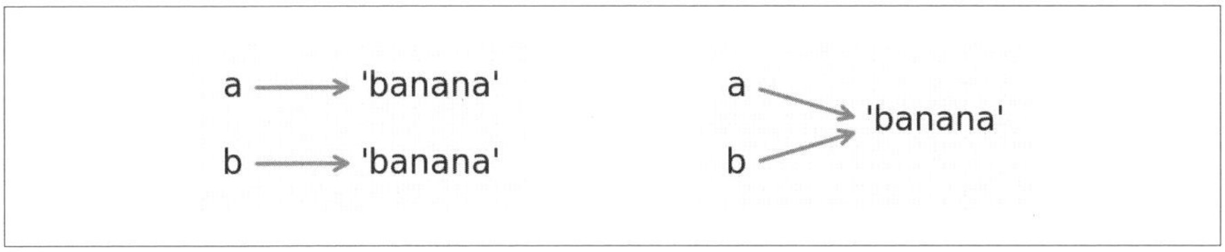

Im linken Diagramm zeigen `a` und `b` auf zwei verschiedene Objekte, die den gleichen Wert enthalten. Im rechten Diagramm verweisen beide Variablen dagegen auf dasselbe Objekt. Um zu überprüfen, welche der beiden Annahmen richtig ist, können Sie den `is`-Operator verwenden:

```
a = 'banana'
b = 'banana'
a is b
```

```
True
```

In diesem Beispiel hat Python nur ein String-Objekt erzeugt, auf das sowohl `a` als auch `b` verweisen. Erstellen Sie dagegen zwei Listen, bekommen Sie zwei Objekte:

```
a = [1, 2, 3]
b = [1, 2, 3]
a is b
```

```
False
```

Das Zustandsdiagramm sieht also so aus:

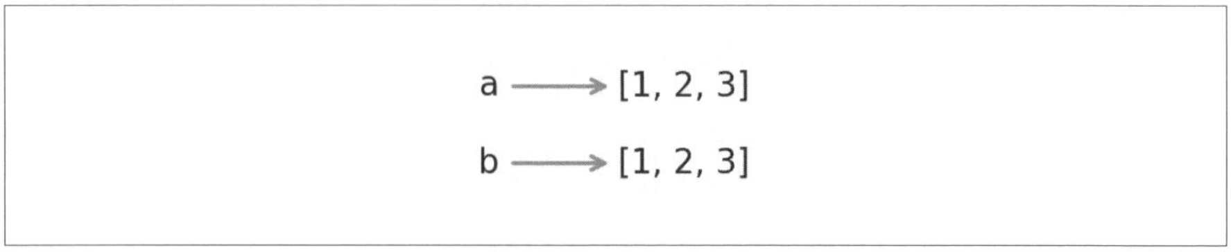

Hier würden wir sagen, dass beide Listen **äquivalent** (»gleichwertig«) sind. Das heißt, sie enthalten zwar die gleichen Elemente, sind aber nicht **identisch**, denn sie sind nicht dasselbe Objekt. Sind zwei Objekte identisch, sind sie auch äquivalent. Andersherum sind äquivalente Objekte aber nicht unbedingt identisch.

Aliasing

Verweist a auf ein Objekt und Sie nehmen die Zuweisung b = a vor, dann zeigen beide Variablen auf das gleiche Objekt:

```
a = [1, 2, 3]
b = a
b is a
```

```
True
```

Das Zustandsdiagramm hat also folgendes Aussehen:

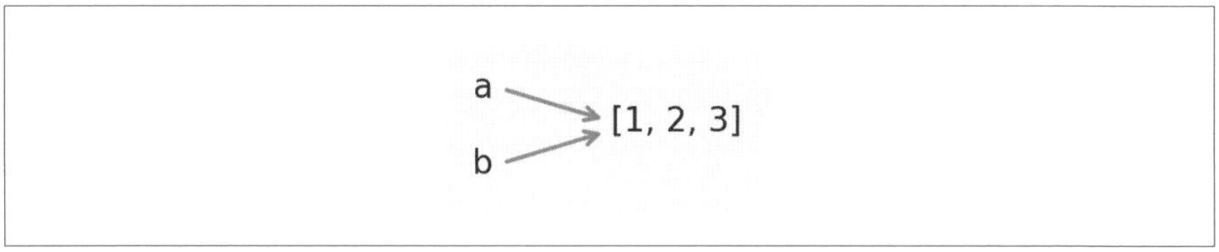

Verweist eine Variable auf ein Objekt, spricht man auch von einer **Referenz**. In diesem Beispiel **referenzieren** also zwei Variablen das gleiche Objekt.

Ein Objekt mit mehr als einer Referenz hat mehrere Namen. In diesem Fall sprechen wir von **Aliasing**. Ist das mit einem Alias versehene Objekt mutabel, können Änderungen daran über den einen oder den anderen Namen vorgenommen werden. Wenn wir das Objekt ändern, auf das b verweist, verändern wir also auch das von a referenzierte Objekt:

```
b[0] = 5
a
```

```
[5, 2, 3]
```

Wir würden also sagen, dass a die Änderung »sieht«. Auch wenn dieses Verhalten manchmal nützlich sein kann, ist es ziemlich fehleranfällig. Allgemein ist es sicherer, ein Aliasing bei der Arbeit mit mutablen Objekten zu vermeiden.

Für immutable Objekte wie Strings sind Aliase kein so großes Problem. In diesem Beispiel spielt es fast keine Rolle, ob a und b auf den gleichen String verweisen oder nicht:

```
a = 'banana'
b = 'banana'
```

Listen als Argumente

Wenn Sie einer Funktion eine Liste übergeben, erhält die Funktion eine Referenz auf die Liste. Verändert die Funktion die Liste, »sieht« der Aufrufer diese Änderungen. In diesem Beispiel verwendet die Funktion pop_first die Listenmethode pop, um das erste Element aus einer Liste zu entfernen:

```
def pop_first(lst):
    return lst.pop(0)
```

Das können wir wie folgt einsetzen:

```
letters = ['a', 'b', 'c']
    pop_first(letters)
```

```
'a'
```

Der Rückgabewert ist das erste Element, das aus der Liste entfernt wurde, was leicht zu überprüfen ist, wenn wir die veränderte Liste ausgeben:

```
letters
```

```
['b', 'c']
```

Im folgenden Beispiel sind die Parameter lst und letters Aliase, die auf dasselbe Objekt verweisen. Das Zustandsdiagramm sieht also aus wie hier gezeigt:

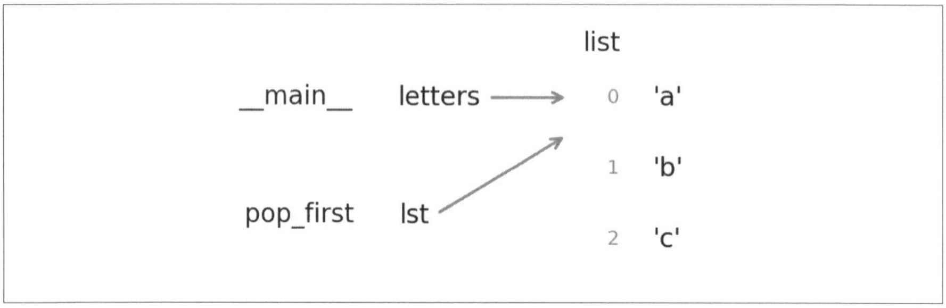

Wenn Sie eine Referenz auf ein Objekt als Argument an eine Funktion übergeben, findet ebenfalls eine Form des Aliasing statt. Verändert die Funktion das Objekt, bleiben diese Änderungen auch nach Beendigung der Funktion bestehen.

Eine Wortliste erstellen

Im vorherigen Kapitel haben wir die Datei *words.txt* gelesen und nach Wörtern mit bestimmten Eigenschaften gesucht – beispielsweise die den Buchstaben e enthalten. Dabei mussten wir die gesamte Datei mehrmals lesen, was nicht besonders effizient ist. Es ist sinnvoller, die Datei nur einmal zu lesen und die Wörter in einer Liste zu speichern. Die folgende Schleife zeigt, wie das geht:

```
word_list = []

for line in open('words.txt'):
    word = line.strip()
    word_list.append(word)

len(word_list)
```

```
113783
```

Vor dem Beginn der Schleife wird word_list mit einer leeren Liste initialisiert. Bei jedem Schleifendurchlauf fügt die append-Methode ihr am Ende ein neues Wort hinzu, sodass die Liste am Ende der Schleife mehr als 113.000 Wörter enthält.

Das Gleiche können wir durch die Verwendung der `read`-Methode erreichen. Hierbei wird die gesamte Datei in einem String gespeichert:

```
string = open('words.txt').read()
len(string)
```

```
1016511
```

Das Ergebnis ist ein einzelner String, der aus mehr als einer Million Zeichen besteht. Mithilfe der `split`-Methode können wir den String in eine Wortliste auftrennen:

```
word_list = string.split()
len(word_list)
```

```
113783
```

Um zu überprüfen, ob ein bestimmter String in der Liste enthalten ist, können wir wiederum den `in`-Operator einsetzen. Wollen wir wissen, ob sich `'demotic'` (engl. für »von einfachen Leuten verwendet«) in der Liste befindet, schreiben wir:

```
'demotic' in word_list
```

```
True
```

Der Begriff `'contrafibularities'` ist dagegen nicht enthalten:

```
'contrafibularities' in word_list
```

```
False
```

Das macht mich zugegebenermaßen ziemlich anaspeptisch (siehe den Abschnitt »Fragen Sie einen virtuellen Assistenten« auf Seite 175).

Debugging

Vergessen Sie nicht, dass die meisten Listenmethoden das Argument verändern und `None` zurückgeben. Das ist das Gegenteil zum Verhalten von String-Methoden, die einen neuen String zurückgeben und das Original unverändert lassen.

Wenn Sie es gewohnt sind, String-Code wie diesen zu schreiben:

```
word = 'plumage!'
word = word.strip('!')
word
```

```
'plumage'
```

... könnten Sie versucht sein, auch Listencode auf diese Weise zu schreiben:

```
t = [1, 2, 3]
t = t.remove(3)           # FALSCH!
```

`remove` verändert die Liste und gibt `None` zurück. Dadurch wird die folgende Operation, die Sie auf `t` ausführen, sehr wahrscheinlich fehlschlagen:

```
t.remove(2)
```

```
AttributeError: 'NoneType' object has no attribute 'remove'
```

Diese Fehlermeldung benötigt eine Erklärung. Ein **Attribut** (engl. *Attribute*) eines Objekts ist eine Variable oder Methode, die mit diesem Objekt verbunden ist. Der Wert von `t` lautet hier `None`, was ein `NoneType`-Objekt ist. Dieses besitzt kein Attribut mit dem Namen `remove`. Dadurch hat der Versuch, die Anweisung auszuführen, einen `AttributeError` zur Folge.

Wenn Sie eine solche Fehlermeldung sehen, sollten Sie das Programm rückwärts durchgehen, um festzustellen, ob Sie möglicherweise eine Listenmethode nicht korrekt aufgerufen haben.

Glossar

Liste
: Ein Objekt, das eine Folge von Werten enthält.

Element
: Einer der Werte, die in einer Liste oder einer anderen Folge enthalten sind.

Verschachtelte Liste
: Eine Liste, die in einer anderen Liste enthalten ist.

Trennzeichen
: Ein Zeichen oder String, der anzeigt, an welchen Stellen ein String aufgeteilt werden soll.

Äquivalent
Hat den gleichen Wert.

Identisch
Ist das gleiche Objekt (impliziert Äquivalenz).

Referenz
Der Verweis einer Variablen auf ihren Wert.

Aliasing
Wenn mehr als eine Variable auf das gleiche Objekt verweist.

Attribut
Einer der benannten Werte, die mit einem Objekt verbunden sind.

Übungen

Fragen Sie einen virtuellen Assistenten

In diesem Kapitel habe ich die Wörter »contrafibularities« und »anaspeptisch« verwendet. Diese Wörter existieren nicht wirklich, sondern entstammen der britischen Fernsehshow *Blackadder*, Staffel 3, Folge 2, »Ink and Incapability«.

Als ich ChatGPT 3.5 (in der Version vom 3. August 2023) fragte, woher die Wörter stammen, behauptete das Sprachmodell anfänglich, sie seien von Monty Python. Später meinte es, sie hätten ihren Ursprung im Theaterstück *Rosencrantz and Guildenstern Are Dead* von Tom Stoppard.

Wenn Sie ChatGPT heute fragen (aktuell in der Version 4o), erhalten Sie eine korrekte Antwort. Dennoch ist dies ein gutes Beispiel dafür, dass virtuelle Assistenten nicht immer die richtige Antwort geben. Sie sollten die Ergebnisse daher grundsätzlich auf Korrektheit überprüfen. Mit wachsender Erfahrung entwickeln Sie ein Gespür dafür, welche Fragen von virtuellen Assistenten verlässlich beantwortet werden und welche nicht. In diesem Fall reichte eine einfache Websuche, um die Quelle dieser Wörter zu finden.

Wenn Sie bei einer der Übungen aus diesem Kapitel nicht weiterkommen, können Sie natürlich trotzdem einen virtuellen Assistenten um Hilfe bitten. Erhalten Sie Ergebnisse, die Sprachmerkmale nutzen, die Sie noch nicht kennengelernt haben, können Sie dem Assistenten eine »Rolle« zuweisen.

Bevor Sie Ihre Frage stellen, könnten Sie beispielsweise eingeben: »Rolle: Ausbilder für Grundlagen der Python-Programmierung«. Danach sollte die Antwort nur einfache Sprachmerkmale nutzen. Werden trotzdem Features verwendet, die Sie noch nicht kennen, können Sie weitermachen mit: »Kannst du das nur mit einfachen Sprachmerkmalen schreiben?«

Übung 9-1

Zwei Wörter gelten als Anagramme, wenn Sie die Buchstaben des einen Worts verwenden können, um damit das andere Wort zu buchstabieren, wie zum Beispiel `Erbgut` und `Betrug`. Eine Möglichkeit, zu überprüfen, ob zwei Wörter Anagramme sind, besteht darin, die Buchstaben in beiden Wörtern zu sortieren. Sind die Listen gleich, sind die Wörter Anagramme.

Schreiben Sie eine Funktion namens `is_anagram`, die zwei Strings übernimmt und `True` zurückgibt, wenn sie Anagramme sind. Verwenden Sie die Funktion und die Wortliste, um alle Anagramme von `takes` zu finden.

Übung 9-2

Python besitzt die eingebaute Funktion `reversed` (»umgekehrt«). Sie übernimmt als Argument eine Folge von Elementen – zum Beispiel eine Liste oder einen String – und gibt ein `reversed`-Objekt zurück, das die Elemente in umgekehrter Reihenfolge enthält:

```
reversed('parrot')
```

```
<reversed at 0x7fe3de636b60>
```

Brauchen Sie die umgekehrten Elemente als Liste, können Sie die `list`-Funktion einsetzen:

```
list(reversed('parrot'))
```

```
['t', 'o', 'r', 'r', 'a', 'p']
```

Um einen String zu erhalten, verwenden Sie stattdessen die `join`-Methode:

```
''.join(reversed('parrot'))
```

```
'torrap'
```

Um ein Wort umzukehren, können wir also eine Funktion wie diese schreiben:

```
def reverse_word(word):
    return ''.join(reversed(word))
```

Ein Palindrom ist ein Wort, das vorwärts wie rückwärts gleich ist, wie zum Beispiel »Reliefpfeiler« oder »Lagerregal«. Schreiben Sie eine Funktion mit dem Namen `is_palindrome`, die einen String als Argument übernimmt und `True` zurückgibt, wenn der String ein Palindrom ist, ansonsten `False`.

Mit folgender Schleife können Sie alle Palindrome in der Wortliste finden, die mindestens sieben Buchstaben lang sind:

```
for word in word_list:
    if len(word) >= 7 and is_palindrome(word):
        print(word)
```

Übung 9-3

Schreiben Sie eine Funktion namens `reverse_sentence`, die als Argument einen String übernimmt, der eine beliebige Anzahl von Wörtern enthält, die durch Leerzeichen voneinander getrennt sind. Die Funktion soll einen neuen String zurückgeben, der die gleichen Wörter in umgekehrter Reihenfolge enthält. Ist das Argument beispielsweise »Kehre mich um«, sollte das Ergebnis »Um mich kehre« lauten.

Tipp: Sie können die Methode `capitalize` einsetzen, um den ersten Buchstaben des ersten Worts großzuschreiben und alle anderen in Kleinbuchstaben umzuwandeln.

Übung 9-4

Schreiben Sie eine Funktion namens `total_length`, die eine Liste mit Strings übernimmt und die Gesamtlänge aller Strings zurückgibt. Die Gesamtlänge aller Strings in `word_list` sollte 902.728 lauten.

KAPITEL 10

Dictionaries

Dieses Kapitel stellt Dictionaries vor. Dieser eingebaute Datentyp ist eines von Pythons besten Sprachmerkmalen und der Baustein für viele effiziente und elegante Algorithmen.

Wir werden Dictionaries einsetzen, um die Zahl der einmaligen Wörter in einem Buch zu berechnen und um herauszufinden, wie oft andere Wörter darin vorkommen. In den Übungen benutzen wir Dictionaries, um Worträtsel zu lösen.

Ein Dictionary ist eine Zuordnung

Ein **Dictionary** funktioniert wie eine Liste, aber allgemeiner. Bei einer Liste müssen die Indizes Integer sein, bei einem Dictionary können sie einen (fast) beliebigen Typ haben. Angenommen, wir erstellten eine Liste mit englischen Zahlwörtern:

```
lst = ['zero', 'one', 'two']
```

Mit einem Integer als Index können wir auf die einzelnen Wörter zugreifen:

```
lst[1]
```

```
'one'
```

Was passiert aber, wenn wir versuchen, anhand eines Worts den entsprechenden Index herauszufinden? Mit einer Liste ist das nicht möglich, mit einem Dictionary aber schon. Beginnen wir, indem wir ein leeres Dictionary erstellen und es der Variablen `numbers` zuweisen:

```
numbers = {}
numbers
```

```
{}
```

Hierbei stehen die geschweiften Klammern ({}) für ein leeres Dictionary. Um ihm Elemente hinzuzufügen, verwenden wir dagegen eckige Klammern:

```
numbers['zero'] = 0
```

Diese Zuweisung fügt dem Dictionary einen **Eintrag** hinzu. Er steht für die Verbindung eines bestimmten **Schlüssels** mit einem dazugehörigen **Wert**. In diesem Beispiel ist der Schlüssel der String `'zero'`, und der Wert ist der Integer `0`. Lassen wir uns das Dictionary anzeigen, können wir sehen, dass es einen Eintrag enthält. Schlüssel und Wert sind hierbei durch einen Doppelpunkt voneinander getrennt:

```
numbers
```

```
{'zero': 0}
```

Um weitere Einträge hinzuzufügen, gehen wir wie oben gezeigt vor:

```
numbers['one'] = 1
numbers['two'] = 2
numbers
```

```
{'zero': 0, 'one': 1, 'two': 2}
```

Jetzt enthält das Dictionary drei Einträge.

Um einen Schlüssel nachzuschlagen und auf den dazugehörigen Wert zuzugreifen, benutzen wir den »Eckige-Klammern-Operator«:

```
numbers['two']
```

```
2
```

Ist der Schlüssel im Dictionary nicht vorhanden, erhalten wir einen `KeyError`:

```
numbers['three']
```

```
KeyError: 'three'
```

Die `len`-Funktion funktioniert auch mit Dictionaries. Hier gibt sie die Zahl der Einträge zurück:

```
len(numbers)
```

```
3
```

Mathematisch gesprochen, steht ein Dictionary für eine **Zuordnung** (engl. *Mapping*) von Schlüsseln auf Werte. Sie können also sagen, dass jeder Schlüssel einem bestimmten Wert »zugeordnet« ist. In diesem Beispiel ist jedem Zahlwort ein entsprechender Integer zugeordnet.

Die folgende Abbildung zeigt das Zustandsdiagramm für `numbers`:

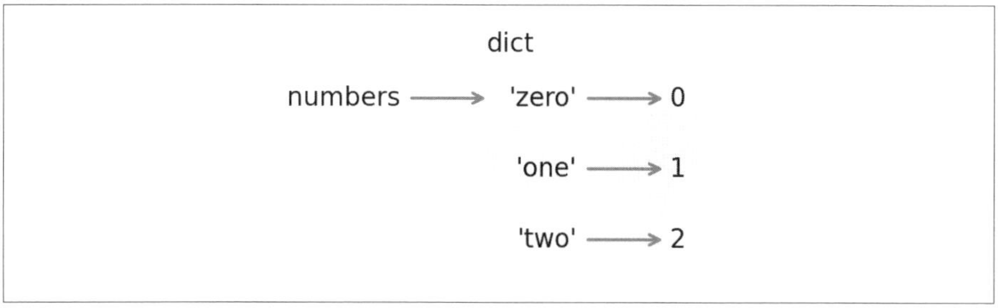

Ein Dictionary wird durch einen Kasten mit der Beschriftung `dict` repräsentiert, der die einzelnen Einträge enthält. Jeder Eintrag wird durch einen Schlüssel und einen Pfeil dargestellt, der auf den jeweiligen Wert zeigt. Die Anführungszeichen besagen, dass es sich hier nicht um Variablennamen, sondern um Strings handelt.

Dictionaries anlegen

Im vorherigen Abschnitt haben wir ein leeres Dictionary angelegt und ihm mithilfe des Eckige-Klammern-Operators nacheinander die einzelnen Einträge hinzugefügt. Wir können das Dictionary inklusive der Einträge aber auch in einem Arbeitsschritt anlegen:

```
numbers = {'zero': 0, 'one': 1, 'two': 2}
```

Jeder Eintrag besteht aus einem Paar, das aus einem Schlüssel und dem dazugehörigen Wert besteht, die durch einen Doppelpunkt voneinander getrennt werden. Die einzelnen Einträge werden durch Kommas voneinander getrennt. Alle Einträge zusammen werden mit geschweiften Klammern umgeben.

Eine weitere Möglichkeit zur Erstellung eines Dictionary besteht in der Verwendung der `dict`-Funktion. Hiermit können wir wie folgt ein leeres Dictionary erstellen:

```
empty = dict()
empty
```

```
{}
```

Um ein Dictionary zu kopieren, gehen wir so vor:

```
numbers_copy = dict(numbers)
numbers_copy
```

```
{'zero': 0, 'one': 1, 'two': 2}
```

Oft ist es sinnvoll, eine Kopie eines Dictionary anzulegen, bevor Operationen durchgeführt werden, die das Ausgangs-Dictionary verändern.

Der in-Operator

Der `in`-Operator funktioniert auch mit Dictionaries. Er teilt Ihnen mit, ob das Dictionary einen bestimmten *Schlüssel* enthält:

```
'one' in numbers
```

```
True
```

Der `in`-Operator überprüft aber *nicht*, ob das Dictionary einen bestimmten Wert enthält:

```
1 in numbers
```

```
False
```

Um herauszufinden, ob ein Dictionary einen bestimmten Wert enthält, können Sie die Methode `values` verwenden. Sie gibt eine Folge von Werten zurück, auf die Sie dann wiederum den `in`-Operator anwenden können:

```
1 in numbers.values()
```

```
True
```

Die Einträge eines Python-Dictionary werden in einer **Hash-Tabelle** gespeichert. Dieses Verfahren zur Datenspeicherung hat eine bemerkenswerte Eigenschaft: Der `in`-Operator ist fast immer gleich schnell, egal wie viele Einträge das Dictionary enthält. Dadurch lassen sich einige erstaunlich effiziente Algorithmen schreiben.

Um das zu zeigen, vergleichen wir zwei Algorithmen zum Finden von Wortpaaren, bei denen das eine Wort die Umkehrung des anderen ist – wie bei `stressed` und `desserts`. Wir beginnen wieder mit dem Einlesen der Wortliste:

```
word_list = open('words.txt').read().split()
len(word_list)
```

```
113783
```

Dies ist die reverse_word-Funktion aus dem vorherigen Kapitel:

```
def reverse_word(word):
    return ''.join(reversed(word))
```

Die folgende Funktion führt eine Schleife über die Wortliste aus. Dabei werden die Buchstaben jedes Worts umgekehrt, und dann wird überprüft, ob sich das Ergebnis ebenfalls in der Wortliste befindet:

```
def too_slow():
    count = 0
    for word in word_list:
        if reverse_word(word) in word_list:
            count += 1
    return count
```

Die Ausführung dieser Funktion dauert über eine Minute. Das Problem ist, dass der in-Operator nacheinander jedes Wort einzeln überprüft. Findet er nicht, wonach er sucht – was fast immer der Fall ist –, muss die Liste trotzdem bis zum Ende durchlaufen werden.

Der in-Operator befindet sich innerhalb der Schleife. Er wird also für jedes Wort ausgeführt. Da die Liste über 100.000 Wörter enthält und wir für jedes Wort über 100.000 Wörter überprüfen müssen, entspricht die Anzahl der nötigen Vergleiche dem Quadrat der Wörter in der Liste. Das sind fast 13 Milliarden Vergleiche!

```
len(word_list)**2
```

```
12946571089
```

Wenn wir ein Dictionary nutzen, können wir diese Funktion deutlich beschleunigen. Die folgende Schleife erstellt ein Dictionary, in dem die Wörter als Schlüssel dienen:

```
word_dict = {}
    for word in word_list:
        word_dict[word] = 1
```

In dieser Version haben alle Schlüssel in `word_dict` den Wert `1`. Das ist in Ordnung, weil es uns hierbei nicht darum geht, etwas nachzuschlagen. Wir wollen nur wissen, ob ein bestimmter Schlüssel existiert.

Hier nun eine Version der obigen Funktion, die `word_dict` anstelle von `word_list` verwendet:

```
def much_faster():
    count = 0
    for word in word_dict:
        if reverse_word(word) in word_dict:
            count += 1
    return count
```

Diese Funktion braucht weniger als eine Hundertstelsekunde. Damit ist sie etwa 10.000 Mal schneller als die vorherige Version.

Im Allgemeinen ist die Zeit, um etwas in einer Liste zu finden, proportional zur Länge der Liste. Im Gegensatz dazu ist die Zeit, um einen Schlüssel in einem Dictionary nachzuschlagen, fast konstant – unabhängig von der Zahl der Einträge.

```
d = {'a': 1, 'b': 2}
d['a'] = 3
d
```

```
{'a': 3, 'b': 2}
```

Eine Sammlung von Zählern

Angenommen, Sie hätten einen String und wollten feststellen, wie oft jeder Buchstabe darin vorkommt. Auch hierfür kann ein Dictionary ein gutes Werkzeug sein. Wir beginnen mit einem leeren Dictionary:

```
counter = {}
```

Führen wir jetzt eine Schleife über die Buchstaben im String aus. Finden wir beispielsweise nun den Buchstaben `'a'` zum ersten Mal, können wir ihn wie folgt unserem Dictionary hinzufügen:

```
counter['a'] = 1
```

Der Wert 1 besagt, dass wir den Buchstaben bisher einmal gesehen haben. Wenn uns der Buchstabe später erneut begegnet, können wir den Zähler entsprechend inkrementieren.

```
counter['a'] += 1
```

Jetzt lautet der mit 'a' verbundene Wert 2, weil wir den Buchstaben zweimal gesehen haben:

```
counter
```

```
{'a': 2}
```

Die folgende Funktion nutzt diese Fähigkeit, um zu zählen, wie oft jeder Buchstabe in einem String vorkommt:

```
def value_counts(string):
    counter = {}
    for letter in string:
        if letter not in counter:
            counter[letter] = 1
        else:
            counter[letter] += 1
    return counter
```

Bei jedem Schleifendurchlauf wird überprüft, ob es im Dictionary bereits einen Eintrag für letter gibt. Falls nicht, erstellen wir ihn – mit letter als Schlüssel und dem Wert 1. Gibt es im Dictionary bereits einen Schlüssel für letter, inkrementieren wir den zugeordneten Wert. Hier ein Beispiel:

```
counter = value_counts('brontosaurus')
counter
```

```
{'b': 1, 'r': 2, 'o': 2, 'n': 1, 't': 1, 's': 2, 'a': 1, 'u': 2}
```

Die Einträge in counter zeigen, dass der Buchstabe 'b' einmal vorkommt, 'r' erscheint zweimal und so weiter.

Schleifen und Dictionaries

Benutzen Sie ein Dictionary in einer for-Anweisung, durchläuft die Schleife die Schlüssel. Um das auszuprobieren, erstellen wir ein neues Dictionary, das die Buchstaben in 'banana' zählt:

```
counter = value_counts('banana')
counter
```

```
{'b': 1, 'a': 3, 'n': 2}
```

Die folgende Schleife gibt alle Schlüssel (alle Buchstaben) aus:

```
for key in counter:
    print(key)
```

```
b
a
n
```

Um die damit verbundenen Werte auszugeben, können wir die `values`-Methode verwenden:

```
for value in counter.values():
    print(value)
```

```
1
3
2
```

Um Schlüssel *und* Werte auszugeben, können wir eine Schleife über die Schlüssel ausführen und unterwegs die zugeordneten Werte nachschlagen:

```
for key in counter:
    value = counter[key]
    print(key, value)
```

```
b 1
a 3
n 2
```

In Kapitel 11 finden Sie eine noch kürzere Möglichkeit, die gleiche Aufgabe zu erledigen.

Listen und Dictionaries

In einem Dictionary können Sie einem Schlüssel auch eine Liste als Wert zuordnen. Hier ist zum Beispiel ein Dictionary, das der Zahl `4` eine Liste mit vier Werten zuordnet:

```
d = {4: ['r', 'o', 'u', 's']}
d
```

```
{4: ['r', 'o', 'u', 's']}
```

Andersherum funktioniert das jedoch nicht. Sie können eine Liste also nicht als Schlüssel verwenden. Wenn wir das trotzdem probieren, passiert Folgendes:

```
letters = list('abcd')
d[letters] = 4
```

```
TypeError: unhashable type: 'list'
```

Wie bereits gesagt, verwenden Dictionaries Hash-Tabellen. Damit das funktioniert, müssen die Schlüssel allerdings **hashfähig** (engl. *hashable*) sein.

Eine **Hash-Funktion** übernimmt einen (beliebigen) Wert und gibt einen Integer zurück. Dictionaries verwenden diese Integer, Hash-Werte genannt, um Schlüssel zu speichern und nachzuschlagen.

Dieses System funktioniert aber nur, wenn ein Schlüssel immutabel ist. Der Hash-Wert muss also grundsätzlich gleich bleiben. Ist der Schlüssel dagegen mutabel, könnte sich sein Hash-Wert ändern, und das Dictionary würde nicht funktionieren. Aus diesem Grund müssen Schlüssel hashfähig sein, was bei mutablen Typen wie Listen nicht der Fall ist.

Dictionaries selbst sind ebenfalls mutabel, was bedeutet, dass auch sie nicht als Schlüssel verwendet werden können. Sie *können* allerdings als *Werte* genutzt werden.

Eine Liste zusammenstellen

Für viele Programmieraufgaben ist es sinnvoll, eine Schleife über eine Liste oder ein Dictionary auszuführen und dabei eine andere Liste oder ein anderes Dictionary zu erstellen. Im folgenden Beispiel iterieren wir über die Wörter in `word_dict` und erstellen dabei eine Liste mit Palindromen, also Wörtern, die vorwärts und rückwärts gelesen gleich sind, wie beispielsweise »noon« oder »rotator«.

Im vorherigen Kapitel sollten Sie eine Funktion schreiben, die überprüft, ob ein Wort ein Palindrom ist. Hier eine Lösung, die `reverse_word` verwendet:

```
def is_palindrome(word):
    """Check if a word is a palindrome."""
    return reverse_word(word) == word
```

Während die Schleife über die Wörter in word_dict iteriert, können wir die Palindrome zählen, wie hier gezeigt:

```
count = 0

for word in word_dict:
    if is_palindrome(word):
        count +=1

count
```

```
91
```

Inzwischen sollten Sie das Muster kennen:

- Vor der Schleife wird count mit 0 initialisiert.
- Innerhalb der Schleife wird überprüft, ob word ein Palindrom ist. Falls ja, inkrementieren wir count.
- Wenn die Schleife endet, enthält count die Gesamtzahl der Palindrome in word_dict.

Um eine Liste der Palindrome zu erstellen, kommt ein ähnliches Muster zum Einsatz:

```
palindromes = []

for word in word_dict:
    if is_palindrome(word):
        palindromes.append(word)

palindromes[:10]
```

```
['aa', 'aba', 'aga', 'aha', 'ala', 'alula', 'ama', 'ana', 'anna', 'ava']
```

Hier die einzelnen Schritte:

- Vor der Schleife wird palindromes mit einer leeren Liste initialisiert.
- Innerhalb der Schleife wird überprüft, ob word ein Palindrom ist. Falls ja, fügen wir es am Ende von palindromes ein.
- Wenn die Schleife endet, enthält palindromes eine Liste der Palindrome in word_dict.

In dieser Schleife ist `palindromes` ein sogenannter **Akkumulator** (engl. für »Sammler«), also eine Variable, die Daten während einer Berechnung sammelt oder akkumuliert.

Um die Sache etwas spannender zu machen, wollen wir jetzt nur Palindrome auswählen, die aus sieben oder mehr Buchstaben bestehen. Wir können zum Beispiel eine Schleife über `palindromes` ausführen und dabei eine neue Liste erstellen, die nur lange Palindrome enthält:

```
long_palindromes = []

for word in palindromes:
    if len(word) >= 7:
        long_palindromes.append(word)

long_palindromes
```

```
['deified', 'halalah', 'reifier', 'repaper', 'reviver', 'rotator', 'sememes']
```

Dieses Ausführen einer Schleife über eine Liste, um bestimmte Elemente auszuwählen und andere zu überspringen, wird als **Filterung** bezeichnet.

Memos

Beim Ausführen der `fibonacci`-Funktion aus dem Abschnitt »Fibonacci« auf Seite 114 haben Sie vielleicht bemerkt, dass die Funktion umso länger braucht, je größer das angegebene Argument ist:

```
def fibonacci(n):
    if n == 0:
        return 0

    if n == 1:
        return 1

    return fibonacci(n-1) + fibonacci(n-2)
```

Dabei steigt die Ausführungszeit sehr schnell an. Um den Grund zu verstehen, sehen Sie sich die folgende Abbildung an. Sie zeigt einen **Aufrufgraphen** für die `fibonacci`-Funktion mit `n=4`:

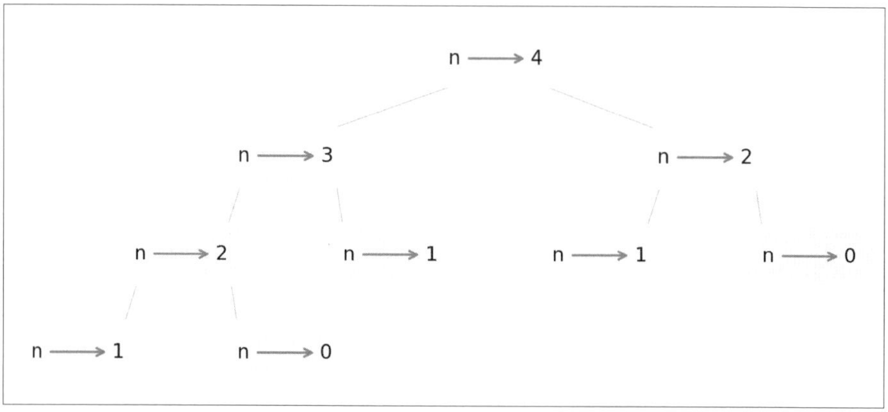

Der Aufrufgraph zeigt einen Satz Funktions-Frames, wobei die Linien jeden Frame mit den Frames der Funktion verbinden, die ihn aufruft. Am oberen Ende des Graphen ruft `fibonacci` mit `n=4` die `fibonacci`-Funktion mit `n=3` und mit `n=2` auf. Daraufhin ruft `fibonacci` mit `n=3` `fibonacci` mit `n=2` und `n=1` auf und so weiter.

Zählen Sie, wie oft `fibonacci(0)` und `fibonacci(1)` hierfür aufgerufen werden. Diese Lösung unseres Problems ist sehr ineffizient, und die Sache verschlechtert sich, wenn das Argument größer wird.

Eine Lösung besteht darin, die bereits berechneten Werte in einem Dictionary zu speichern. Einen vorberechneten Wert, der zur späteren Verwendung gespeichert wird, nennt man **Memo**. Hier eine »memoisierte« Version von `fibonacci`:

```
known = {0:0, 1:1}

def fibonacci_memo(n):
    if n in known:
        return known[n]

    res = fibonacci_memo(n-1) + fibonacci_memo(n-2)
    known[n] = res
    return res
```

`known` (»bekannt«) ist ein Dictionary, in dem die bereits bekannten Fibonacci-Zahlen gespeichert werden. Es beginnt mit zwei Einträgen: `0` ist `0` zugeordnet, `1` ist `1` zugeordnet.

Bei jedem Aufruf von `fibonacci_memo` wird `known` überprüft. Wurde das Ergebnis schon gespeichert, kann die Funktion diesen Wert sofort zurückgeben. Ansonsten muss ein neuer Wert berechnet werden, der anschließend im Dictionary abgelegt und zurückgegeben wird.

Wenn wir die beiden Funktionen vergleichen, stellen wir fest, dass `fibonacci(40)` ungefähr 30 Sekunden für seine Berechnungen braucht, während `fibonacci_memo(40)` gerade einmal 30 Mikrosekunden benötigt. Es ist also eine Million Mal schneller. Im Notebook zu diesem Kapitel können Sie sehen, woher diese Messungen stammen.

Debugging

Je größer die Datensätze, mit denen Sie arbeiten müssen, desto schwieriger ist das Debuggen, bei dem Sie Dinge ausgeben und von Hand überprüfen. Hier ein paar Vorschläge für das Debugging großer Datenmengen:

Verringern Sie die Eingaben.
: Reduzieren Sie nach Möglichkeit die Größe des Datensatzes. Liest das Programm beispielsweise eine Textdatei, beginnen Sie mit den ersten zehn Zeilen oder mit dem kleinsten Beispiel, das Sie finden können. Hierfür können Sie entweder die Dateien oder (besser) das Programm so anpassen, dass nur die ersten `n` Zeilen gelesen werden.

: Tritt der Fehler trotzdem auf, können Sie `n` auf den kleinsten Wert verringern, bei dem der Fehler noch auftritt. Sobald Sie den Fehler gefunden und behoben haben, können Sie `n` nach und nach wieder erhöhen.

Überprüfen Sie Zusammenfassungen und Typen.
: Anstatt den gesamten Datensatz auszugeben und zu überprüfen, könnten Sie Zusammenfassungen der Daten anzeigen lassen – zum Beispiel die Anzahl der Einträge in einem Dictionary oder die Summe einer Liste mit Zahlen.

: Ein häufiger Grund für Laufzeitfehler ist ein Wert, der den falschen Typ hat. Um diese Art Fehler zu debuggen, reicht es oft aus, den Typ des Werts ausgeben zu lassen.

Schreiben Sie Selbsttests.
: Manchmal können Sie auch Code schreiben, der automatisch auf Fehler überprüft. Wenn Sie beispielsweise den Durchschnitt einer Liste mit Zahlen berechnen, könnten Sie testen, ob das Ergebnis nicht größer ist als das

größte Element der Liste oder kleiner als das kleinste. Diese Art von Tests wird auch als *Sanity Check* (»Vernunftprüfung«) bezeichnet, weil hiermit »unvernünftige« Ergebnisse gefunden werden können.

Eine andere Art Test vergleicht die Ergebnisse von zwei verschiedenen Berechnungen, um zu sehen, ob sie übereinstimmen. Dies Vorgehen nennt man »Konsistenzcheck«.

Formatieren Sie die Ausgaben.

Oft wird das Erkennen von Fehlern erleichtert, wenn die Debugging-Ausgaben formatiert werden. Ein Beispiel hierfür haben Sie bereits im Abschnitt »Debugging« auf Seite 117 gesehen. Ein weiteres Werkzeug, das Ihnen nützlich sein kann, ist das `pprint`-Modul, das die gleichnamige Funktion `pprint` zur Verfügung stellt. Sie sorgt dafür, dass eingebaute Typen in einem menschenlesbaren Format angezeigt werden (`pprint` steht für *pretty print*, also etwa »hübsche Ausgabe«).

Auch hier kann die Zeit, die Sie mit Scaffolding verbringen, die Zeit für das Debugging deutlich verringern.

Glossar

Dictionary

Ein Objekt, das Schlüssel/Wert-Paare enthält, die Einträge genannt werden.

Eintrag

Ein anderer Name für ein Schlüssel/Wert-Paar in einem Dictionary.

Schlüssel

Ein Objekt, das in einem Dictionary als erster Teil eines Schlüssel/Wert-Paars verwendet wird.

Wert

Ein Objekt, das in einem Dictionary als zweiter Teil eines Schlüssel/Wert-Paars verwendet wird. Diese Bedeutung ist genauer gefasst als unsere bisherige Verwendung des Worts »Wert«.

Zuordnung

Eine Beziehung, bei der jedes Element einer Menge mit einem Element einer anderen Menge verbunden ist. Jedem Schlüssel ist genau ein Wert zugeordnet.

Hash-Tabelle
: Eine Sammlung von Schlüssel/Wert-Paaren, die so organisiert sind, dass wir einen Schlüssel sehr schnell nachschlagen und seinen Wert effizient finden können.

Hashfähig
: Immutable Typen wie Integer, Fließkommazahlen und Strings sind hashfähig, mutable Typen wie Listen und Dictionaries nicht.

Hash-Funktion
: Eine Funktion, die ein Objekt übernimmt und einen Integer berechnet, der anschließend benutzt wird, um einen Schlüssel in einer Hash-Tabelle zu finden.

Akkumulator
: Variable, die in einer Schleife benutzt wird, um ein Ergebnis zu summieren oder zu akkumulieren.

Filterung
: Das Iterieren über eine Folge, wobei bestimmte Elemente ausgewählt oder übersprungen werden.

Aufrufgraph
: Ein Diagramm, das jeden Frame zeigt, der während der Ausführung eines Programms erzeugt wird. Dabei zeigen Pfeile, welche Funktion von wem aufgerufen wurde.

Memo
: Ein Wert, der vorberechnet und gespeichert wurde, um unnötige zukünftige Berechnungen zu vermeiden.

Übungen

Fragen Sie einen virtuellen Assistenten

In diesem Kapitel habe ich gesagt, dass die Schlüssel eines Dictionary hashfähig sein müssen, und Ihnen hierzu eine kurze Erklärung gegeben. Um mehr darüber zu erfahren, können Sie einen virtuellen Assistenten fragen: »Warum müssen die Schlüssel in einem Python-Dictionary hashfähig sein?«

Im Abschnitt »Der in-Operator« auf Seite 182 haben wir eine Wortliste als Schlüssel in einem Dictionary abgelegt, um eine effiziente Version des `in`-Operators nutzen zu können. Das Gleiche hätten wir mithilfe eines Sets tun können, eines weiteren eingebauten Datentyps (`set`). Fragen Sie einen virtuellen Assistenten: »Wie erstelle ich ein Python-Set mit Strings und überprüfe, ob ein bestimmter String ein Element dieses Sets ist?«

Übung 10-1

Dictionaries besitzen eine `get`-Methode, die einen Schlüssel und einen Standardwert übernimmt. Ist der Schlüssel im Dictionary enthalten, gibt `get` den entsprechenden Wert zurück, ansonsten den Standardwert. Hier ein Beispiel eines Dictionary, das die Buchstaben eines Strings der Anzahl ihres Vorkommens zuordnet:

```
counter = value_counts('brontosaurus')
```

Schlagen wir einen Buchstaben nach, der im Wort vorkommt, gibt `get` uns die Anzahl der Vorkommen zurück:

```
counter.get('b', 0)
```

```
1
```

Versuchen wir dagegen, einen Buchstaben nachzuschlagen, den es nicht gibt, gibt `get` den Standardwert `0` zurück:

```
counter.get('c', 0)
```

```
0
```

Verwenden Sie `get`, um eine kürzere Version von `value_counts` zu schreiben. Sie sollten außerdem ohne die `if`-Anweisung auskommen.

Übung 10-2

Was ist das längste englische Wort, das Ihnen einfällt, bei dem jeder Buchstabe nur einmal vorkommt? Wir wollen versuchen, ein längeres Wort als `unpredictably` zu finden.

Schreiben Sie eine Funktion namens has_duplicates, die eine Folge – zum Beispiel eine Liste oder einen String – als Parameter übernimmt und True zurückgibt, wenn es ein Element gibt, das in der Folge mehrmals vorkommt.

Übung 10-3

Schreiben Sie eine Funktion namens find_repeats, die ein Dictionary übernimmt, das jeden Schlüssel einem Zähler zuordnet, wie beispielsweise das Ergebnis von value_counts. Die Funktion sollte eine Schleife über das Dictionary ausführen und eine Liste der Schlüssel zurückgeben, deren Zähler größer als 1 sind. Als Startpunkt können Sie das folgende Grundgerüst nutzen:

```
def find_repeats(counter):
    """Makes a list of keys with values greater than 1.

    counter: dictionary that maps from keys to counts

    returns: list of keys
    """
    return []
```

Übung 10-4

Angenommen, Sie führten value_count mit zwei verschiedenen Wörtern aus und speicherten die Ergebnisse in zwei Dictionaries:

```
counter1 = value_counts('brontosaurus')
counter2 = value_counts('apatosaurus')
```

In beiden Dictionaries wird bestimmten Buchstaben die Anzahl ihres Vorkommens zugeordnet. Schreiben Sie eine Funktion namens add_counters, die zwei Dictionaries übernimmt und ein neues Dictionary zurückgibt. Dieses soll alle Buchstaben enthalten sowie die Gesamtzahl der Vorkommen in allen Wörtern.

Für dieses Problem gibt es mehrere Lösungswege. Sobald Sie eine funktionierende Lösung haben, können Sie einen virtuellen Assistenten nach weiteren Verfahren fragen.

Übung 10-5

Ein Wort ist »verschränkt«, wenn wir es in zwei Wörter aufteilen können, indem wir sich abwechselnde Buchstaben neu zusammenfügen. Ein Beispiel für ein verschränktes Wort ist »schooled«, denn es kann in »shoe« und »cold« aufgeteilt werden.

Um abwechselnde Buchstaben aus einem String auszuwählen, können Sie einen Slice-Operator mit drei Bestandteilen einsetzen, die einen Startpunkt, einen Endpunkt und eine »Schrittweite« zwischen den Buchstaben angeben.

Im folgenden Slice ist der erste Bestandteil `0`; wir beginnen also beim ersten Buchstaben. Der zweite Bestandteil ist `None`, was bedeutet, dass wir uns bis zum Ende des Strings bewegen sollen. Der dritte Bestandteil ist schließlich `2`. Er besagt, dass immer jeder zweite Buchstabe ausgewählt werden soll:

```
word = 'schooled'
first = word[0:None:2]
first
```

```
'shoe'
```

Anstatt als zweite Komponente `None` anzugeben, hätten wir den gleichen Effekt auch erzielen können, wenn wir die Angabe einfach weggelassen hätten. Der folgende Slice wählt beispielsweise, beginnend mit dem zweiten Buchstaben, jeden zweiten Buchstaben bis zum Wortende aus:

```
second = word[1::2]
second
```

```
'cold'
```

Schreiben Sie eine Funktion namens `is_interlocking` (»ist verschränkt«), die ein Wort als Argument übernimmt und `True` zurückgibt, wenn es in zwei verschränkte Wörter aufgeteilt werden kann.

KAPITEL 11

Tupel

In diesem Kapitel stellen wir einen weiteren eingebauten Typ vor: das Tupel. Danach zeigen wir Ihnen, wie Listen, Dictionaries und Tupel zusammenarbeiten. Außerdem behandeln wir die Tupel-Zuweisung sowie ein nützliches Merkmal für Funktionen mit variablen Argumentelisten: die Operatoren zum Packen und Entpacken.

In den Übungen verwenden wir Tupel zusammen mit Listen und Dictionaries, um weitere Worträtsel zu lösen und effiziente Algorithmen zu implementieren.

Tupel verhalten sich wie Listen

Ein **Tupel** ist eine Folge von Werten. Die Werte können einen beliebigen Typ haben und werden durch Integer indiziert. Das heißt, Tupel haben eine starke Ähnlichkeit mit Listen. Der große Unterschied ist, dass Tupel immutabel sind.

Um ein Tupel zu erstellen, können Sie eine durch Kommas getrennte Liste mit Werten schreiben:

```
t = 'l', 'u', 'p', 'i', 'n'
type(t)
```

```
tuple
```

Es ist zwar nicht zwingend vorgeschrieben, aber üblicherweise werden Tupel mit runden Klammern umgeben:

```
t = ('l', 'u', 'p', 'i', 'n')
type(t)
```

```
tuple
```

Um ein Tupel mit einem einzelnen Element anzulegen, müssen Sie ein abschließendes Komma angeben.

```
t1 = 'p', # Das Komma ist hier wichtig!
type(t1)
```

```
tuple
```

Ein einzelner Wert in runden Klammern ist dagegen kein Tupel:

```
t2 = ('p') # KEIN Tupel!
type(t2)
```

```
str
```

Daneben können Tupel auch mithilfe der eingebauten Funktion `tuple` erstellt werden. Ohne Argumente wird ein leeres Tupel angelegt:

```
t = tuple()
t
```

```
()
```

Ist das Argument eine Folge (String, Liste oder Tupel), ist das Ergebnis ein Tupel, das die Elemente der Folge enthält:

```
t = tuple('lupin')
t
```

```
('l', 'u', 'p', 'i', 'n')
```

Da `tuple` der Name einer eingebauten Funktion ist, sollten Sie ihn möglichst nicht als Variablennamen verwenden.

Die meisten Listenoperatoren funktionieren auch mit Tupeln. Über den »Eckige-Klammern-Operator« können Sie – wie bei einer Liste – anhand des Index auf ein Element zugreifen:

```
t[0]
```

```
'l'
```

Und mit dem Slice-Operator kann ein Bereich von Elementen ausgewählt werden:

```
t[1:3]
```

```
('u', 'p')
```

Mit dem +-Operator können Tupel miteinander verkettet werden:

```
tuple('lup') + ('i', 'n')
```

```
('l', 'u', 'p', 'i', 'n')
```

Und der *-Operator vervielfältigt ein Tupel um die angegebene Zahl:

```
tuple('spam') * 2
```

```
('s', 'p', 'a', 'm', 's', 'p', 'a', 'm')
```

Auch die `sorted`-Funktion kann mit Tupeln verwendet werden. Das Ergebnis ist allerdings kein Tupel, sondern eine *Liste*:

```
sorted(t)
```

```
['i', 'l', 'n', 'p', 'u']
```

Die Funktion `reversed` lässt sich ebenfalls mit Tupeln nutzen:

```
reversed(t)
```

```
<reversed at 0x7f56c0072110>
```

Das Ergebnis ist ein `reversed`-Objekt, das in eine Liste oder ein Tupel umgewandelt werden kann:

```
tuple(reversed(t))
```

```
('n', 'i', 'p', 'u', 'l')
```

Nach diesen Beispielen sieht es aus, als gäbe es keinen Unterschied zwischen Tupeln und Listen.

Tupel sind immutabel

Versuchen Sie, ein Tupel über den Eckige-Klammern-Operator zu verändern, erhalten Sie einen `TypeError`:

```
t[0] = 'L'
```

```
TypeError: 'tuple' object does not support item assignment
```

Zudem fehlen Tupeln die Methoden, mit denen Listen verändert werden können, wie append und remove.

```
t.remove('l')
```

```
AttributeError: 'tuple' object has no attribute 'remove'
```

Wie zuvor schon gesagt, sind Attribute Variablen oder Methoden, die mit einem Objekt verbunden ist. Obige Fehlermeldung besagt, dass dieses Tupel keine Methode mit dem Namen remove besitzt.

Da Tupel immutabel sind, sind sie allerdings hashfähig (siehe den Abschnitt »Listen und Dictionaries« auf Seite 186), das heißt, sie können als Schlüssel in einem Dictionary verwendet werden. Das folgende Dictionary verwendet zwei Tupel als Schlüssel, denen je ein Integer zugeordnet ist:

```
d = {}
d[1, 2] = 3
d[3, 4] = 7
```

Um an einen Wert zu gelangen, der einem Tupel in einem Dictionary zugeordnet ist, können wir schreiben:

```
d[1, 2]
```

```
3
```

Oder es gibt eine Variable, die auf ein Tupel verweist. In diesem Fall können wir auch die Variable als Schlüssel angeben:

```
t = (3, 4)
d[t]
```

```
7
```

Tupel können außerdem als Werte in einem Dictionary erscheinen:

```
t = tuple('abc')
s = [1, 2, 3]
d = {t: s}
d
```

```
{('a', 'b', 'c'): [1, 2, 3]}
```

Tupel-Zuweisung

Sie können ein Tupel mit Variablen auf die linke Seite einer Zuweisung schreiben und ein Tupel mit Werten auf die rechte:

```
a, b = 1, 2
```

Die Werte auf der rechten Seite werden den Variablen auf der linken Seite zugewiesen. In diesem Beispiel erhält `a` den Wert `1` und `b` den Wert `2`. Um die Ergebnisse zu überprüfen, geben wir sie aus:

```
a, b
```

```
(1, 2)
```

Allgemeiner gesagt: Steht auf der linken Seite ein Tupel, kann auf der rechten Seite eine beliebige Art von Folge stehen, also ein String, eine Liste oder ein Tupel. Um zum Beispiel eine E-Mail-Adresse in Benutzername und Domain aufzutrennen, könnten Sie schreiben:

```
email = 'monty@python.org'
username, domain = email.split('@')
```

Der Rückgabewert von `split` ist eine Liste mit zwei Elementen – das erste Element wird hierbei `username` zugewiesen, das zweite `domain`.

```
username, domain
```

```
('monty', 'python.org')
```

Die Anzahl der Variablen auf der linken Seite und die Anzahl der Werte auf der rechten müssen gleich sein, ansonsten erhalten Sie einen `ValueError`:

```
a, b = 1, 2, 3
```

```
ValueError: too many values to unpack (expected 2)
```

Die Tupel-Zuweisung kann nützlich sein, wenn Sie die Werte von zwei Variablen vertauschen müssen. Bei konventionellen Zuweisungen müssten Sie hierfür eine temporäre Variable verwenden:

```
temp = a
a = b
b = temp
```

Das funktioniert zwar, aber mit der Tupel-Zuweisung können wir das Gleiche ohne temporäre Variable erledigen:

```
a, b = b, a
```

Wir können die Tupel-Zuweisung auch in einer `for`-Schleife nutzen. Um beispielsweise eine Schleife über die Einträge in einem Dictionary auszuführen, können wir die `items`-Methode nutzen, wie hier gezeigt:

```
d = {'one': 1, 'two': 2}

for item in d.items():
    key, value = item
    print(key, '->', value)
```

```
one -> 1
two -> 2
```

Bei jedem Schleifendurchlauf wird `item` ein Tupel zugewiesen, das einen Schlüssel und den dazugehörigen Wert enthält.

Diese Schleife können wir weiter reduzieren, indem wir sie schreiben wie hier:

```
for key, value in d.items():
    print(key, '->', value)
```

```
one -> 1
two -> 2
```

Bei jedem Schleifendurchlauf werden jetzt ein Schlüssel und der dazugehörige Wert direkt an `key` und `value` zugewiesen.

Tupel als Rückgabewerte

Streng genommen kann eine Funktion nur einen Wert zurückgeben. Ist dieser Wert aber ein Tupel, ist das letztlich vergleichbar mit der Rückgabe mehrerer Werte. Wollen Sie beispielsweise zwei Integer dividieren und dabei den Quotienten und den Restwert berechnen, ist es ineffizient, erst `x//y` und dann `x%y` zu ermitteln. Besser wäre es, man führte beide Berechnungen gleichzeitig durch.

Die eingebaute Funktion `divmod` übernimmt zwei Argumente und gibt ein Tupel mit dem Quotienten und dem Restwert zurück:

```
divmod(7, 3)
```

```
(2, 1)
```

Mithilfe der Tupel-Zuweisung können wir die Elemente des Tupels in zwei Variablen ablegen:

```
quotient, remainder = divmod(7, 3)
quotient
```

```
2
```

```
remainder
```

```
1
```

Hier ein Beispiel für eine Funktion, die ein Tupel zurückgibt:

```
def min_max(t):
    return min(t), max(t)
```

`max` und `min` sind eingebaute Funktionen, die das größte beziehungsweise das kleinste Element in einer Folge finden. `min_max` berechnet beides und gibt ein Tupel mit beiden Werten zurück:

```
min_max([2, 4, 1, 3])
```

```
(1, 4)
```

Die Ergebnisse können wir, wie hier gezeigt, zwei Variablen zuweisen:

```
low, high = min_max([2, 4, 1, 3])
low, high
```

```
(1, 4)
```

Argumente verpacken

Funktionen können eine variable Anzahl von Argumenten übernehmen. Beginnt ein Parametername mit dem *-Operator, werden die Argumente in ein Tupel **verpackt**. Die folgende Funktion übernimmt beispielsweise eine beliebige Anzahl von Argumenten und berechnet ihr arithmetisches Mittel, also ihre Summe dividiert durch ihre Anzahl:

```
def mean(*args):
    return sum(args) / len(args)
```

Der Name dieses Parameters ist nicht festgeschrieben. Üblicherweise wird hierfür allerdings `args` (für das englische *arguments*) verwendet. Die Funktion können wir so aufrufen:

```
mean(1, 2, 3)
```

```
2.0
```

Wollen Sie eine Folge mit Werten in Form mehrerer Argumente an die Funktion übergeben, können Sie den *-Operator auch einsetzen, um das Tupel wieder zu **entpacken**. Die weiter oben vorgestellte `divmod`-Funktion übernimmt zwei Argumente. Wenn Sie ihr stattdessen ein Tupel übergeben, erhalten Sie eine Fehlermeldung:

```
t = (7, 3)
divmod(t)
```

```
TypeError: divmod expected 2 arguments, got 1
```

Obwohl das Tupel zwei Elemente enthält, gilt es als einzelnes Argument. Entpacken Sie es, wird es wie zwei Argumente behandelt:

```
divmod(*t)
```

```
(2, 1)
```

Das Packen und Entpacken von Tupeln kann hilfreich sein, wenn Sie das Verhalten einer vorhandenen Funktion anpassen wollen. Diese Funktion übernimmt zum Beispiel eine beliebige Anzahl von Argumenten, entfernt das größte und das kleinste Element und berechnet dann aus den verbleibenden Elementen das arithmetische Mittel:

```
def trimmed_mean(*args):
    low, high = min_max(args)
    trimmed = list(args)
    trimmed.remove(low)
    trimmed.remove(high)
    return mean(*trimmed)
```

Zuerst benutzt die Funktion `min_max`, um das größte und das kleinste Element zu finden. Danach wandelt sie `args` in eine Liste um, um die `remove`-Methode einsetzen zu können. Zum Schluss entpackt sie die Liste, damit die Elemente als separate Argumente an `mean` übergeben werden können.

Hier ein Beispiel, das die Funktionsweise demonstriert:

```
mean(1, 2, 3, 10)
```

```
4.0
```

```
trimmed_mean(1, 2, 3, 10)
```

```
2.5
```

Diese Art von »beschnittenem« Durchschnittswert wird in manchen Sportarten mit subjektiver Bewertung eingesetzt – wie beim Turmspringen oder der Sportgymnastik –, um den Effekt eines Richters zu verringern, dessen Bewertung stark von den anderen abweicht.

Zip

Tupel sind nützlich, um über die Elemente von zwei Folgen zu iterieren und Operationen auf den enthaltenen Elementen auszuführen. Angenommen, zwei Sportteams spielten sieben Spiele und die Ergebnisse (*Scores*) würden für jedes Team in je einer Liste gespeichert:

```
scores1 = [1, 2, 4, 5, 1, 5, 2]
scores2 = [5, 5, 2, 2, 5, 2, 3]
```

Um zu ermitteln, wie viele Spiele jedes Team gewonnen hat, können wir die eingebaute Funktion `zip` (»Reißverschluss«) benutzen. Sie übernimmt zwei oder mehr Folgen und gibt ein **zip-Objekt** zurück. Es heißt so, weil es die Elemente der Folgen wie die Zähne eines Reißverschlusses miteinander verschränkt:

```
zip(scores1, scores2)
```

```
<zip at 0x7f3e9c74f0c0>
```

Das `zip`-Objekt können wir nun verwenden, um paarweise eine Schleife über die Werte der Folgen auszuführen:

```
for pair in zip(scores1, scores2):
    print(pair)
```

```
(1, 5)
(2, 5)
```

```
(4, 2)
(5, 2)
(1, 5)
(5, 2)
(2, 3)
```

Bei jedem Schleifendurchlauf wird `pair` ein Tupel mit Punkteständen zugewiesen. Diese können wir Variablen zuweisen und auf diese Weise zählen, wie oft das erste Team gewonnen hat:

```
wins = 0
for team1, team2 in zip(scores1, scores2):
    if team1 > team2:
        wins += 1

wins
```

```
3
```

Leider hat das erste Team nur drei Spiele gewonnen und damit die Serie aller Spiele verloren.

Mit `zip` und `list` können Sie aus zwei Listen eine Liste mit Paaren erstellen:

```
t = list(zip(scores1, scores2))
t
```

```
[(1, 5), (2, 5), (4, 2), (5, 2), (1, 5), (5, 2), (2, 3)]
```

Das Ergebnis ist eine Liste, deren Elemente Tupel sind. Um das Ergebnis des letzten Spiels zu ermitteln, können wir schreiben:

```
t[-1]
```

```
(2, 3)
```

Wenn Sie eine Liste mit Schlüsseln und eine mit Werten haben, können Sie `zip` und `dict` benutzen, um daraus ein Dictionary zu erstellen. Damit können wir ein Dictionary aufbauen, in dem jedem Buchstaben seine Position im Alphabet zugeordnet ist:

```
letters = 'abcdefghijklmnopqrstuvwxyz'
numbers = range(len(letters))
letter_map = dict(zip(letters, numbers))
```

Jetzt können wir einen Buchstaben nachschlagen, um seine Position im Alphabet ausgeben zu lassen:

```
letter_map['a'], letter_map['z']
```

```
(0, 25)
```

In dieser Zuordnung hat `'a'` den Index `0` und `'z'` den Index `25`.

Müssen Sie eine Schleife über die Elemente einer Folge und ihre Indizes ausführen, kann Ihnen die eingebaute Funktion `enumerate` dabei helfen:

```
enumerate('abc')
```

```
<enumerate at 0x7f3e9c620cc0>
```

Das Ergebnis ist ein **`enumerate`-Objekt**, das über eine Folge von Paaren iteriert. Dabei enthält jedes Paar einen Index (beginnend bei `0`) und ein Element aus der angegebenen Folge:

```
for index, element in enumerate('abc'):
    print(index, element)
```

```
0 a
1 b
2 c
```

Vergleichen und sortieren

Die Vergleichsoperatoren funktionieren auch mit Tupeln. Wenn Sie den `<`-Operator auf Tupel anwenden, beginnt er damit, das erste Element aus jeder Folge zu vergleichen. Sind die Elemente gleich, macht es mit dem nächsten Elementpaar weiter, bis eines gefunden wird, das sich unterscheidet:

```
(0, 1, 2) < (0, 3, 4)
```

```
True
```

Darauffolgende Elemente werden nicht beachtet, selbst wenn sie sehr groß sind:

```
(0, 1, 2000000) < (0, 3, 4)
```

```
True
```

Diese Art, Tupel zu vergleichen, kann dabei helfen, eine Liste von Tupeln zu sortieren oder ein Minimum beziehungsweise Maximum zu ermitteln. Im folgenden Beispiel wollen wir den am häufigsten vorkommenden Buchstaben in einem Wort finden.

In Kapitel 10 haben wir die Funktion `value_counts` geschrieben, die einen String übernimmt und ein Dictionary zurückgibt, das jedem Buchstaben die Häufigkeit seines Vorkommens zuordnet:

```
def value_counts(string):
    counter = {}
    for letter in string:
        if letter not in counter:
            counter[letter] = 1
        else:
            counter[letter] += 1
    return counter
```

Hier das Ergebnis für den String `'banana'`:

```
counter = value_counts('banana')
counter
```

```
{'b': 1, 'a': 3, 'n': 2}
```

Bei nur drei Einträgen ist leicht erkennbar, dass der am häufigsten vorkommende Buchstabe `'a'` ist, der dreimal vorkommt. Ist die Anzahl der Einträge größer, wäre es allerdings sinnvoll, sie automatisch zu sortieren. Die Einträge von `counter` können wir wie hier gezeigt auslesen:

```
items = counter.items()
items
```

```
dict_items([('b', 1), ('a', 3), ('n', 2)])
```

Das Ergebnis ist ein `dict_items`-Objekt, das sich wie eine Liste mit Tupeln verhält. Das heißt, wir können es sortieren:

```
sorted(items)
```

```
[('a', 3), ('b', 1), ('n', 2)]
```

Standardmäßig wird das erste Element jedes Tupels verwendet, um die Liste zu sortieren, und das zweite, um ein mögliches »Unentschieden« aufzulösen.

Um allerdings die Einträge mit den höchsten Vorkommen zu finden, wollen wir die Liste anhand des zweiten Elements sortieren. Hierfür können wir eine Funktion schreiben, die ein Tupel übernimmt und das zweite Element zurückgibt:

```
def second_element(t):
    return t[1]
```

Danach können wir diese Funktion als optionales Argument mit dem Namen `key` an `sorted` übergeben, das angibt, dass diese Funktion verwendet werden soll, um den **Suchschlüssel** (engl. *Sort Key*) für jeden Eintrag zu berechnen:

```
sorted_items = sorted(items, key=second_element)
sorted_items
```

```
[('b', 1), ('n', 2), ('a', 3)]
```

Der Suchschlüssel ermittelt die Reihenfolge der Elemente in der Liste. Der Buchstabe mit der geringsten Anzahl erscheint zuerst, der am häufigsten vorkommende Buchstabe zuletzt. Das heißt, den häufigsten Buchstaben können wir wie folgt ausgeben:

```
sorted_items[-1]
```

```
('a', 3)
```

Um das Maximum zu ermitteln, müssen wir die Liste aber nicht sortieren. Wir können `max` nutzen, das ebenfalls `key` als optionales Argument übernimmt:

```
max(items, key=second_element)
```

```
('a', 3)
```

Um den Buchstaben mit den wenigsten Vorkommen zu finden, können wir entsprechend `min` verwenden.

Ein Dictionary umkehren

Angenommen, Sie möchten ein Dictionary umkehren, um einen Wert nachzuschlagen und den dazugehörigen Schlüssel ausgeben zu lassen. In unserem Beispiel enthält das Dictionary einen Wortzähler, der jedem Wort die Anzahl seiner Vorkommen zuordnet. Sie konnten also ein Dictionary anlegen, das die Integer auf die Wörter abbildet, die entsprechend oft vorkommen.

Dabei gibt es nur ein Problem: Die Schlüssel in einem Dictionary müssen einmalig sein, die Werte aber nicht. In einem Wortzähler ist es sehr wahrscheinlich, dass es viele Wörter mit der gleichen Anzahl gibt.

Eine Möglichkeit bestünde darin, ein Dictionary zu erstellen, bei dem die Werte eine Liste der Schlüssel des Ausgangs-Dictionary sind. Als Beispiel wollen wir die Buchstaben in `parrot` zählen:

```
d =  value_counts('parrot')
d
```

```
{'p': 1, 'a': 1, 'r': 2, 'o': 1, 't': 1}
```

Wenn wir das Dictionary umkehren, sollte das Ergebnis lauten: `{1: ['p', 'a', 'o', 't'], 2: ['r']}`. Das zeigt, dass die Buchstaben `'p'`, `'a'`, `'o'` und `'t'` einmal vorkommen und dass der einzige Buchstabe, der zweimal vorkommt, `'r'` ist.

Die folgende Funktion übernimmt ein Dictionary und gibt seine Umkehrung als neues Dictionary zurück:

```
def invert_dict(d):
    new = {}
    for key, value in d.items():
        if value not in new:
            new[value] = [key]
        else:
            new[value].append(key)
    return new
```

Die `for`-Schleife durchläuft die Schlüssel und Werte in `d`. Befinden sich die Werte noch nicht im neuen Dictionary, werden sie hinzugefügt und mit einer Liste verbunden, die ein einzelnes Element enthält. Ist der Wert schon vorhanden, wird er der vorhandenen Liste angehängt:

Das können wir wie folgt testen:

```
invert_dict(d)
```

```
{1: ['p', 'a', 'o', 't'], 2: ['r']}
```

Das Ergebnis fällt aus wie erwartet.

Hier sehen wir zum ersten Mal ein Dictionary, das Listen als Werte enthält. Später werden wir noch mehr davon sehen!

Debugging

Listen, Dictionaries und Tupel sind **Datenstrukturen**. In diesem Kapitel haben Sie zum ersten Mal gesehen, wie diese ineinander verschachtelt werden können, zum Beispiel als Liste mit Listen oder Dictionaries, die Tupel als Schlüssel und Listen als Werte enthalten. Verschachtelte Datenstrukturen können nützlich sein, aber auch zu Fehlern führen, wenn eine Datenstruktur den falschen Typ, die falsche Größe oder die falsche Struktur hat. Wenn eine Funktion zum Beispiel eine Liste mit Integern erwartet und Sie ihr nur einen einzelnen Integer-Wert übergeben (der sich nicht in einer Liste befindet), wird es wahrscheinlich zu Problemen kommen.

Um Ihnen beim Debuggen dieser Art von Fehlern zu helfen, habe ich ein Modul mit dem Namen `structshape` geschrieben, das die gleichnamige Funktion `structshape` zur Verfügung stellt. Sie übernimmt eine beliebige Datenstruktur als Argument und gibt einen String zurück, der eine Zusammenfassung der Struktur enthält. Sie finden das Modul hier: *https://raw.githubusercontent.com/AllenDowney/ThinkPython/v3/structshape.py*.

Die Funktion kann wie folgt importiert werden:

```
from structshape import structshape
```

Hier ein Beispiel mit einer einfachen Liste:

```
t = [1, 2, 3]
structshape(t)
```

```
'list of 3 int'
```

Und hier eine Liste mit Listen:

```
t2 = [[1,2], [3,4], [5,6]]
structshape(t2)
```

```
'list of 3 list of 2 int'
```

Haben die Elemente der Liste nicht den gleichen Typ, gruppiert `structshape` sie entsprechend:

```
t3 = [1, 2, 3, 4.0, '5', '6', [7], [8], 9]
structshape(t3)
```

```
'list of (3 int, float, 2 str, 2 list of int, int)'
```

Hier eine Liste mit Tupeln:

```
s = 'abc'
lt = list(zip(t, s))
structshape(lt)
```

```
'list of 3 tuple of (int, str)'
```

Und hier ein Dictionary mit drei Einträgen, das Integern Strings zuordnet:

```
d = dict(lt)
structshape(d)
```

```
'dict of 3 int->str'
```

Wenn Sie Schwierigkeiten haben, den Überblick über Ihre Datenstrukturen zu behalten, kann `structshape` Ihnen dabei helfen.

Glossar

Tupel
: Ein immutables Objekt, das eine Folge von Werten enthält.

Packen
: Mehrere Argumente in einem Tupel sammeln.

Entpacken
: Ein Tupel (oder eine andere Folge) wie mehrere Argumente behandeln.

zip-Objekt
: Das Ergebnis des Aufrufs der eingebauten Funktion `zip`, mit der eine Schleife über eine Folge von Tupeln ausgeführt werden kann.

enumerate-Objekt
: Das Ergebnis des Aufrufs der eingebauten Funktion `enumerate`, mit der eine Schleife über eine Folge von Tupeln ausgeführt werden kann.

Sortierschlüssel
: Ein Wert oder eine Funktion, die einen Wert berechnet; wird verwendet, um die Elemente einer Sammlung zu sortieren.

Datenstruktur
: Eine Sammlung von Werten, die so organisiert sind, dass bestimmte Operationen möglichst effizient ausgeführt werden können.

Übungen

Fragen Sie einen virtuellen Assistenten

Die Übungen in diesem Kapitel sind vermutlich schwieriger als die der vorherigen Kapitel. Daher möchte ich Sie ermuntern, sich Hilfe von einem virtuellen Assistenten zu holen. Wenn Sie schwierigere Fragen stellen, werden Sie feststellen, dass die Antworten beim ersten Versuch vielleicht nicht korrekt sind. Das bietet Gelegenheit, die Formulierung guter Prompts zu üben und diese immer weiter zu verfeinern.

Eine mögliche Strategie besteht darin, ein großes Problem in kleinere Einheiten aufzuteilen, die mit einfachen Funktionen gelöst werden können. Weisen Sie den virtuellen Assistenten an, die Funktionen zu schreiben, und testen Sie sie. Sobald sie funktionieren, fragen Sie nach einer Lösung für das Ausgangsproblem.

Bei einigen der folgenden Übungen mache ich Vorschläge zu den Datenstrukturen und Algorithmen, die Sie zur Lösung einsetzen können. Diese Vorschläge können Ihnen bei der Arbeit an einem Problem helfen, aber auch als gute Prompts für einen virtuellen Assistenten dienen.

Übung 11-1

In diesem Kapitel habe ich gesagt, dass Tupel als Schlüssel in Dictionaries verwendet werden können und dass sie hashfähig sind, weil sie immutabel sind. Das stimmt aber nicht immer.

Enthält das Tupel einen mutablen Wert, etwa eine Liste oder ein Dictionary, ist das Tupel nicht länger hashfähig, weil es Elemente enthält, die nicht hashfähig sind. Hier ein Beispiel für ein Tupel, das Listen mit Integer-Werten enthält:

```
list0 = [1, 2, 3]
list1 = [4, 5]

t = (list0, list1)
t
```

```
([1, 2, 3], [4, 5])
```

Schreiben Sie eine Codezeile, die am Ende der zweiten Liste in `t` den Wert 6 einfügt. Wenn Sie `t` ausgeben lassen, sollte das Ergebnis `([1, 2, 3], [4, 5, 6])` lauten:

```
t[1].append(6)
t
```

```
([1, 2, 3], [4, 5, 6])
```

Versuchen Sie, ein Dictionary zu erstellen, das `t` auf einen String abbildet, und bestätigen Sie, dass hierdurch ein `TypeError` ausgelöst wird.

Um weitere Informationen zum Thema zu erhalten, können Sie einem virtuellen Assistenten diese Frage stellen: »Sind Tupel in Python immer hashfähig?«

Übung 11-2

In diesem Kapitel haben wir ein Dictionary erstellt, das jedem Buchstaben seinen Index im Alphabet zuordnet:

```
letters = 'abcdefghijklmnopqrstuvwxyz'
numbers = range(len(letters))
letter_map = dict(zip(letters, numbers))
```

Der Index von `'a'` ist beispielsweise `0`:

```
letter_map['a']
```

```
0
```

In der Gegenrichtung können wir die Listenindizierung nutzen. Der Buchstabe am Index `1` ist `'b'`.

```
letters[1]
```

```
'b'
```

Wir können `letter_map` und `letters` verwenden, um Wörter mit der Caesar-Verschlüsselung[1] zu codieren und zu decodieren.

Die Caesar-Verschlüsselung ist ein schwaches kryptografisches Verfahren, bei dem jeder Buchstabe um eine bestimmte Anzahl von Positionen im Alphabet verschoben wird, wobei bei Bedarf wieder am Anfang weitergemacht wird. Der Buchstabe `'a'` wird beispielsweise um zwei Positionen verschoben und wird so zu `'c'`, während `'z'` um eine Position verschoben zu `'a'` wird.

1 *https://de.wikipedia.org/wiki/Caesar-Verschl%C3%BCsselung*

Schreiben Sie eine Funktion mit dem Namen `shift_word` (»Wort verschieben«), die als Parameter einen String und einen Integer übernimmt. Der Rückgabewert soll ein neuer String sein, der die Buchstaben aus dem String um die angegebene Zahl von Positionen verschoben zurückgeben soll.

Um Ihre Funktion zu testen, können Sie überprüfen, ob `'cheer'` um sieben Positionen verschoben tatsächlich `'jolly'` ergibt und `'melon'`, um 16 Positionen verschoben, wirklich zu `'cubed'` wird.

Tipp: Nutzen Sie den Modulo-Operator (`%`), um nach `'z'` wieder bei `'a'` weiterzumachen. Führen Sie eine Schleife über die Buchstaben des Worts aus, verschieben Sie sie nacheinander und hängen Sie das Ergebnis einer Liste mit Buchstaben an. Danach verwenden Sie `join`, um die Buchstaben wieder zu einem String zusammenzufügen.

Übung 11-3

Schreiben Sie eine Funktion namens `most_frequent_letters` (»am häufigsten vorkommende Buchstaben«), die einen String übernimmt und die Buchstaben in absteigender Reihenfolge ihrer Häufigkeit ausgibt.

Um die Elemente in eine absteigende Reihenfolge zu bringen, können Sie `reversed` zusammen mit `sorted` verwenden. Alternativ können Sie auch den Schlüsselwortparameter `reverse=True` an `sorted` übergeben.

Übung 11-4

In »Übung 9-1« auf Seite 176 haben wir ermittelt, ob zwei Strings Anagramme voneinander sind, indem wir die Buchstaben in beiden Wörtern sortiert haben. Danach haben wir überprüft, ob die sortierten Buchstaben in beiden Wörtern gleich sind. Jetzt wollen wir die Herausforderung etwas erhöhen.

Wir werden ein Programm schreiben, das eine Liste mit Wörtern übernimmt und alle Wortkombinationen ausgibt, die Anagramme voneinander sind. Hier ein Beispiel für eine mögliche Ausgabe:

```
['deltas', 'desalt', 'lasted', 'salted', 'slated', 'staled']
['retainers', 'ternaries']
['generating', 'greatening']
['resmelts', 'smelters', 'termless']
```

Tipp: Sortieren Sie für jedes Wort in der Liste die Buchstaben und verbinden Sie diese wieder zu einem String. Erstellen Sie ein Dictionary, in dem die sortierten Strings als Schlüssel zu einer Liste der dazugehörigen Anagramme als Wert dienen.

Übung 11-5

Schreiben Sie eine Funktion mit dem Namen `word_distance` (»Wortentfernung«), die zwei Wörter gleicher Länge übernimmt und die Anzahl der Positionen zurückgibt, an denen sich die Wörter unterscheiden.

Tipp: Verwenden Sie `zip`, um über die entsprechenden Buchstaben der Wörter zu iterieren.

Übung 11-6

»Metathese« bezeichnet die Umstellung von Buchstaben in einem Wort. Zwei Wörter bilden eine Metathese, wenn Sie zwei Buchstaben tauschen müssen, um das eine Wort in das andere umzuwandeln. So wird `converse` zum Beispiel zu `conserve`. Schreiben Sie ein Programm, das alle Metathesen-Paare in der Wortliste findet.

Tipp: Die Wörter in einem Metathesen-Paar müssen Anagramme sein.

Quelle: Diese Übung wurde durch ein Beispiel von *http://puzzlers.org* inspiriert.

KAPITEL 12

Textanalyse und -erzeugung

Bis hierhin haben wir Pythons wichtigste Datenstrukturen – Listen, Dictionaries und Tupel – kennengelernt sowie einige Algorithmen, die sie verwenden. In diesem Kapitel werden wir sie einsetzen, um Textanalyse und Markow-Ketten zu erforschen:

- Die *Textanalyse* ist eine Möglichkeit, statistische Beziehungen zwischen Wörtern eines Dokuments zu beschreiben, etwa die Wahrscheinlichkeit, dass auf ein Wort ein anderes folgt.
- *Markow-Ketten* sind ein Weg, neuen Text mit Wörtern und Sätzen zu erzeugen, die dem Ausgangstext ähneln.

Diese Algorithmen haben Ähnlichkeit mit einem *Large Language Model* (LLM), einem der wichtigsten Bestandteile eines Chatbots.

Wir beginnen, indem wir zählen, wie oft jedes Wort in einem Buch vorkommt. Danach schauen wir uns Wortpaare an und erstellen eine Liste mit Wörtern, die jeweils auf ein Wort folgen. Wenn wir damit fertig sind, erstellen wir eine einfache Version eines Markow-Generators. In den Übungen haben Sie dann Gelegenheit, eine allgemeinere Lösung zu entwickeln.

Einmalige Wörter

Im ersten Schritt auf dem Weg zur Textanalyse wollen wir ein Buch lesen – *The Strange Case of Dr. Jekyll and Mr. Hyde* von Robert Louis Stevenson – und die Anzahl der einmaligen Wörter darin feststellen. Die Anweisungen zum Herunterladen des Buchs finden Sie im Notebook zu diesem Kapitel:

```
filename = 'dr_jekyll.txt'
```

Wir verwenden eine for-Schleife, um die Datei zeilenweise einzulesen, und split, um die Zeilen in Wörter aufzutrennen. Um die einmaligen Wörter zu ermitteln, speichern wir jedes Wort als Schlüssel in einem Dictionary:

```
unique_words = {}
    for line in open(filename):
        seq = line.split()
        for word in seq:
            unique_words[word] = 1

len(unique_words)
```

```
6040
```

Die Länge des Dictionary entspricht der Anzahl der einmaligen Wörter – etwa 6.000, wenn man auf diese Weise zählt. Schauen wir aber genauer hin, stellen wir allerdings fest, dass es einige ungültige Wörter gibt.

Werfen wir zunächst einen Blick auf die längsten Wörter in unique_words. Mithilfe von sorted, dem wir die len-Funktion als Schlüsselwortargument übergeben, können wir die Wörter der Länge nach sortieren:

```
sorted(unique_words, key=len)[-5:]
```

```
['chocolate-coloured',
 'superiors-behold!”',
 'coolness-frightened',
 'gentleman-something',
 'pocket-handkerchief.']
```

Der Slice-Index [-5:] wählt die letzten 5 Elemente der sortierten Liste aus, was den längsten Wörtern entsprechen sollte.

Die Liste enthält tatsächlich einige lange Wörter wie »circumscription«, aber auch einige Wortgruppen, die durch Bindestriche (engl. *Hyphen*, -) verbunden sind. Einige der längsten »Wörter« werden jedoch durch einen längeren Gedankenstrich (engl. *Dash*, –) verbunden.[1] Manche enthalten außerdem Satzzeichen wie Punkte, Ausrufungszeichen und Fragezeichen.

Bevor wir weitermachen, wollen wir uns um die Satzzeichen kümmern.

1 Im Englischen wird der Gedankenstrich ohne Leerzeichen rechts und links verwendet, im Deutschen sind Gedankenstriche von Leerzeichen umrahmt: 'Gentleman – irgendetwas'.

Satzzeichen

Um die tatsächlichen Wörter in diesem englischsprachigen Text zu erkennen, müssen wir zwei Dinge beachten:

- Erscheint in einer Zeile ein Gedankenstrich, sollten wir ihn durch ein Leerzeichen ersetzen. Dadurch werden die Wörter bei der Anwendung von `split` getrennt.
- Nach dem Auftrennen der Wörter können wir `strip` nutzen, um die Satzzeichen zu entfernen.

Das erste Problem, das typischerwise in englischen Texten auftaucht, können wir mit der folgenden Funktion lösen. Sie übernimmt einen String, ersetzt Gedankenstriche durch Leerzeichen, teilt den String und gibt die entstandene Liste zurück:

```
def split_line(line):
    return line.replace('-', ' ').split()
```

Beachten Sie, dass `split_line` nur die längeren Gedankenstriche, aber keine Bindestriche ersetzt.

Hier ein Beispiel:

```
split_line('coolness-frightened')
```

```
['coolness', 'frightened']
```

Um auch die Satzzeichen vom Anfang und Ende jedes Worts zu entfernen, können wir `strip` einsetzen. Hierfür brauchen wir aber eine Liste von Zeichen, die als »Satzzeichen« betrachtet werden.

Die Zeichen in Python-Strings liegen in Unicode vor, einem internationalen Standard, der für die Darstellung von Buchstaben in fast jedem Alphabet der Welt sowie von Zahlen, Symbolen, Interpunktionszeichen und vielem mehr verwendet wird. Das Modul `unicodedata` besitzt eine `category`-Funktion, mit der wir feststellen können, welche Zeichen Satzzeichen sind. Übergibt man ihr einen Buchstaben (oder ein anderes Zeichen), liefert sie einen String mit Informationen über die Kategorie des jeweiligen Zeichens zurück:

```
import unicodedata

unicodedata.category('A')
```

```
'Lu'
```

Die Kategorie des Zeichens `'A'` lautet `'Lu'`. Dabei steht das `'L'` für *Letter* und `'u'` für *uppercase*. Es handelt sich also um einen großgeschriebenen Buchstaben.

Die Kategorie des Strings `'.'` ist `'Po'`. Das `'P'` steht für *Punctuation* (Interpunktion, Satzzeichen), das `'o'` ordnet es der Unterkategorie *other* (andere) zu.

```
unicodedata.category('.')
```

```
'Po'
```

Das heißt, wir können die Satzzeichen im Buch finden, indem wir nach Zeichen suchen, deren Kategorien mit `'P'` beginnen. Die folgende Schleife speichert die einmaligen Interpunktionszeichen in einem Dictionary:

```
punc_marks = {}
for line in open(filename):
    for char in line:
        category = unicodedata.category(char)
        if category.startswith('P'):
            punc_marks[char] = 1
```

Um eine Liste der Satzzeichen zu erstellen, können wir die Schlüssel des Dictionary per `join` zu einem String zusammenfügen:

```
punctuation = ''.join(punc_marks)
print(punctuation)
```

```
.’;,-“”:?—‘!()_
```

Nachdem wir die Satzzeichen im Buch kennen, können wir eine Funktion schreiben, die ein Wort übernimmt, Satzzeichen vom Anfang und Ende entfernt und es in Kleinbuchstaben umwandelt:

```
def clean_word(word):
    return word.strip(punctuation).lower()
```

Hier ein Beispiel:

```
clean_word('“Behold!”')
```

```
'behold'
```

Da `strip` nur Zeichen vom Anfang und Ende eines Strings entfernt, bleibt der Bindestrich in zusammengesetzten Wörtern erhalten:

```
clean_word('pocket-handkerchief')
```

```
'pocket-handkerchief'
```

Es folgt eine Schleife, die `split_line` und `clean_word` verwendet, um die einmaligen Wörter im Buch zu finden:

```
unique_words2 = {}
for line in open(filename):
    for word in split_line(line):
        word = clean_word(word)
        unique_words2[word] = 1

len(unique_words2)
```

```
4005
```

Durch diese strengere Definition davon, was als »Wort« gelten soll, werden noch etwa 4.000 einmalige Wörter gefunden. Und wir können überprüfen, ob die Liste der längsten Wörter ebenfalls aufgeräumt wurde:

```
sorted(unique_words2, key=len)[-5:]
```

```
['circumscription',
 'unimpressionable',
 'fellow-creatures',
 'chocolate-coloured',
 'pocket-handkerchief']
```

Jetzt können wir feststellen, wie oft jedes Wort vorkommt.

Worthäufigkeiten

Die folgende Schleife berechnet die Häufigkeit für jedes einmalige Wort:

```
word_counter = {}
for line in open(filename):
    for word in split_line(line):
        word = clean_word(word)
        if word not in word_counter:
            word_counter[word] = 1
        else:
            word_counter[word] += 1
```

Wenn wir ein Wort zum ersten Mal sehen, initialisieren wir seine Häufigkeit (`word_counter[word]`) mit dem Wert `1`. Sehen wir das Wort erneut, inkrementieren wir den Wert entsprechend.

Um herauszufinden, welches Wort am häufigsten vorkommt, benutzen wir `items`, um auf die Schlüssel/Wert-Paare in `word_counter` zuzugreifen. Diese sortieren wir anhand ihres Werts, der die Häufigkeit angibt. Zuerst definieren wir eine Funktion, die das zweite Element (den Wert) zurückgibt:

```
def second_element(t):
    return t[1]
```

Jetzt können wir `sorted` mit zwei Schlüsselwortargumenten auf den Rückgabewert anwenden:

`key=second_element`
: Dadurch werden die Einträge auf Basis der Worthäufigkeit sortiert.

`reverse=True`
: Die Einträge werden außerdem in umgekehrter Reihenfolge sortiert, wodurch die häufigsten Wörter am Anfang der Liste stehen.

```
items = sorted(word_counter.items(), key=second_element, reverse=True)
```

Und damit können wir die fünf häufigsten Wörter ausgeben:

```
for word, freq in items[:5]:
    print(freq, word, sep='\t')
```

```
1614	the
972	and
941	of
640	to
640	i
```

Im folgenden Abschnitt werden wir die Schleife in eine Funktion verkapseln. Anhand dieser Funktion zeigen wir dann ein neues Feature: optionale Parameter.

Optionale Parameter

Eingebaute Funktionen, die optionale Parameter übernehmen, haben wir bereits gesehen. So übernimmt `round` einen optionalen Parameter mit dem Namen `ndigits`, der angibt, wie viele Nachkommastellen behalten werden sollen:

```
round(3.141592653589793, ndigits=3)
```

```
3.142
```

Diese Möglichkeit gibt es aber nicht nur für eingebaute Funktionen. Wir können auch selbst Funktionen schreiben, die optionale Parameter übernehmen. Die folgende Funktion übernimmt beispielsweise zwei Parameter: `word_counter` und `num`:

```
def print_most_common(word_counter, num=5):
    items = sorted(word_counter.items(), key=second_element, reverse=True)

    for word, freq in items[:num]:
        print(freq, word, sep='\t')
```

Der zweite Parameter sieht hierbei wie eine Zuweisungsanweisung aus. Tatsächlich handelt es sich aber um einen optionalen Parameter.

Wenn Sie diese Funktion mit nur einem Argument aufrufen, erhält `num` den Standardwert 5:

```
print_most_common(word_counter)
```

```
1614    the
972     and
941     of
640     to
640     i
```

Rufen Sie die Funktion dagegen mit zwei Argumenten auf, wird das zweite Argument `num` zugewiesen und anstelle des Standardwerts verwendet.

```
print_most_common(word_counter, 3)
```

```
1614    the
972     and
941     of
```

In diesem Fall könnten wir sagen, das optionale Argument **überschreibt** den Standardwert.

Besitzt eine Funktion sowohl erforderliche als auch optionale Parameter, müssen die erforderlichen Parameter grundsätzlich zuerst aufgeführt werden, gefolgt von den optionalen.

Dictionary-Subtraktion

Angenommen, wir wollten ein Buch auf Rechtschreibfehler untersuchen, also eine Liste mit falsch geschriebenen Wörtern erstellen. Dann könnten wir versuchen, die Wörter zu ermitteln, die nicht in einer Liste gültiger Wörter vorkommen. In vorherigen Kapiteln haben wir bereits eine Wortliste verwendet, die in Wortspielen wie Scrabble als gültig betrachtet werden. Hier wollen wir diese Liste einsetzen, um das Werk von Robert Louis Stevenson zu überprüfen.

Wir können uns das Problem als eine Mengensubtraktion vorstellen. Das heißt, es sollen alle Wörter einer Menge (der Wörter im Buch) gefunden werden, die sich nicht in der anderen Menge (der Wörter in der Liste) befinden.

Wie zuvor können wir den Inhalt von *words.txt* einlesen und ihn in eine Liste aus Strings auftrennen:

```
word_list = open('words.txt').read().split()
```

Anschließend speichern wir die Wörter als Schlüssel in einem Dictionary. So können wir mithilfe des `in`-Operators schnell feststellen, ob ein Wort gültig ist oder nicht.

```
valid_words = {}
for word in word_list:
    valid_words[word] = 1
```

Um die Wörter zu finden, die im Buch stehen, aber nicht in der Wortliste, definieren wir die Funktion `subtract`. Sie übernimmt zwei Dictionaries als Parameter und gibt ein neues Dictionary zurück, das alle Schlüssel enthält, die sich in dem einen, aber nicht im anderen Eingabe-Dictionary befinden:

```
def subtract(d1, d2):
    res = {}
    for key in d1:
        if key not in d2:
            res[key] = d1[key]
    return res
```

Und so rufen wir die Funktion auf:

```
diff = subtract(word_counter, valid_words)
```

Um eine Probe der möglicherweise falsch geschriebenen Wörter zu erhalten, können wir die häufigsten Wörter in `diff` ausgeben:

```
print_most_common(diff)
```

```
640                             i
628                             a
128                             utterson
124                             mr
98                              hyde
```

Die häufigsten »falschen« Wörter sind fast alle Namen und ein paar Wörter, die nur aus einem Buchstaben bestehen (Mr. Utterson ist Dr. Jekylls Freund und Anwalt).

Wählen wir die Wörter aus, die nur einmal vorkommen, ist die Wahrscheinlichkeit größer, dass es sich tatsächlich um Schreibfehler handelt. Zu diesem Zweck können wir eine Schleife über die Einträge ausführen und dabei eine Liste der Wörter mit einer Häufigkeit von `1` erstellen:

```
singletons = []
for word, freq in diff.items():
    if freq == 1:
        singletons.append(word)
```

Hier einige der letzten Elemente aus der Liste:

```
singletons[-5:]
```

```
['gesticulated', 'abjection', 'circumscription', 'reindue', 'fearstruck']
```

Die meisten sind tatsächlich gültige Wörter, die einfach nicht in der Wortliste stehen. Aber `'reindue'` scheint tatsächlich eine falsch geschriebene Version von `'reinduce'` (engl. für »neu einführen«) zu sein. Wir haben also immerhin einen echten Fehler gefunden.

Zufallszahlen

Als weiteren Schritt auf dem Weg zur Markow-Texterzeugung wählen wir nun eine zufällige Folge von Wörtern aus `word_counter`. Vorher müssen wir aber noch über Zufälligkeit sprechen.

Die meisten Computerprogramme sind **deterministisch**, wenn sie die gleichen Eingaben erhalten. Das heißt, sie erzeugen jedes Mal die gleichen Ausgaben. Determinismus ist normalerweise etwas Gutes, denn wir gehen davon aus, dass die gleiche Berechnung immer das gleiche Ergebnis hat. Bei manchen Anwendungen wollen wir jedoch, dass Computer »unberechenbar«[2] sind. Ein Beispiel hierfür sind Spiele, aber es gibt noch mehr.

Tatsächlich ist es schwer, ein Programm wirklich nicht deterministisch zu machen. Immerhin gibt es Möglichkeiten, es zu simulieren. Ein Weg sind Algorithmen, die **pseudozufällige** (engl. *pseudo random*) Zahlen erzeugen. Pseudozufällige Zahlen sind nicht wirklich zufällig, weil sie durch deterministische Berechnungen erzeugt wurden. Allerdings ist es äußerst schwierig, sie von »echten« Zufallszahlen zu unterscheiden.

Das `random`-Modul stellt Funktionen bereit, die Pseudozufallszahlen erzeugen. Ich werde sie von jetzt an einfach als »zufällig« bezeichnen. Das Modul kann wie folgt importiert werden:

```
import random
```

Eine der von `random` bereitgestellten Funktionen ist `choice` (»Auswahl«). Sie wählt zufällig ein Element aus einer Liste aus, wobei die Wahrscheinlichkeit für jedes Element gleich groß ist:

```
t = [1, 2, 3]
random.choice(t)
```

```
1
```

Rufen Sie die Funktion erneut auf, könnten Sie das gleiche Element oder auch ein anderes zurückbekommen:

```
random.choice(t)
```

```
2
```

Auf lange Sicht erwarten wir, dass jedes Element ungefähr gleich oft ausgewählt wird.

Versuchen Sie, `choice` mit einem Dictionary zu benutzen, erhalten Sie einen `KeyError`:

```
random.choice(word_counter)
```

```
KeyError: 422
```

2 Dieses Wortspiel ist natürlich vollkommen unbeabsichtigt.

Um einen zufälligen Schlüssel auszuwählen, müssen Sie die Schlüssel daher zuerst in einer Liste speichern. Danach können Sie `choice` aufrufen:

```
words = list(word_counter)
random.choice(words)
```

```
'posture'
```

Versuchen wir, eine zufällige Folge von Wörtern zu erzeugen, werden diese nur wenig Sinn ergeben:

```
for i in range(6):
    word = random.choice(words)
    print(word, end=' ')
```

```
ill-contained written apocryphal nor busy spoke
```

Dabei missachten wir allerdings, dass einige Wörter häufiger vorkommen als andere. Die Ergebnisse werden besser, wenn wir Wörter anhand einer »Gewichtung« auswählen, damit sie öfter ausgewählt werden als andere.

Mit den Werten aus `word_counter` als Gewichtungen könnten wir jedes Wort mit einer Wahrscheinlichkeit auswählen, die davon abhängt, wie häufig es vorkommt:

```
weights = word_counter.values()
```

Genau zu diesem Zweck stellt das `random`-Modul eine weitere Funktion namens `choices` (»Wahlmöglichkeiten«) zur Verfügung, die `weights` (»Gewichtungen«) als optionales Argument übernehmen kann:

```
random.choices(words, weights=weights)
```

Hier gibt das vordere `weights` den Namen des Parameters an. Das zweite `weights` ist das Argument – unsere Liste mit den Werten aus `word_count`.

```
['than']
```

Anhand des ebenfalls optionalen Arguments `k` können Sie angeben, wie viele Wörter ausgewählt werden sollen:

```
random_words = random.choices(words, weights=weights, k=6)
random_words
```

```
['reach', 'streets', 'edward', 'a', 'said', 'to']
```

Das Ergebnis ist eine Liste mit Strings. Mit ihr können wir etwas zusammenbauen, das schon ein wenig mehr nach einem englischen Satz aussieht:

```
' '.join(random_words)
```

```
'reach streets edward a said to'
```

Wenn Sie zufällige Wörter aus einem Buch auswählen, bekommen Sie zwar einen Eindruck vom Vokabular, trotzdem ergibt es nur selten einen Sinn, weil es zwischen den aufeinanderfolgenden Wörtern keine Beziehungen gibt. In einem echten Satz würden Sie beispielsweise erwarten, dass auf einen Artikel wie »the« ein Adjektiv oder ein Substantiv folgt, aber kein Verb oder Adverb. Der nächste Schritt besteht also darin, sich die Beziehungen zwischen den Wörtern anzusehen.

Bigramme

Anstatt einzelne Wörter zu betrachten, sehen wir uns nun Folgen von zwei Wörtern an, die auch **Bigramme** bezeichnet werden. Eine Folge von drei Wörtern heißt entsprechend **Trigramm**, während eine Folge mit einer nicht weiter spezifizierten Anzahl von Wörtern **n-Gramm** genannt wird.

Schreiben wir ein Programm, das alle Bigramme im Buch und die Anzahl ihres Vorkommens findet. Um die Ergebnisse zu speichern, verwenden wir ein Dictionary mit folgenden Eigenschaften:

- Die Schlüssel sind Tupel mit Strings, die die Bigramme darstellen.
- Die Werte sind Integer, die die Häufigkeit angeben.

Wir nennen das Dictionary `bigram_counter`:

```
bigram_counter = {}
```

Die folgende Funktion übernimmt eine Liste mit zwei Strings als Parameter. Zuerst erstellt sie aus den beiden Strings ein Tupel, das als Schlüssel in einem Wörterbuch verwendet werden kann. Dann fügt sie den Schlüssel zu `bigram_counter` hinzu, sofern er noch nicht existiert, oder inkrementiert den Wert für die Häufigkeit, wenn er existiert:

```
def count_bigram(bigram):
    key = tuple(bigram)
    if key not in bigram_counter:
        bigram_counter[key] = 1
```

```
        else:
            bigram_counter[key] += 1
```

Beim Durchlaufen des Buchs müssen wir alle Paare von aufeinanderfolgenden Wörtern speichern. Das heißt, wenn wir beispielsweise die Folge »man is not truly one« sehen, speichern wir die Bigramme »man is«, »is not«, »not truly« und so weiter.

Zum Speichern dieser Bigramme verwenden wir eine Liste mit dem Namen `window`, denn sie verhält sich wie ein Fenster, das über die Seiten des Buchs geschoben[3] wird und dabei immer zwei Wörter gleichzeitig zeigt. Zu Beginn ist `window` noch leer:

```
window = []
```

Mit der folgenden Funktion verarbeiten wir die einzelnen Wörter nacheinander:

```
def process_word(word):
    window.append(word)

    if len(window) == 2:
        count_bigram(window)
        window.pop(0)
```

Beim ersten Aufruf der Funktion fügen wir das aktuelle Wort am Ende von `window` hinzu. Da die Liste im Moment nur ein Wort enthält, liegt im Moment noch kein Bigramm vor, und die Funktion wird wieder beendet.

Beim zweiten Aufruf – und allen folgenden – wird das nächste Wort zu `window` hinzugefügt. Da nun zwei Wörter im »Fenster« zu sehen sind, wird `count_bigram` aufgerufen, um mitzuverfolgen, wie oft jedes Bigramm im Buch auftaucht. Danach wird das erste Wort mithilfe von `pop` aus dem »Fenster« entfernt.

Das folgende Programm führt eine Schleife über die Wörter im Buch aus und verarbeitet sie nacheinander:

```
for line in open(filename):
    for word in split_line(line):
        word = clean_word(word)
        process_word(word)
```

3 Anmerkung des Übersetzers: In den USA werden größtenteils Schiebefenster verbaut, die vertikal oder horizontal geöffnet werden.

Das Ergebnis ist ein Dictionary, in dem jedem Bigramm die Anzahl seiner Vorkommen zugeordnet ist. Mit `print_most_common` können wir die am häufigsten vorkommenden Bigramme ausgeben:

```
print_most_common(bigram_counter)
```

```
178         ('of', 'the')
139         ('in', 'the')
94          ('it', 'was')
80          ('and', 'the')
73          ('to', 'the')
```

So bekommen wir einen Eindruck davon, welche Wortpaare am häufigsten vorkommen. Wir können diese Ergebnisse außerdem nutzen, um Zufallstexte zu erzeugen, wie hier:

```
bigrams = list(bigram_counter)
weights = bigram_counter.values()
random_bigrams = random.choices(bigrams, weights=weights, k=6)
```

`bigrams` enthält eine Liste der Bigramme aus dem Buch, während `weights` eine Liste ihrer Häufigkeiten speichert. Dadurch enthält `random_bigrams` eine Probe, bei der die Wahrscheinlichkeit für die Auswahl eines Bigramms von seiner Häufigkeit im Buch abhängt.

Hier die Ergebnisse:

```
for pair in random_bigrams:
    print(' '.join(pair), end=' ')
```

```
to suggest this preface to detain fact is above all the laboratory
```

Diese Art der Texterzeugung ist schon besser als die Auswahl einzelner Zufallswörter. Trotzdem ergibt sie immer noch kaum einen Sinn.

Markow-Analyse

Noch besser geht es mit einer Textanalyse anhand von Markow-Ketten. Hierbei wird für jedes Wort in einem Text die Liste der Wörter berechnet, die auf dieses Wort folgen. In diesem Beispiel analysieren wir den Text des Monty-Python-Songs »Eric, the Half a Bee«:

```
song = """
Half a bee, philosophically,
Must, ipso facto, half not be.
But half the bee has got to be
Vis a vis, its entity. D'you see?
"""
```

Die Ergebnisse speichern wir in einem Dictionary, das jedes Wort auf die Liste der Wörter abbildet, die darauf folgen:

```
successor_map = {}
```

Wir beginnen mit den ersten beiden Wörtern aus dem Song:

```
first = 'half'
second = 'a'
```

Ist das erste Wort nicht in `successor_map` (»Nachfolger-Zuordnung«) enthalten, müssen wir einen neuen Eintrag vornehmen, der das erste Wort einer Liste zuordnet, die das zweite Wort enthält:

```
successor_map[first] = [second]
successor_map
```

```
{'half': ['a']}
```

Befindet sich das erste Wort schon im Dictionary, können wir es nachschlagen und erhalten eine Liste der bisher gefundenen Nachfolger. Dieser hängen wir das neue Wort an:

```
first = 'half'
second = 'not'

successor_map[first].append(second)
successor_map
```

```
{'half': ['a', 'not']}
```

Die folgende Funktion verkapselt diese Schritte:

```
def add_bigram(bigram):
    first, second = bigram

    if first not in successor_map:
        successor_map[first] = [second]
    else:
        successor_map[first].append(second)
```

Erscheint ein Bigramm mehr als einmal, wird das zweite Wort mehr als einmal zur Liste hinzugefügt. Dadurch speichert `successor_map`, wie oft jeder Nachfolger vorkommt.

Wie im vorherigen Abschnitt benutzen wir auch hier eine Liste namens `window`, um die Paare aufeinanderfolgender Wörter zu speichern. Anhand der folgenden Funktion werden die Wörter nacheinander verarbeitet:

```
def process_word_bigram(word):
    window.append(word)

    if len(window) == 2:
        add_bigram(window)
        window.pop(0)
```

Hier benutzen wir die Funktion `process_word`, um die Wörter im Song zu verarbeiten:

```
successor_map = {}
window = []

for word in song.split():
    word = clean_word(word)
    process_word_bigram(word)
```

Und dies sind die Ergebnisse:

```
successor_map
```

```
{'half': ['a', 'not', 'the'],
 'a': ['bee', 'vis'],
 'bee': ['philosophically', 'has'],
 'philosophically': ['must'],
 'must': ['ipso'],
 'ipso': ['facto'],
 'facto': ['half'],
 'not': ['be'],
 'be': ['but', 'vis'],
 'but': ['half'],
 'the': ['bee'],
 'has': ['got'],
 'got': ['to'],
 'to': ['be'],
 'vis': ['a', 'its'],
```

```
    'its': ['entity'],
    'entity': ["d'you"],
    "d'you": ['see']}
```

Auf das Wort 'half' können die Wörter 'a', 'not' oder 'the' folgen. Auf 'a' folgt entweder 'bee' oder 'vis'. Die meisten anderen Wörter erscheinen nur einmal. Auf sie folgt also nur ein einzelnes Wort.

Jetzt können wir uns an die Analyse des Songs machen:

```
successor_map = {}
window = []

for line in open(filename):
    for word in split_line(line):
        word = clean_word(word)
        process_word_bigram(word)
```

Danach können wir jedes beliebige Wort nachschlagen, um herauszufinden, welche Wörter darauf folgen:

```
successor_map['going']
```

```
['east', 'in', 'to', 'to', 'up', 'to', 'of']
```

In der Liste der Nachfolger fällt auf, dass 'to' dreimal erscheint, während die anderen Nachfolger jeweils nur einmal enthalten sind.

Text erzeugen

Mithilfe der Ergebnisse aus dem vorherigen Abschnitt können wir neuen Text mit den gleichen Beziehungen zwischen aufeinanderfolgenden Wörtern erzeugen wie im Original. Und das funktioniert so:

- Wir beginnen mit einem beliebigen Wort, das im Text vorkommt. Danach wählen wir zufällig einen der möglichen Nachfolger aus.
- Anschließend nehmen wir das ausgewählte Wort, suchen nach dessen möglichen Nachfolgern und wählen wiederum zufällig einen daraus aus.

Diesen Prozess wiederholen wir, um beliebig viele Wörter zu erzeugen. Als Beispiel beginnen wir mit dem Wort 'although' (»obwohl«). Hier die möglichen Nachfolger:

```
word = 'although'
successors = successor_map[word]
successors
```

```
['i', 'a', 'it', 'the', 'we', 'they', 'i']
```

Jetzt verwenden wir `choice`, um aus der Liste bei gleicher Wahrscheinlichkeit einen zufälligen Nachfolger zu wählen:

```
word = random.choice(successors)
word
```

```
'i'
```

Erscheint das gleiche Wort mehr als einmal, ist es umso wahrscheinlicher, dass es ausgewählt wird.

Wenn wir diese Schritte wiederholen, können wir die folgende Schleife einsetzen, um eine längere Reihe von Wörtern zu erzeugen:

```
for i in range(10):
    successors = successor_map[word]
    word = random.choice(successors)
    print(word, end=' ')
```

```
continue to hesitate and swallowed the smile withered from that
```

Das Ergebnis klingt schon deutlich mehr nach einem echten Satz, ergibt aber trotzdem nur wenig Sinn.

Wir können unsere Ergebnisse verbessern, indem die Schlüssel in `successor_map` länger als nur ein Wort sind. Zum Beispiel können wir ein Dictionary erstellen, das von jedem Bigramm – oder Trigramm – auf eine Liste der Wörter verweist, die darauf folgen. Als Übung können Sie diese Analyse implementieren, um zu sehen, wie sich die Ergebnisse unterscheiden.

Debugging

Inzwischen schreiben wir umfangreichere Programme, für die möglicherweise entsprechend mehr Zeit für das Debugging benötigt wird. Hier ein paar Möglichkeiten, die Sie ausprobieren können, wenn Sie bei einem schwierigen Bug nicht weiterkommen:

Lesen
Untersuchen Sie Ihren Code, lesen Sie ihn sich vor und überprüfen Sie, ob er wirklich das tut, was er soll.

Ausführen
Experimentieren Sie, indem Sie Änderungen vornehmen und verschiedene Versionen ausführen. Häufig offenbart sich das Problem, wenn Sie die richtige Sache am richtigen Ort im Programm ausgeben lassen. Manchmal müssen Sie aber erst ein Grundgerüst (»Scaffolding«, siehe den Abschnitt »Inkrementelle Entwicklung« auf Seite 107) erstellen.

Nachdenken
Nehmen Sie sich Zeit, um über das Problem nachzudenken. Um welche Art Fehler handelt es sich? Syntax-, Laufzeit- oder semantischer Fehler? Welche Informationen geben Ihnen die Fehlermeldungen oder die Ausgaben des Programms? Welche Art Fehler könnte das vorliegende Problem verursachen? Was haben Sie zuletzt verändert, bevor das Problem auftrat?

Rubberducking
Wenn Sie das Problem jemand anderem erklären, fällt Ihnen die Antwort manchmal schon ein, bevor Sie die Frage zu Ende gestellt haben. Oft brauchen Sie dafür nicht einmal eine echte Person; Sie könnten auch mit einer Gummiente sprechen. Und genau daher kommt die bekannte Strategie des **Rubberduck-Debugging**. Das habe ich mir nicht ausgedacht (*https://en.wikipedia.org/wiki/Rubber_duck_debugging*).

Rückgängig machen
Manchmal ist es am besten, etwas zurückzutreten und die letzten Änderungen rückgängig zu machen – bis Sie wieder ein funktionsfähiges Programm haben. Von dort aus können Sie es dann erneut aufbauen.

Ausruhen
Wenn Sie Ihrem Gehirn eine Pause gönnen, findet es manchmal von selbst eine Lösung für das Problem.

Besonders Programmieranfänger bleiben bei einer dieser Aktivitäten hängen und vergessen darüber die anderen. Dabei hat jede Vorgehensweise ihren eigenen Fehlermodus.

So funktioniert das Lesen des Codes, wenn das Problem durch einen typografischen Fehler verursacht wurde, aber nicht, wenn ein grundsätzliches Missverständnis die Ursache ist. Wenn Sie nicht verstehen, was Ihr Programm tut, können Sie es hundertmal lesen und den Fehler trotzdem nicht erkennen, weil der Fehler in Ihrem Kopf ist.

Das Durchführen von Experimenten kann funktionieren – besonders wenn Sie kleine, einfache Tests verwenden. Wenn Sie die Experimente aber durchführen, ohne dabei über Ihren Code nachzudenken oder ihn zu lesen, kann es lange dauern, bis Sie herausfinden, was los ist.

Nehmen Sie sich Zeit zum Nachdenken. Debugging funktioniert wie wissenschaftliches Experimentieren. Zuerst müssen Sie eine Hypothese darüber aufstellen, was das Problem sein kann. Gibt es zwei oder mehr Möglichkeiten, überlegen Sie sich einen Test, der eine davon ausschließt.

Selbst die besten Debugging-Techniken bleiben erfolglos, wenn es zu viele Fehler gibt oder der Code, den Sie zu reparieren versuchen, zu groß und zu komplex ist. Manchmal besteht die beste Möglichkeit darin, einen Schritt zurückzugehen und das Programm so weit zu vereinfachen, bis Sie wieder etwas haben, das funktioniert.

Besonders Programmieranfänger haben oft Skrupel, etwas rückgängig zu machen. Sie ertragen es nicht, eine Codezeile zu löschen (selbst wenn sie falsch ist). Wenn Sie sich besser fühlen, kopieren Sie Ihr Programm in eine andere Datei, bevor Sie es auseinandernehmen. Danach können Sie die Bestandteile nacheinander wieder zurückkopieren. Um einen schwierigen Bug aufzuspüren, müssen Sie lesen, ausführen, nachdenken, Dinge rückgängig machen und sich manchmal ausruhen. Wenn Sie bei einer dieser Aktivitäten nicht weiterkommen, probieren Sie es mit einer der anderen.

Glossar

Standardwert
: Der Wert, der einem Parameter zugewiesen wird, wenn kein Argument dafür angegeben wurde.

Überschreiben
: Einen Standardwert durch ein Argument ersetzen.

Deterministisch
: Ein deterministisches Programm hat bei gleicher Eingabe bei jeder Ausführung das gleiche Ergebnis.

Pseudozufall
: Eine pseudozufällige Zahlenfolge wirkt zufällig, wurde aber von einem deterministischen Programm erzeugt.

Bigramm
Eine Folge zweier Elemente, oft Wörter.

Trigramm
Eine Folge von drei Elementen.

N-gramm
Eine Folge einer nicht weiter spezifizierten Anzahl von Elementen.

Rubberduck-Debugging
Eine Debugging-Methode, bei der Sie das Problem einem leblosen Objekt laut erklären.

Übungen

Fragen Sie einen virtuellen Assistenten

In `add_bigram` erzeugt die `if`-Anweisung eine neue Liste oder hängt ein Element an eine bereits vorhandene Liste an, je nachdem, ob sich der Schlüssel bereits im Dictionary befindet.

```
def add_bigram(bigram):
    first, second = bigram

    if first not in successor_map:
        successor_map[first] = [second]
    else:
        successor_map[first].append(second)
```

Dictionaries besitzen eine Methode namens `setdefault`, mit der wir unseren Code vereinfachen können. Fragen Sie einen virtuellen Assistenten danach, wie die Methode funktioniert. Alternativ können Sie `add_word` in die Prompt-Zeile des Assistenten kopieren und anschließend fragen: »Kannst du diesen Code mithilfe von `setdefault` neu schreiben?«

In diesem Kapitel haben wir die Textanalyse und -erzeugung anhand von Markow-Ketten implementiert. Wenn Sie neugierig sind, können Sie einen virtuellen Assistenten um weitere Informationen zu diesem Thema bitten. Dabei erfahren Sie möglicherweise, dass sich die von virtuellen Assistenten genutzten Algorithmen in vielen Dingen ähneln, in anderen aber auch große Unterschiede aufweisen. Fragen Sie beispielsweise: »Worin bestehen die Unterschiede zwischen Large Language Models wie ChatGPT und der Textanalyse mit Markow-Ketten?«

Übung 12-1

Schreiben Sie eine Funktion, die die Anzahl der Vorkommen jedes Trigramms (Folge von drei Wörtern) ermittelt. Wenn Sie Ihre Funktion mit dem Text von *Dr. Jekyll and Mr. Hyde* testen, sollten Sie feststellen, dass das häufigste Trigramm die Folge »said the lawyer« ist.

Tipp: Schreiben Sie eine Funktion `count_trigram`, die so ähnlich funktioniert wie `count_bigram`. Danach schreiben Sie eine Funktion namens `process_word_trigram`, die wiederum so ähnlich funktioniert wie `process_word_bigram`.

Übung 12-2

Jetzt wollen wir die Textanalyse mit Markow-Ketten anhand einer Zuordnung von jedem Bigramm zu einer Liste seiner möglichen Nachfolger implementieren. Schreiben Sie, ausgehend von `add_bigram`, eine Funktion namens `add_trigram`, die eine Liste mit drei Wörtern erstellt und `successor_map` entweder einen neuen Eintrag hinzufügt oder einen bestehenden aktualisiert. Hierbei sollen die ersten zwei Wörter als Schlüssel und das dritte Wort als möglicher Nachfolger genutzt werden.

Dies ist eine Version von `process_word_trigram`, die `add_trigram` aufruft:

```
def process_word_trigram(word):
    window.append(word)

    if len(window) == 3:
        add_trigram(window)
        window.pop(0)
```

Mit der folgenden Schleife können Sie Ihre Funktion mit den Wörtern aus dem Buch testen:

```
successor_map = {}
window = []

for line in open(filename):
```

```
    for word in split_line(line):
        word = clean_word(word)
        process_word_trigram(word)
```

In der folgenden Übung werden Sie die Ergebnisse einsetzen, um neuen Zufallstext zu erzeugen:

Übung 12-3

Für diese Übung gehen wir davon aus, dass `successor_map` ein Dictionary enthält, das jedes Bigram auf eine Liste der folgenden Wörtern abbildet. Um zufälligen Text zu erzeugen, muss zunächst ein zufälliger Schlüssel aus `successor_map` ausgewählt werden:

```
successors = list(successor_map)
bigram = random.choice(successors)
bigram
```

```
('doubted', 'if')
```

Jetzt schreiben Sie eine Schleife, die 50 weitere Wörter erzeugt, indem Sie die folgenden Schritte ausführen:

1. Schlagen Sie in `successor_map` die Liste der Wörter nach, die auf `bigram` folgen können.
2. Wählen Sie per Zufall eines davon aus und geben Sie es aus.
3. Beim nächsten Durchlauf erstellen Sie ein neues Bigramm, das das zweite Wort aus `bigram` und den gewählten Nachfolger enthält.

Wenn wir beispielsweise mit dem Bigramm `('doubted', 'if')` beginnen und `'from'` als Nachfolger wählen, würde das folgende Bigramm `('if', 'from')` lauten.

Funktioniert alles korrekt, sollten Sie feststellen, dass der Stil des erzeugten Texts große Ähnlichkeit mit dem Original hat und einige Phrasen sogar einen Sinn ergeben. Dabei wird der Text wahrscheinlich unverhofft das Thema wechseln.

Als Bonusübung können Sie Ihre Lösungen für die letzten beiden Übungen so anpassen, dass `successor_map` Trigramme als Schlüssel verwendet. Danach untersuchen Sie, welche Auswirkungen das auf die Ergebnisse hat.

KAPITEL 13

Dateien und Datenbanken

Die meisten Programme, die wir bisher betrachtet haben, sind **ephemer** (»kurzlebig«). Das heißt, sie laufen nur für eine kurze Zeit, erzeugen Ausgaben, und wenn sie enden, verschwinden ihre Daten wieder. Bei jeder Ausführung beginnt ein ephemeres Programm wieder bei null.

Andere Programme sind dagegen **persistent**. Sie laufen eine lange Zeit (oder die ganze Zeit). Dabei wird zumindest ein Teil ihrer Daten langfristig gespeichert. Werden sie angehalten und neu gestartet, machen sie dort weiter, wo sie aufgehört haben.

Eine einfache Möglichkeit für Programme, ihre Daten zu speichern, besteht im Lesen und Schreiben von Textdateien. Eine vielseitigere Alternative ist die Speicherung der Daten in einer **Datenbank**. Datenbanken sind spezielle Dateien, die effizienter als Textdateien gelesen und geschrieben werden können und über zusätzliche Fähigkeiten verfügen.

In diesem Kapitel werden wir Programme schreiben, die Textdateien und Datenbanken lesen und schreiben. Außerdem werden Sie als Übung ein Programm erstellen, das eine Sammlung von Fotos nach Duplikaten durchsucht. Bevor Sie aber mit einer Datei arbeiten können, müssen Sie diese auch finden können. Daher beschäftigen wir uns zuerst mit Dateinamen, Pfaden und Verzeichnissen.

Dateinamen und Pfade

Dateien werden in **Verzeichnissen** (oder »Ordnern«) gespeichert. Jedes laufende Programm hat dabei ein **aktuelles Arbeitsverzeichnis**, das für die meisten Operationen als Standardverzeichnis dient. Wenn Sie beispielsweise eine Datei öffnen, sucht Python zunächst im aktuellen Arbeitsverzeichnis danach.

Das `os`-Modul enthält Funktionen für die Arbeit mit Dateien und Verzeichnissen (`os` steht hierbei für *Operating System*, also »Betriebssystem«). Eine dieser Funktionen ist `getcwd` (*get current working directory*). Sie gibt den Namen des aktuellen Arbeitsverzeichnisses zurück:

```
import os

os.getcwd()
```

```
'/home/dinsdale'
```

Der Rückgabewert ist in diesem Beispiel das Heimatverzeichnis eines Benutzers namens `dinsdale`. Ein String wie `'/home/dinsdale'`, der für ein bestimmtes Verzeichnis steht, wird als **Pfad** bezeichnet.

Auch ein einfacher Dateiname wie `'memo.txt'` gilt als Pfad, allerdings ist dies ein **relativer Pfad**, weil er den Speicherort relativ zum aktuellen Arbeitsverzeichnis angibt. In unserem Beispiel ist das */home/dinsdale*. Das heißt, der String `'memo.txt'` entspricht dem vollständigen Pfad `'/home/dinsdale/memo.txt'`. Ein Pfad, der mit einem Schrägstrich (/) beginnt, ist nicht vom aktuellen Arbeitsverzeichnis abhängig und wird als **absoluter Pfad** bezeichnet. Um den absoluten Pfad zu einer Datei zu finden, können Sie die Funktion **`abspath`** verwenden:

```
os.path.abspath('memo.txt')
```

```
'/home/dinsdale/memo.txt'
```

Zusätzlich stellt das `os`-Modul weitere Funktionen für die Arbeit mit Dateinamen und Pfaden zur Verfügung. `listdir` gibt zum Beispiel eine Liste des Inhalts für das angegebene Verzeichnis zurück, inklusive der Dateien und weiterer Verzeichnisse. Hier ist ein Beispiel, in dem wir den Inhalt des Verzeichnisses *photos* ausgeben:

```
os.listdir('photos')
```

```
['notes.txt', 'mar-2023', 'jan-2023', 'feb-2023']
```

Dieses Verzeichnis enthält eine Textdatei namens *notes.txt* und drei Unterverzeichnisse. Diese enthalten wiederum Bilddateien im JPEG-Format:

```
os.listdir('photos/jan-2023')
```

```
['photo3.jpg', 'photo2.jpg', 'photo1.jpg']
```

Um herauszufinden, ob eine Datei oder ein Verzeichnis existiert, können Sie die Funktion `os.path.exists` verwenden:

```
os.path.exists('photos')
```

```
True
```

```
os.path.exists('photos/apr-2023')
```

```
False
```

Mit `isdir` (»ist Verzeichnis«) können Sie feststellen, ob ein Pfad auf eine Datei oder ein Verzeichnis verweist. `isdir` gibt `True` zurück, wenn sich der Pfad auf ein Verzeichnis bezieht:

```
os.path.isdir('photos')
```

```
True
```

Entsprechend gibt `isfile` (»ist Datei«) `True` zurück, wenn der Pfad auf eine Datei verweist:

```
os.path.isfile('photos/notes.txt')
```

```
True
```

Eine Herausforderung bei der Arbeit mit Pfaden liegt darin, dass sie auf verschiedenen Betriebssystemen unterschiedliche Formate haben. Auf macOS und Unix-artigen Systemen wie Linux werden Verzeichnis- und Dateinamen durch Schrägstriche (/) voneinander getrennt. Windows verwendet dagegen einen umgekehrten Schrägstrich, den sogenannten Backslash (\). Wenn Sie diese Beispiele unter Windows ausprobieren, werden die Pfade Backslashs enthalten, und Sie müssen die Schrägstriche in den Beispielen entsprechend ersetzen.

Damit Ihr Code auf beiden Arten von Systemen funktioniert, können Sie alternativ die Funktion `os.path.join` nutzen, die Verzeichnis- und Dateinamen zu einem Pfad kombiniert. Hierbei werden je nach Betriebssystem die richtigen Trennzeichen, also Schrägstriche oder Backslashs, verwendet:

```
os.path.join('photos', 'jan-2023', 'photo1.jpg')
```

```
'photos/jan-2023/photo1.jpg'
```

Später in diesem Kapitel werden wir diese Funktionen nutzen, um eine Reihe von Verzeichnissen zu durchsuchen und alle darin enthaltenen Bilddateien zu finden.

f-Strings

Programme können ihre Daten zum Beispiel in Textdateien speichern. Angenommen, Sie wären ein Kamelbeobachter und möchten die Anzahl der Kamelsichtungen für einen bestimmten Beobachtungszeitraum aufzeichnen. Für dieses Beispiel gehen wir davon aus, dass Sie innerhalb von eineinhalb Jahren insgesamt 23 Kamele gesehen haben. Die Daten in Ihrem digitalen Notizbuch könnten also etwa so aussehen:

```
num_years = 1.5
num_camels = 23
```

Mithilfe der `write`-Methode, die Sie aus dem Abschnitt »Dateien schreiben« auf Seite 147 kennen, können Sie die Daten in einer Datei speichern. Das Argument für `write` muss ein String sein. Sollen andere Werte (zum Beispiel Zahlen oder Integer) in die Datei geschrieben werden, müssen wir sie also zuerst in Strings umwandeln. Das geht am einfachsten mit der eingebauten Funktion `str`.

Hier ein Beispiel:

```
writer = open('camel-spotting-book.txt', 'w')
writer.write(str(num_years))
writer.write(str(num_camels))
writer.close()
```

Das funktioniert grundsätzlich auch. Allerdings fügt `write` nur dann Leerzeichen oder Newline-Zeichen hinzu, sofern Sie diese ausdrücklich mit angeben. Wenn wir die Datei wieder einlesen, stellen wir fest, dass die beiden Zahlen ohne Abstand direkt hintereinanderstehen:

```
open('camel-spotting-book.txt').read()
```

```
'1.523'
```

Zumindest sollte zwischen den Zahlen ein Leerzeichen stehen. Und wenn wir schon dabei sind, können wir auch noch eine kurze Erläuterung hinzufügen.

Anhand eines **f-Strings** können wir eine Kombination aus Strings und anderen Werten in die Datei schreiben. Es ist ein String, dem der Buchstabe `f` vor dem öffnenden Anführungszeichen vorangestellt wird. Er kann einen oder mehrere Python-Ausdrücke in geschweiften Klammern enthalten. Der folgende f-String enthält beispielsweise einen Ausdruck, der ein Variablenname ist:

```
f'I have spotted {num_camels} camels'
```

```
'I have spotted 23 camels'
```

Das Ergebnis ist ein String, in dem der Ausdruck ausgewertet und durch das Ergebnis ersetzt wurde. Dabei können Sie mehr als einen Ausdruck angeben:

```
f'In {num_years} years I have spotted {num_camels} camels'
```

```
'In 1.5 years I have spotted 23 camels'
```

Diese Ausdrücke können auch Operatoren und Funktionsaufrufe enthalten:

```
line = f'In {round(num_years * 12)} months I have spotted {num_
camels} camels'
line
```

```
'In 18 months I have spotted 23 camels'
```

Wir könnten die Daten also wie folgt in eine Textdatei schreiben:

```
writer = open('camel-spotting-book.txt', 'w')
writer.write(f'Years of observation: {num_years}\n')
writer.write(f'Camels spotted: {num_camels}\n')
writer.close()
```

Beide f-Strings enden mit einem Newline-Zeichen (`\n`), wodurch ein Zeilenumbruch erzeugt wird.

Wir können die Datei nun wieder auslesen:

```
data = open('camel-spotting-book.txt').read()
print(data)
```

```
Years of observation: 1.5
Camels spotted: 23
```

In einem f-String werden die Ausdrücke in geschweiften Klammern in Strings umgewandelt. Das heißt, Sie können hier auch Listen, Dictionaries und andere Typen verwenden:

```
t = [1, 2, 3]
d = {'one': 1}
f'Here is a list {t} and a dictionary {d}'
```

```
"Here is a list [1, 2, 3] and a dictionary {'one': 1}"
```

YAML

Einer der Gründe, warum Programme Dateien lesen und schreiben, ist die Speicherung von **Konfigurationsdaten**. Diese enthalten Informationen darüber, was das Programm auf welche Weise tun soll.

Ein Programm, das nach Duplikaten von Fotos sucht, könnte beispielsweise ein Dictionary namens `config` enthalten, das den Namen des zu durchsuchenden Verzeichnisses, den Namen eines weiteren Verzeichnisses, in dem die Ergebnisse gespeichert werden sollen, und eine Liste mit Dateiendungen enthält, an denen die Bilddateien erkannt werden können.

Das könnte etwa so aussehen:

```
config = {
    'photo_dir': 'photos',
    'data_dir': 'photo_info',
    'extensions': ['jpg', 'jpeg'],
}
```

Mithilfe von f-Strings könnten wir diese Daten, wie im vorherigen Abschnitt, in einer Textdatei speichern. Einfacher geht es allerdings, wenn wir das Modul `yaml` verwenden, das genau für diese Aufgaben entwickelt wurde.

Das `yaml`-Modul stellt Funktionen für die Arbeit mit YAML-Dateien zur Verfügung (YAML bedeutet *Yet another Markup Language*). Dabei handelt es sich um Textdateien, die so formatiert sind, dass sie von Menschen *und* Programmen gelesen und geschrieben werden können.

Hier ein Beispiel, das die `dump`-Funktion verwendet, um unser `config`-Dictionary in einer YAML-Datei zu speichern:

```
import yaml

config_filename = 'config.yaml'
writer = open(config_filename, 'w')
yaml.dump(config, writer)
writer.close()
```

Wenn wir den Dateiinhalt einlesen, können wir sehen, wie das YAML-Format aussieht:

```
readback = open(config_filename).read()
print(readback)
```

```
data_dir: photo_info
extensions:
- jpg
- jpeg
photo_dir: photos
```

Um die Daten in der YAML-Datei wieder in einem Dictionary zu speichern, nutzen wir die `safe_load`-Methode:

```
reader = open(config_filename)
config_readback = yaml.safe_load(reader)
config_readback
```

```
{'data_dir': 'photo_info',
 'extensions': ['jpg', 'jpeg'],
 'photo_dir': 'photos'}
```

Das Ergebnis ist ein neues Dictionary, das die gleichen Informationen wie das Original enthält, auch wenn es nicht das gleiche Dictionary (`config`) ist:

```
config is config_readback
```

```
False
```

Die Umwandlung eines Objekts – zum Beispiel eines Dictionary – in einen String wird als **Serialisierung** bezeichnet. Die Umwandlung eines Strings zurück in ein Objekt heißt entsprechend **Deserialisierung**. Wenn Sie ein Objekt serialisieren und deserialisieren, sollte das Ergebnis dem Original entsprechen.

Shelve

Bisher haben wir nur einfache Textdateien gelesen und geschrieben. Jetzt wollen wir uns mit **Datenbanken** befassen. Eine Datenbank ist eine Datei, die für die Speicherung von Daten angelegt ist. Einige Datenbanken haben dabei die Struktur einer Tabelle, die Zeilen und Spalten mit Informationen enthält. Andere haben eher die Form eines Dictionary, in dem Schlüsseln bestimmte Werte zugeordnet sind. Diese werden manchmal auch als **Schlüssel/Wert-Speicher** bezeichnet.

Das Modul `shelve` enthält Funktionen zur Erstellung und Aktualisierung eines Schlüssel/Wert-Speichers namens *Shelf* (engl. für »Regal«). In diesem Beispiel erstellen wir ein Shelf, das die Beschriftungen der Abbildungen im Verzeichnis *photos* enthält. Um herauszufinden, in welchem Verzeichnis unser Shelf gespeichert werden soll, schauen wir in unser `config`-Dictionary:

```
config['data_dir']
```

```
'photo_info'
```

Ist das Verzeichnis noch nicht vorhanden, können wir es per `os.makedirs` erstellen:

```
os.makedirs(config['data_dir'], exist_ok=True)
```

Um einen Pfad zu erstellen, der den Verzeichnisnamen und den Namen der Shelf-Datei (*captions*) enthält, verlassen wir uns auf `os.path.join`:

```
db_file = os.path.join(config['data_dir'], 'captions')
db_file
```

```
'photo_info/captions'
```

Jetzt können wir die Datei per `shelve.open` öffnen. Hierbei besagt das Argument `c` (für *create*), dass die Datei bei Bedarf neu angelegt werden soll:

```
import shelve

db = shelve.open(db_file, 'c')
db
```

```
<shelve.DbfilenameShelf at 0x7f5a2021c310>
```

Offiziell ist der Rückgabewert ein `DbfilenameShelf`-Objekt. Üblicherweise spricht man aber einfach von *Shelf-Objekt*.

Das Shelf-Objekt verhält sich in vielerlei Hinsicht wie ein Dictionary. So können wir den »Eckige-Klammern-Operator« verwenden, um einen Eintrag in Form eines Schlüssel/Wert-Paars hinzuzufügen:

```
key = 'jan-2023/photo1.jpg'
db[key] = 'Cat nose'
```

Hier ist der Schlüssel der Pfad zu einer Bilddatei und der Wert ein String, der das Bild beschreibt. Umgekehrt können wir den »Eckige-Klammern-Operator« auch nutzen, um den Wert für einen bestimmten Schlüssel auszulesen:

```
value = db[key]
value
```

```
'Cat nose'
```

Soll einem vorhandenen Schlüssel ein neuer Wert zugewiesen werden, ersetzt das shelve-Modul den alten Wert:

```
db[key] = 'Close up view of a cat nose'
db[key]
```

```
'Close up view of a cat nose'
```

Einige Dictionary-Methoden wie keys, values und items funktionieren ebenfalls mit Shelf-Objekten:

```
list(db.keys())
```

```
['jan-2023/photo1.jpg']
```

```
list(db.values())
```

```
['Close up view of a cat nose']
```

Mit dem in-Operator können wir überprüfen, ob ein Schlüssel im Shelf enthalten ist:

```
key in db
```

```
True
```

Und auch for-Schleifen über die Schlüssel sind möglich:

```
for key in db:
    print(key, ':', db[key])
```

```
jan-2023/photo1.jpg : Close up view of a cat nose
```

Wie auch andere Dateien sollten Sie die Datenbank wieder schließen, sobald Sie fertig sind:

```
db.close()
```

Wenn wir uns jetzt den Inhalt des Datenverzeichnisses anzeigen lassen, sehen wir, dass es nun zwei Dateien enthält:

```
os.listdir(config['data_dir'])
```

```
['captions.dir', 'captions.dat']
```

captions.dat enthält die gerade gespeicherten Daten, während *captions.dir* Informationen darüber vorhält, wie die Datenbank organisiert ist, um den Zugriff darauf effizienter zu machen. Das Suffix *dir* steht für *directory* (engl. für »Verzeichnis«), hat aber nichts mit den Verzeichnissen zu tun, mit denen wir hier arbeiten und die unsere Dateien enthalten.

Datenstrukturen speichern

Im vorherigen Beispiel bestanden die Schlüssel und Werte im Shelf aus Strings. Ein Shelf kann aber auch Datenstrukturen wie Listen und Dictionaries enthalten.

Als Beispiel sehen wir uns noch einmal unsere Anagramme aus »Übung 11-4« auf Seite 215 an. Dort haben wir ein Dictionary erstellt, das einem String aus sortierten Buchstaben eine Liste der Wörter zuordnet, die damit buchstabiert werden können. Der String `'opst'` zeigt beispielsweise auf die Liste `['opts', 'post', 'pots', 'spot', 'stop', 'tops']`.

Anhand der folgenden Funktion können wir die Buchstaben in einem Wort sortieren:

```
def sort_word(word):
    return ''.join(sorted(word))
```

Hier ein Beispiel:

```
word = 'pots'
key = sort_word(word)
key
```

```
'opst'
```

Jetzt wollen wir ein Shelf mit dem Namen `anagram_map` öffnen. Das Argument `'n'` besagt, dass grundsätzlich ein neues leeres Shelf erstellt werden soll, falls noch keins existiert.

```
db = shelve.open('anagram_map', 'n')
```

Nun können wir dem Shelf Einträge hinzufügen:

```
db[key] = [word]
db[key]
```

```
['pots']
```

Der Schlüssel dieses Eintrags ist ein String, der Wert eine Liste mit Strings.

Jetzt wollen wir versuchen, ein anderes Wort zu finden, das die gleichen Buchstaben enthält wie `tops`:

```
word = 'tops'
key = sort_word(word)
key
```

```
'opst'
```

Der Schlüssel ist der gleiche wie im vorherigen Beispiel. In diesem Fall wollen wir der Liste mit Strings ein zweites Wort anhängen. Wenn `db` ein Dictionary wäre, würden wir so vorgehen:

```
db[key].append(word)          # FALSCH!
```

Wenn wir das ausführen und den Wert zu diesem Schlüssel im Shelf nachschlagen, sieht es aus, als sei nichts aktualisiert worden:

```
db[key]
```

```
['pots']
```

Dabei gibt es folgendes Problem: Wenn wir den Schlüssel nachschlagen, erhalten wir eine Liste mit Strings. Wenn wir diese Liste direkt verändern, hat das aber keine Auswirkungen auf das Shelf. Um das Shelf zu aktualisieren, müssen wir zuerst den alten Wert auslesen, diesen aktualisieren und den neuen Wert in das Shelf zurückschreiben:

```
anagram_list = db[key]
anagram_list.append(word)
db[key] = anagram_list
```

Jetzt wurde auch der Wert im Shelf aktualisiert:

```
db[key]
```

```
['pots', 'tops']
```

Als Übung können Sie dieses Beispiel fertigstellen, indem Sie die Wortliste einlesen und alle Anagramme in einem Shelf speichern.

Auf äquivalente Dateien testen

Und damit kommen wir zum eigentlichen Ziel dieses Kapitels zurück: der Suche nach Dateien, die die gleichen Daten enthalten. Eine Möglichkeit besteht darin, beide Dateien zu lesen und ihren Inhalt zu vergleichen.

Enthalten die Dateien Bilder, müssen wir sie mit dem Modus `'rb'` öffnen. Hierbei besagt `'r'`, dass wir den Inhalt lesen (*read*) wollen, und `'b'` steht für den **Binärmodus**. Im Binärmodus wird der Dateiinhalt nicht als Text interpretiert, sondern als eine Folge von Bytes.

Hier ist ein Beispiel für das Öffnen und Lesen einer Bilddatei:

```
path1 = 'photos/jan-2023/photo1.jpg'
data1 = open(path1, 'rb').read()
type(data1)
```

```
bytes
```

Das Ergebnis der `read`-Operation ist ein `bytes`-Objekt, das – wie der Name besagt – eine Folge von Bytes enthält.

Normalerweise ist der Inhalt einer Bilddatei für Menschen nicht lesbar. Wenn wir aber den Inhalt einer zweiten Datei einlesen, können wir beide mithilfe des ==-Operators vergleichen, wie hier gezeigt:

```
path2 = 'photos/jan-2023/photo2.jpg'
data2 = open(path2, 'rb').read()
data1 == data2
```

```
False
```

Die Dateien haben also nicht den gleichen Inhalt.

Diesen Vergleich wollen wir nun in eine Funktion verkapseln:

```
def same_contents(path1, path2):
    data1 = open(path1, 'rb').read()
    data2 = open(path2, 'rb').read()
    return data1 == data2
```

Sollen nur zwei Dateien miteinander verglichen werden, ist diese Funktion eine gute Wahl. Gehen wir aber davon aus, dass wir eine große Zahl an Dateien haben und wissen wollen, ob mehrere von ihnen den gleichen Inhalt haben, wäre es sehr ineffizient, alle möglichen Dateipaare zu vergleichen.

Alternativ dazu können Sie auch eine **Hash-Funktion** nutzen. Sie übernimmt den Inhalt einer Datei und berechnet daraus eine **Prüfsumme** (engl. *Digest*), die meistens als großer Integer-Wert dargestellt wird. Enthalten zwei Dateien die gleichen Daten, wird für beide die gleiche Prüfsumme berechnet. Unterscheidet sich der Inhalt, haben sie so gut wie immer unterschiedliche Prüfsummen.

Das `hashlib`-Modul stellt mehrere Hash-Funktionen bereit. In diesem Beispiel verwenden wir die `md5`-Funktion. Wir beginnen mit dem Aufruf von `hashlib.md5`, um ein `HASH`-Objekt zu erzeugen:

```
import hashlib

md5_hash = hashlib.md5()
type(md5_hash)
```

```
_hashlib.HASH
```

Das `HASH`-Objekt besitzt eine `update`-Methode, die den Inhalt einer Datei als Argument übernimmt:

```
md5_hash.update(data1)
```

Jetzt können wir `hexdigest` nutzen,um eine Prüfsumme als String hexadezimaler Ziffern zu berechnen, die einen Integer in Base-16-Schreibweise darstellen:

```
digest = md5_hash.hexdigest()
digest
```

```
'aa1d2fc25b7ae247b2931f5a0882fa37'
```

Folgende Funktion verkapselt diese Schritte:

```
def md5_digest(filename):
    data = open(filename, 'rb').read()
    md5_hash = hashlib.md5()
    md5_hash.update(data)
    digest = md5_hash.hexdigest()
    return digest
```

Wenn wir für den Inhalt einer anderen Datei eine Prüfsumme berechnen, können wir bestätigen, dass sich die Prüfsumme von der vorherigen unterscheidet:

```
filename2 = 'photos/feb-2023/photo2.jpg'
md5_digest(filename2)
```

```
'6a501b11b01f89af9c3f6591d7f02c49'
```

Und damit haben wir schon fast alle Werkzeuge zum Aufspüren von Dateien gleichen Inhalts beisammen. Der letzte Schritt besteht darin, ein Verzeichnis nach allen Bilddateien zu durchsuchen.

Verzeichnisse durchlaufen

Die folgende Funktion übernimmt als Argument das zu durchsuchende Verzeichnis. Sie benutzt `listdir`, um eine Schleife über den Verzeichnisinhalt auszuführen. Findet sie eine Datei, gibt sie den vollständigen Pfad aus. Stößt sie auf ein Verzeichnis, ruft sie sich selbst rekursiv auf, um auch dieses Unterverzeichnis zu durchsuchen:

```
def walk(dirname):
    for name in os.listdir(dirname):
        path = os.path.join(dirname, name)

        if os.path.isfile(path):
            print(path)
        elif os.path.isdir(path):
            walk(path)
```

Das könnte zum Beispiel so aussehen:

```
walk('photos')
```

```
photos/notes.txt
photos/mar-2023/photo2.jpg
photos/mar-2023/photo1.jpg
photos/jan-2023/photo3.jpg
photos/jan-2023/photo2.jpg
photos/jan-2023/photo1.jpg
photos/feb-2023/photo2.jpg
photos/feb-2023/photo1.jpg
```

Die Reihenfolge der Ergebnisse kann dabei je nach Betriebssystem unterschiedlich ausfallen.

Hier eine allgemeinere Version von `walk` (engl. für »laufen«), die als zweiten Parameter ein Funktionsobjekt übernimmt. Anstatt die Pfade zu den gefundenen Dateien auszugeben, wird die referenzierte Funktion aufgerufen und der Pfad als Parameter übergeben:

```
def walk(dirname, visit_func):
    for name in os.listdir(dirname):
        path = os.path.join(dirname, name)

        if os.path.isfile(path):
            visit_func(path)
        else:
            walk(path, visit_func)
```

Es folgt ein Beispiel, bei dem wir `print` als Argument übergeben. Ruft `walk` die in `visit_func` übergebene Funktion auf, wird nun wiederum der Pfad zur gefundenen Datei ausgegeben. Es könnte aber auch eine beliebige andere Funktion aufgerufen werden, die das Argument verarbeitet:

```
walk('photos', print)
```

```
photos/notes.txt
photos/mar-2023/photo2.jpg
photos/mar-2023/photo1.jpg
photos/jan-2023/photo3.jpg
photos/jan-2023/photo2.jpg
photos/jan-2023/photo1.jpg
photos/feb-2023/photo2.jpg
photos/feb-2023/photo1.jpg
```

Den Parameter haben wir `visit_func` (»Besuchsfunktion«) genannt, weil wir beim Durchlaufen des Verzeichnisses jede einzelne Datei »besuchen«.

Debugging

Beim Lesen und Schreiben von Dateien kommt es manchmal zu Problemen mit Whitespace-Zeichen. Das Debugging dieser Fehler kann schwierig sein, weil Leerzeichen, Tabulatoren und Newline-Zeichen normalerweise unsichtbar sind:

```
s = '1 2\t 3\n 4'
print(s)
```

```
1 2	 3
 4
```

Hier kann die eingebaute Funktion `repr` (*return printable*, »ausgabefähig zurückgeben«) helfen. Sie übernimmt ein beliebiges Objekt als Argument und gibt eine String-Darstellung davon zurück. Bei Strings werden Whitespace-Zeichen als Backslash-Sequenzen dargestellt:

```
print(repr(s))
```

```
'1 2\t 3\n 4'
```

Die sichtbare Darstellung kann das Debugging erleichtern.

Ein weiteres Problem kann auftreten, weil verschiedene Betriebssysteme unterschiedliche Zeichen oder Zeichenfolgen für die Darstellung eines Zeilenumbruchs verwenden. Auf manchen Systemen ist `\n` das Newline-Zeichen, woanders wird dagegen das Wagenrücklaufzeichen `\r` genutzt, wieder andere verwenden beide Zeichen (`\r\n`). Wenn Sie Dateien zwischen verschiedenen Systemen verschieben, können diese Unterschiede für Probleme sorgen.

Eine weitere Schwierigkeit kann die Groß- und Kleinschreibung von Dateinamen unter verschiedenen Betriebssystemen sein. Unter macOS und Unix können Dateinamen Klein- und Großbuchstaben, Ziffern und die meisten Sonderzeichen enthalten. Die meisten Windows-Programme ignorieren die Unterschiede zwischen Groß- und Kleinschreibung dagegen. Außerdem sind einige Sonderzeichen, die unter macOS und Unix möglich sind, unter Windows nicht erlaubt.

Glossar

Ephemer
: Ein ephemeres Programm läuft typischerweise nur kurze Zeit, und wenn es endet, gehen alle Daten verloren.

Persistent
: Ein persistentes Programm läuft ohne festgelegten Endpunkt quasi »unendlich«. Zumindest ein Teil seiner Daten wird dauerhaft gespeichert.

Verzeichnis
: Eine Sammlung von Dateien und anderen (Unter-)Verzeichnissen.

Aktuelles Arbeitsverzeichnis
: Das von einem Programm verwendete Standardverzeichnis, solange nicht ausdrücklich ein anderes Verzeichnis angegeben wurde.

Pfad
: Ein String, der eine Folge von Verzeichnissen angibt, die oftmals auf eine bestimmte Datei verweisen. Der Pfad gibt also an, wo im Betriebssystem eine bestimmte Datei oder ein bestimmtes Verzeichnis zu finden ist.

Relativer Pfad
: Ein Pfad, der beim aktuellen Arbeitsverzeichnis oder einem anderen angegebenen Verzeichnis beginnt.

Absoluter Pfad
: Ein Pfad, der nicht vom aktuellen Arbeitsverzeichnis abhängt.

f-String
: Ein String, dem vor dem öffnenden Anführungszeichen der Buchstabe `f` vorangestellt wird. Er kann einen oder mehrere Ausdrücke in geschweiften Klammern enthalten.

Konfigurationsdaten
: Daten, die angeben, was ein Programm zu welcher Zeit tun soll. Konfigurationsdaten werden oft in einer Datei gespeichert.

Serialisierung
: Umwandlung eines Objekts in einen String.

Deserialisierung
: Umwandlung eines Strings in ein Objekt.

Datenbank
: Eine Datei, deren Inhalt so organisiert ist, dass bestimmte Operationen sehr effizient ausgeführt werden können.

Schlüssel/Wert-Speicher
: Eine Datenbank, deren Inhalt wie ein Dictionary organisiert ist, in dem Schlüssel bestimmte Werte zugeordnet werden.

Binärmodus
: Eine Möglichkeit, eine Datei zu öffnen, damit ihr Inhalt nicht als Zeichenfolge, sondern als Folge von Bytes interpretiert wird.

Hash-Funktion
: Eine Funktion, die ein Objekt übernimmt und daraus einen Integer berechnet, der üblicherweise als Prüfsumme (engl. *Digest*) bezeichnet wird.

Prüfsumme (»Digest«)
: Das Ergebnis einer Hash-Funktion, besonders wenn überprüft wird, ob zwei Objekte gleich sind.

Übungen

Fragen Sie einen virtuellen Assistenten

In diesem Kapitel haben wir mehrere Themen behandelt, die ich nicht alle im Detail erklärt habe. Hier ein paar Fragen, die Sie einem virtuellen Assistenten stellen können, um mehr zu erfahren:

- »Was ist der Unterschied zwischen ephemeren und persistenten Programmen?«
- »Gib mir einige Beispiele für persistente Programme.«
- »Was ist der Unterschied zwischen absoluten und relativen Pfaden?«
- »Warum enthält das `yaml`-Modul die Funktionen `load` und `safe_load`?
- »Wofür werden die Dateien mit den Endungen *dat* und *dir* bei der Erstellung eines Pythons-Shelfs benutzt?«
- »Welche andere Arten von Datenbanken gibt es neben Schlüssel/Wert-Speichern noch?«
- »Worin besteht beim Lesen einer Datei der Unterschied zwischen Binär- und Textmodus?«
- »Was ist eine Hash-Funktion?«
- »Was ist ein MD5-Digest?«

Wie immer können Sie auch hier einen virtuellen Assistenten um Hilfe bitten, wenn Sie mit den Übungen nicht weiterkommen. Fügen Sie zusammen mit Ihrer Frage auch die relevanten Funktionen aus diesem Kapitel mit ein.

Übung 13-1

Schreiben Sie eine Funktion namens `replace_all` (»alles ersetzen«), die als Argumente einen String als Suchmuster, einen String, mit dem das Gefundene ersetzt werden soll, und zwei Dateinamen übernimmt. Die Funktion sollte die erste Datei lesen und den Inhalt in die zweite Datei schreiben (und sie bei Bedarf erstellen). Erscheint das Suchmuster irgendwo im Inhalt der ersten Datei, soll es durch den Ersetzungsstring ausgetauscht werden.

Um Ihre Funktion zu testen, lesen Sie die Datei *photos/notes.txt* und ersetzen den String `'photos'` durch `'images'`. Das Ergebnis speichern Sie in der Datei *photos/new_notes.txt*.

Übung 13-2

Im Abschnitt »Datenstrukturen speichern« auf Seite 250 haben wir das `shelve`-Modul eingesetzt, um einen Schlüssel/Wert-Speicher anzulegen, der einem String mit sortierten Buchstaben eine Liste von Anagrammen zuordnet. Um das Beispiel abzuschließen, schreiben Sie eine Funktion namens `add_word` (»Wort hinzufügen«), die als Argumente einen String und ein Shelf-Objekt übernimmt.

Die Funktion soll die Buchstaben des Worts sortieren, um daraus einen Schlüssel zu erstellen. Dann soll sie überprüfen, ob dieser Schlüssel sich bereits im Shelf befindet. Falls nicht, sollte sie eine Liste anlegen, die das neue Wort enthält, und sie dem Shelf hinzufügen. Ist der Schlüssel bereits im Shelf vorhanden, sollte das neue Wort dem entsprechenden Wert hinzugefügt werden.

Übung 13-3

Bei größeren Dateisammlungen kann es passieren, dass mehrere Kopien der gleichen Datei in unterschiedlichen Verzeichnissen und unter verschiedenen Namen abgelegt sind. Das Ziel dieser Übung besteht darin, nach Duplikaten zu suchen. Als Beispiel arbeiten wir mit den Bilddateien im Verzeichnis *photos*.

Das soll so funktionieren:

- Wir verwenden die `walk`-Funktion aus dem Abschnitt »Verzeichnisse durchlaufen« auf Seite 254, um nach Dateien zu suchen, die eine der Dateiendungen tragen, die in `config ['extensions']` definiert sind.
- Auf jede Datei wenden wir `md5_digest` aus dem Abschnitt »Auf äquivalente Dateien testen« auf Seite 252 an, um eine Prüfsumme ihres Inhalts zu erstellen.
- Mithilfe eines Shelfs erzeugen wir Zuordnungen von jeder Prüfsumme auf eine Liste der Pfade, die diesem Digest entsprechen.
- Abschließend durchsuchen wir das Shelf nach Prüfsummen, denen mehrere Dateien zugeordnet sind.
- Werden vermeintliche Duplikate gefunden, setzen wir `same_contents` ein, um zu bestätigen, dass die Dateien tatsächlich äquivalent sind.

Ich empfehle Ihnen, zu Beginn einige Funktionen zu schreiben, die wir anschließend kombinieren:

1. Um eine Bilddatei zu erkennen, schreiben Sie eine Funktion namens `is_image`. Sie übernimmt einen Pfad und eine Liste mit Dateiendungen und gibt `True` zurück, wenn der Pfad mit einer dieser Endungen abschließt (zum Beispiel *photos/bild2.jpg*). Tipp: Verwenden Sie `os.path.splittext` oder bitten Sie einen virtuellen Assistenten, die Funktion für Sie zu schreiben.
2. Schreiben Sie eine Funktion namens `add_path` (»Pfad hinzufügen«), die als Argumente einen Pfad und ein Shelf übernimmt. Sie sollte `md5_digest` verwenden, um eine Prüfsumme des Dateiinhalts zu berechnen. Danach sollte sie das Shelf aktualisieren. Dabei soll entweder ein neuer Eintrag angelegt werden, der die Prüfsumme einer Liste zuordnet, die den Pfad enthält, oder sie soll den Pfad der Liste anhängen, falls ein entsprechender Eintrag bereits existiert.
3. Schreiben Sie eine Funktion namens `process_path` (»Pfad verarbeiten«). Sie übernimmt einen Pfad und nutzt `is_image`, um zu überprüfen, ob es sich um eine Bilddatei handelt. Falls ja, fügt sie den Pfad mithilfe von `add_path` dem Shelf hinzu.

Wenn alles korrekt funktioniert, können Sie das folgende Programm verwenden, um das Shelf zu erstellen, das *photos*-Verzeichnis zu durchsuchen, dem Shelf die Pfade hinzuzufügen und schließlich um zu überprüfen, ob es mehrere Dateien mit der gleichen Prüfsumme gibt:

```
db = shelve.open('photos/digests', 'n')
walk('photos', process_path)

for digest, paths in db.items():
    if len(paths) > 1:
        print(paths)
```

Sie sollten ein paar Dateien mit der gleichen Prüfsumme finden. Überprüfen Sie anhand von `same_contents`, ob die Dateien tatsächlich den gleichen Inhalt haben.

KAPITEL 14

Klassen und Funktionen

Inzwischen wissen Sie, wie man Funktionen verwendet, um Code zu organisieren, und wie Sie spracheigene Typen für die Strukturierung von Daten nutzen können. Der nächste Schritt ist die **objektorientierte Programmierung** (OOP), bei der selbst (also von Ihnen) definierte Typen für die Organisation von Code und Daten zum Einsatz kommen. Die OOP ist ein umfangreiches Thema. Daher werden wir hierbei Schritt für Schritt vorgehen. In diesem Kapitel beginnen wir mit Code, der nicht idiomatisch ist. Das heißt, erfahrene Programmiererinnen und Programmierer würden ihn mit Sicherheit anders schreiben. Aber es ist ein guter Startpunkt. In den folgenden zwei Kapiteln werden wir Sprachmerkmale einsetzen, um idiomatischeren Code zu schreiben.

Selbst definierte Typen

Im Verlauf dieses Buchs haben Sie viele der Python-eigenen Typen kennengelernt. Jetzt wollen wir einen neuen Typ definieren. Wir beginnen mit einem Typ, den wir `Time` nennen und der eine bestimmte Uhrzeit am Tag im 12-Stunden-Format darstellt.Ein von Programmierern definierter Typ wird auch als **Klasse** bezeichnet. Die Definition einer Klasse sieht etwa so aus:

```
class Time:
    """Represents a time of day."""
```

Der Header gibt an, dass die neue Klasse den Namen `Time` trägt. Der Body ist ein Docstring, der den Zweck der Klasse erklärt. Die Definition einer Klasse erzeugt ein **Klassenobjekt**.

Das Klassenobjekt funktioniert wie eine Fabrik, in der Objekte hergestellt werden. Um ein `Time`-Objekt zu erstellen, rufen Sie `Time` auf, als sei es eine Funktion:

```
lunch = Time()
```

Das Ergebnis ist ein neues Objekt des Typs `__main__.Time`, wobei `__main__` für den Namen des Moduls steht, in dem `Time` definiert wurde:

```
type(lunch)
```

```
__main__.Time
```

Wenn Sie ein Objekt ausgeben, teilt Python Ihnen den Typ des Objekts und seine Speicheradresse mit (das vorangestellte `0x` zeigt an, dass die folgende Zahl hexadezimal ist):

```
print(lunch)
```

```
<__main__.Time object at 0x7fbf2c427280>
```

Die Erstellung eines neuen Objekts wird als **Instanziierung** bezeichnet. Das Objekt ist eine **Instanz** seiner Klasse.

Attribute

Ein Objekt kann Variablen enthalten, die **Attribute** genannt werden. Um Attribute anzulegen, verwenden wir die Punktschreibweise:

```
lunch.hour = 11
lunch.minute = 59
lunch.second = 1
```

In diesem Beispiel erstellen wir die Attribute `hour`, `minute` und `second`, die jeweils für die Stunde, die Minute und die Sekunde der Uhrzeit `11:59:01` stehen. Geht es nach mir, ist das die Mittagszeit (engl. *Lunchtime*).

Das folgende Diagramm zeigt den Zustand von `lunch` und seinen Attributen nach diesen drei Zuweisungen:

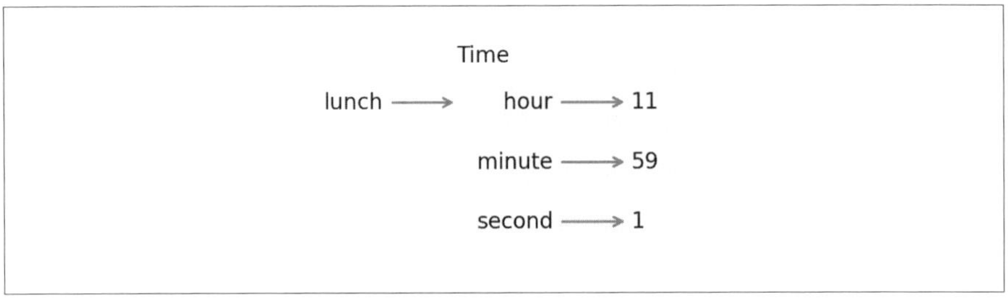

Die Variable lunch verweist auf ein Time-Objekt, das drei Attribute enthält. Jedes Attribut verweist auf je einen Integer-Wert. Ein Zustandsdiagramm wie das oben gezeigte, das ein Objekt und seine Attribute zeigt, nennt man übrigens **Objektdiagramm**.

Um auf den Wert eines Attributs zuzugreifen, verwenden Sie ebenfalls den Punktoperator:

```
lunch.hour
```

```
11
```

Attribute können Teil beliebiger Ausdrücke sein:

```
total_minutes = lunch.hour * 60 + lunch.minute
total_minutes
```

```
719
```

Der Punktoperator kann auch Teil eines Ausdrucks in einem f-String sein:

```
f'{lunch.hour}:{lunch.minute}:{lunch.second}'
```

```
'11:59:1'
```

Wie man sieht, wird die Zeit nicht im Standardformat (hh:mm:ss) ausgegeben. Um das zu beheben, müssen wir den Werten von minute und second bei Bedarf eine Null voranstellen. Das geht, indem wir den Ausdruck in den geschweiften Klammern um einen Formatspezifizierer (engl. *Format Specifier*) erweitern. Im folgenden Beispiel gibt der Formatspezifizierer 02d an, dass minute und second mit mindestens zwei Ziffern (2d) und bei Bedarf mit einer führenden Null (0) dargestellt werden sollen:

```
f'{lunch.hour}:{lunch.minute:02d}:{lunch.second:02d}'
```

```
'11:59:01'
```

Diesen f-String werden wir einsetzen, um eine Funktion zu schreiben, die den Wert von Time-Objekten ausgibt. Auch Objekte können wie üblich als Argumente übergeben werden. Die folgende Funktion übernimmt beispielsweise ein Time-Objekt als Argument:

```
def print_time(time):
    s = f'{time.hour:02d}:{time.minute:02d}:{time.second:02d}'
    print(s)
```

Beim Aufruf der Funktion können wir nun `lunch` als Argument übergeben:

```
print_time(lunch)
```

```
11:59:01
```

Objekte als Rückgabewerte

Andersherum können Funktionen auch Objekte zurückgeben. Die Funktion `make_time` übernimmt beispielsweise die Parameter `hour`, `minute` und `second`, speichert sie als Attribute in einem neu erzeugten `Time`-Objekt und gibt dieses anschließend zurück:

```
def make_time(hour, minute, second):
    time = Time()
    time.hour = hour
    time.minute = minute
    time.second = second
    return time
```

Es überrascht Sie vielleicht, dass die Parameter die gleichen Namen wie die Attribute haben. Für Funktionen wie diese ist das eine übliche Schreibweise. Um mit `make_time` ein `Time`-Objekt zu erstellen, gehen Sie so vor:

```
time = make_time(11, 59, 1)
print_time(time)
```

```
11:59:01
```

Objekte sind mutabel

Angenommen, Sie wären gerade in Großbritannien und wollten sich die Originalversion von *Die Ritter der Kokosnuss* (*Monty Python and the Holy Grail*) ansehen. Der Film beginnt um 21:20 Uhr (also 09:20 PM nach englischer Schreibweise) und dauert 92 Minuten, also eine Stunde und 32 Minuten. Um welche Uhrzeit nach englischer Schreibweise ist der Film dann zu Ende?

Um das herauszufinden, erzeugen wir zunächst ein `Time`-Objekt, das die Anfangszeit darstellt:

```
start = make_time(9, 20, 0)
print_time(start)
```

```
09:20:00
```

Um die Endzeit zu ermitteln, können wir die Attribute des Time-Objekts verändern, indem wir die Dauer des Films addieren:

```
start.hour += 1
start.minute += 32
print_time(start)
```

```
10:52:00
```

Der Film ist also um 10:52 PM nach englischer Schreibweise zu Ende.

Jetzt wollen wir diese Berechnung in einer Funktion verkapseln und so verallgemeinern, dass sie die Dauer des Films in Form der drei Parameter hours, minutes und seconds übernimmt:

```
def increment_time(time, hours, minutes, seconds):
    time.hour += hours
    time.minute += minutes
    time.second += seconds
```

Hier ein Beispiel:

```
start = make_time(9, 20, 0)
increment_time(start, 1, 32, 0)
print_time(start)
```

```
10:52:00
```

Das folgende Stack-Diagramm zeigt den Zustand des Programms, direkt bevor increment_time das Objekt verändert:

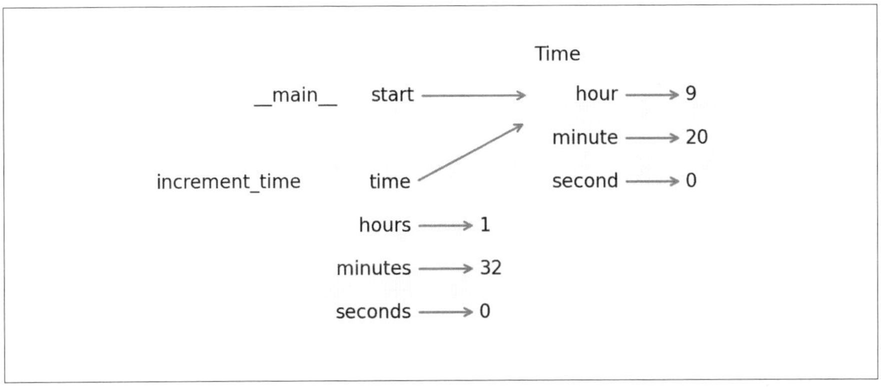

Innerhalb der Funktion wird time als Alias (siehe den Abschnitt »Aliasing« auf Seite 170) für start verwendet. Wird time verändert, erhält auch start einen neuen Wert. Diese Funktion tut, was sie soll. Allerdings haben wir am Schluss eine Variable namens start, die auf ein Objekt verweist, das die Endzeit des Films repräsentiert. Das Objekt, das die Anfangszeit wiedergibt, ist nicht mehr vorhanden. Es wäre besser, wenn wir start unverändert ließen und für die Endzeit ein neues Objekt erstellten. Das geht, indem wir start kopieren und anschließend die Kopie verändern.

Objekte kopieren

Das copy-Modul enthält die gleichnamige Funktion copy, die beliebige Objekte kopieren kann. Wir können das Modul wie folgt importieren:

```
from copy import copy
```

Um zu sehen, wie es funktioniert, beginnen wir mit einem neuen Time-Objekt, das für die Anfangszeit des Films steht:

```
start = make_time(9, 20, 0)
```

Dann erstellen wir eine Kopie:

```
end = copy(start)
```

Jetzt enthalten start und end die gleichen Daten:

```
print_time(start)
print_time(end)
```

```
09:20:00
09:20:00
```

Dabei bestätigt uns der is-Operator, dass es sich um zwei unterschiedliche Objekte handelt:

```
start is end
```

```
False
```

Sehen wir mal, was der ==-Operator macht:

```
start == end
```

```
False
```

Vielleicht haben Sie erwartet, dass == hier `True` ergibt. Schließlich enthalten die Objekte doch die gleichen Daten. Für selbst definierte Klassen hat == jedoch das gleiche Verhalten wie der `is`-Operator. Er überprüft, ob die Objekte identisch sind, aber nicht, ob sie äquivalent sind.

Reine Funktionen

Wir können `copy` auch nutzen, um reine Funktionen zu schreiben, die ihre Parameter nicht verändern, hier zum Beispiel eine Funktion, die ein `Time`-Objekt und eine Dauer in Stunden, Minuten und Sekunden übernimmt. Sie erstellt eine Kopie des Originalobjekts und wendet `increment_time` an, um die Kopie zu verändern. Danach wird die modifizierte Kopie zurückgegeben:

```
def add_time(time, hours, minutes, seconds):
    total = copy(time)
    increment_time(total, hours, minutes, seconds)
    return total
```

Ein Aufruf könnte in etwa so aussehen:

```
end = add_time(start, 1, 32, 0)
print_time(end)
```

```
10:52:00
```

Der Rückgabewert ist ein neues Objekt, das die Endzeit des Films wiedergibt. Jetzt können wir bestätigen, dass `start` tatsächlich nicht verändert wurde:

```
print_time(start)
```

```
09:20:00
```

`add_time` ist eine **reine Funktion**, weil sie keine der als Argumente übergebenen Objekte verändert und der einzige Effekt in der Rückgabe eines Werts liegt.

Alles, was mit verändernden Funktionen (sogenannten *Modifier*) gemacht werden kann, ist auch mit reinen Funktionen möglich. Einige Programmiersprachen erlauben tatsächlich nur reine Funktionen. Programme, die reine Funktionen verwenden, gelten als weniger fehleranfällig als Programme, die Modifier verwenden. Allerdings sind Modifier manchmal bequemer und können effizienter sein.

Grundsätzlich empfehle ich Ihnen, reine Funktionen zu schreiben, sofern es vernünftig erscheint, und Modifier nur dort zu benutzen, wo sie klare Vorteile bieten. Dieser Ansatz wird auch als **funktionaler Programmierstil** bezeichnet.

Prototyp und Patch

Im vorigen Beispiel scheinen `increment_time` und `add_time` korrekt zu funktionieren. Testen wir ein anderes Beispiel, stellen wir fest, dass es offenbar einen Fehler gibt.

Angenommen, Sie kommen beim Kino an und stellen fest, dass der Film nicht um 9:20 PM, sondern erst um 9:40 PM (21:40 Uhr) beginnt. Wenn wir jetzt versuchen, die neue Endzeit zu berechnen, passiert Folgendes:

```
start = make_time(9, 40, 0)
end = add_time(start, 1, 32, 0)
print_time(end)
```

```
10:72:00
```

Das Ergebnis ist keine gültige Uhrzeit. Das Problem ist, dass `increment_time` keine Fälle berücksichtigt, in denen die Zahl der Sekunden oder Minuten größer als 60 ist.

Hier eine verbesserte Version, die überprüft, ob `second` größer oder gleich 60 ist. In diesem Fall wird `minute` inkrementiert. Danach wird getestet, ob `minute` größer oder gleich 60 ist. Falls ja, wird `hour` inkrementiert.

```
def increment_time(time, hours, minutes, seconds):
    time.hour += hours
    time.minute += minutes
    time.second += seconds

    if time.second >= 60:
        time.second -= 60
        time.minute += 1

    if time.minute >= 60:
        time.minute -= 60
        time.hour += 1
```

Die Reparatur von increment_time bringt auch add_time in Ordnung, das increment_time nutzt. Jetzt funktioniert das vorherige Beispiel korrekt:

```
end = add_time(start, 1, 32, 0)
print_time(end)
```

```
11:12:00
```

Trotzdem hat die Funktion immer noch ein Problem, denn die Argumente können größer als 60 sein. Wenn die Dauer des Films beispielsweise nicht als 1 Stunde und 32 Minuten angegeben wird, sondern als 92 Minuten und wir add_time wie folgt aufrufen, erhalten wir:

```
end = add_time(start, 0, 92, 0)
print_time(end)
```

```
10:72:00
```

Das Ergebnis ist keine gültige Uhrzeit. Probieren wir es also mit einem anderen Ansatz, der die divmod-Funktion nutzt. Zunächst erstellen wir eine Kopie von start und verändern diese, indem wir deren minute-Attribut inkrementieren:

```
end = copy(start)
end.minute = start.minute + 92
end.minute
```

```
132
```

Jetzt hat minute den Wert 132, was 2 Stunden und 12 Minuten entspricht. Mithilfe von divmod können wir durch 60 teilen und die Zahl der ganzen Stunden und der verbleibenden Minuten zurückgeben:

```
carry, end.minute = divmod(end.minute, 60)
carry, end.minute
```

```
(2, 12)
```

Nun enthält minute einen korrekten Wert, und wir können hour die Stunden hinzuaddieren:

```
end.hour += carry
print_time(end)
```

```
11:12:00
```

Das Ergebnis ist eine gültige Zeitangabe. Das Gleiche können wir jetzt mit hour und second machen und den gesamten Prozess schließlich in eine Funktion verkapseln:

```
def increment_time(time, hours, minutes, seconds):
    time.hour += hours
    time.minute += minutes
    time.second += seconds

    carry, time.second = divmod(time.second, 60)
    carry, time.minute = divmod(time.minute + carry, 60)
    carry, time.hour = divmod(time.hour + carry, 60)
```

Mit dieser Version von increment_time funktioniert auch add_time korrekt, auch wenn die Argumente größer oder gleich 60 sind:

```
end = add_time(start, 0, 90, 120)
print_time(end)
```

```
11:12:00
```

Dieser Abschnitt folgt einem Konzept zur Entwicklung von Programmen, das ich als **Prototyp und Anpassung** (engl. *Prototype and Patch*) bezeichne. Wir haben mit einem einfachen Prototyp begonnen, der im ersten Beispiel korrekt funktionierte.

Danach haben wir es mit komplizierteren Beispielen probiert. Trat ein Fehler auf, haben wir das Programm angepasst, um ihn zu beheben.

Dieses Vorgehen kann sehr effektiv sein, besonders wenn Sie das Problem nicht besonders gut verstehen. Andererseits können diese schrittweisen Korrekturen den Code unnötig verkomplizieren, denn er muss viele Sonderfälle berücksichtigen. Außerdem wird er leicht unzuverlässig, weil Sie nur schwer herausfinden können, ob Sie wirklich alle Fehler gefunden haben.

Design-First-Entwicklung

Eine alternative Vorgehensweise ist Programmierung nach dem **Design-First-Prinzip**, wobei gegenüber dem Prototyping mehr Gewicht auf der Planung liegt. Bei einem Design-First-Prozess können umfassende Erkenntnisse zum Problem die Programmierung deutlich erleichtern.

In unserem Fall besteht die Erkenntnis darin, dass wir uns ein Time-Objekt als dreistellige Zahl zur Basis 60 (»sexagesimal«) vorstellen können. Dabei steht das Attribut second in der »Einerspalte«, minute in der »Sechzigerspalte« und hour schließlich in der »Dreitausendsechshunderterspalte«. Beim Schreiben von increment_time haben wir im Prinzip also eine Addition im Base-60-System vorgenommen. Dadurch mussten die Zahlen von einer Spalte in die nächsthöhere übertragen werden.

Diese Beobachtung bringt uns zu einem neuen Lösungsansatz. Wir können Time-Objekte in Integer-Werte (Sekunden) umwandeln und die Tatsache nutzen, dass Python mit Integer-Arithmetik umgehen kann.

Hier eine Funktion, die ein Time-Objekt in einen Integer-Wert konvertiert:

```
def time_to_int(time):
    minutes = time.hour * 60 + time.minute
    seconds = minutes * 60 + time.second
    return seconds
```

Das Ergebnis ist die Zahl der Sekunden seit Tagesanfang. 01:01:01 steht für 1 Stunde, 1 Minute und 1 Sekunde seit Tagesbeginn. Das entspricht der Summe aus 3600 Sekunden, weiteren 60 Sekunden und 1 Sekunde.

```
time = make_time(1, 1, 1)
print_time(time)
time_to_int(time)
```

```
01:01:01
```

```
3661
```

Und hier eine Funktion, die in entgegengesetzter Richtung arbeitet. Sie konvertiert einen Integer mithilfe der divmod-Funktion in ein Time-Objekt:

```
def int_to_time(seconds):
    minute, second = divmod(seconds, 60)
    hour, minute = divmod(minute, 60)
    return make_time(hour, minute, second)
```

Das können wir testen, indem wir das vorherige Beispiel in ein Time-Objekt zurückverwandeln:

```
time = int_to_time(3661)
print_time(time)
```

```
01:01:01
```

Anhand dieser drei Funktionen können wir jetzt eine vereinfachte Version von add_time schreiben:

```
def add_time(time, hours, minutes, seconds):
    duration = make_time(hours, minutes, seconds)
    seconds = time_to_int(time) + time_to_int(duration)
    return int_to_time(seconds)
```

Die erste Zeile wandelt die Argumente in ein Time-Objekt mit dem Namen duration (»Dauer«) um. Die zweite Zeile konvertiert time und duration in Sekunden und addiert beide. Die dritte Zeile erzeugt aus der Summe ein Time-Objekt und gibt es zurück, wie hier gezeigt:

```
start = make_time(9, 40, 0)
end = add_time(start, 1, 32, 0)
print_time(end)
```

```
11:12:00
```

Auf bestimmte Weise ist die Umwandlung von Base-60 zu Base-10 (Dezimalsystem) schwerer als der Umgang mit Uhrzeiten. Die Konvertierung zwischen verschiedenen Zahlensystemen ist abstrakter; unsere menschliche Intuition für die Arbeit mit Zeitwerten ist besser.

Aber wenn wir uns darauf einlassen, Zeitangaben als Zahlen zur Basis 60 zu behandeln – und den Aufwand treiben, die Konvertierungsfunktionen time_to_int und int_to_time zu schreiben –, erhalten wir ein Programm, das nicht nur kürzer und lesbarer ist, sondern auch zuverlässiger und besser zu debuggen.

Auch ist es einfacher, später weitere Features hinzuzufügen. Stellen Sie sich beispielsweise vor, Sie würden zwei Time-Objekte subtrahieren, um die Zeitdifferenz zwischen ihnen zu finden. Der naive Ansatz wäre eine Implementierung, die mit Überträgen arbeitet. Die Verwendung der Konvertierungsfunktionen ist dagegen einfacher und deutlich wahrscheinlicher korrekt.

Ironischerweise kann es die Problemlösung erleichtern, wenn man das Problem zuvor erschwert oder verallgemeinert, weil es weniger Sonderfälle und weniger Fehlerquellen gibt.

Debugging

Python besitzt eine Vielzahl eingebauter Funktionen, die beim Testen und Debuggen von Programmen, die mit Objekten arbeiten, helfen können. Wenn Sie beispielsweise nicht sicher sind, welchen Typ ein Objekt hat, können Sie schreiben:

```
type(start)
```

```
__main__.Time
```

Mithilfe von `isinstance` können Sie überprüfen, ob ein Objekt eine Instanz einer bestimmten Klasse ist:

```
isinstance(end, Time)
```

```
True
```

Wenn Sie nicht sicher sind, ob ein Objekt ein bestimmtes Attribut besitzt, greifen Sie auf die eingebaute Funktion `hasattr` zurück:

```
hasattr(start, 'hour')
```

```
True
```

Die Funktion `vars` gibt alle Attribute und ihre Werte als Dictionary zurück:

```
vars(start)
```

```
{'hour': 9, 'minute': 40, 'second': 0}
```

Das Modul `structshape` (»Form der Datenstruktur«) kennen wir bereits aus dem Abschnitt »Debugging« auf Seite 211. Es funktioniert auch mit selbst definierten Typen:

```
from structshape import structshape

t = start, end
structshape(t)
```

```
'tuple of 2 Time'
```

Glossar

Objektorientierte Programmierung (OOP)
Ein Programmierstil, der Objekte für die Organisation von Code und Daten verwendet.

Klasse
Ein selbst (vom Programmierer) definierter Typ. Eine Klassendefinition erzeugt ein neues Klassenobjekt.

Klassenobjekt
Ein Objekt, das eine Klasse repräsentiert – das Ergebnis einer Klassendefinition.

Instanziierung
Der Prozess der Erstellung eines Objekts, das zu einer Klasse gehört.

Instanz
Ein Objekt, das zu einer Klasse gehört.

Attribut
Eine Variable, die einem Objekt zugeordnet ist. Wird auch als Instanzvariable bezeichnet.

Objektdiagramm
Eine grafische Darstellung eines Objekts, seiner Attribute und deren Werte.

Formatspezifizierer
In einem f-String legt ein Formatspezifizierer fest, wie ein Wert in einen String umgewandelt wird.

Reine Funktion
Eine Funktion, die ihre Parameter nicht verändert und keine anderen Auswirkungen hat, als einen Wert zurückzugeben.

Funktionaler Programmierstil
Eine Art zu programmieren, die nach Möglichkeit nur reine Funktionen verwendet.

Prototyp und Anpassung
Eine Möglichkeit, Programme zu entwickeln, bei der mit einem einfachen Entwurf begonnen wird, dem dann schrittweise weitere Features hinzugefügt und in dem Fehler behoben werden.

Design-First-Prinzip
Eine Art, Programme zu entwickeln, bei der anstelle von Prototypen und Anpassungen Wert auf eine sorgfältigere Planung gelegt wird.

Übungen

Fragen Sie einen virtuellen Assistenten

In diesem Kapitel gibt es eine Menge neuer Begriffe. Ein Gespräch mit einem virtuellen Assistenten kann helfen, das Verständnis zu festigen. Sie könnten zum Beispiel folgende Fragen stellen:

- »Was ist der Unterschied zwischen einer Klasse und einem Typ?«
- »Was ist der Unterschied zwischen einem Objekt und einer Instanz?«
- »Was ist der Unterschied zwischen einer Variablen und einem Attribut?«
- »Was sind die Vor- und Nachteile reiner Funktionen im Vergleich zu Modifiern?«

Da wir gerade erst mit der objektorientierten Programmierung beginnen, ist der Code in diesem Kapitel nicht sprachüblich. Erfahrene Programmiererinnen und Programmierer würden diesen Code nicht schreiben. Wenn Sie sich bei den Übungen von einem virtuellen Assistenten helfen lassen, werden Sie wahrscheinlich Sprachmerkmale sehen, die wir noch nicht behandelt haben. Vor allem werden Sie vermutlich eine Methode namens `__init__` sehen, um die Attribute einer Instanz zu initialisieren.

Wenn diese Merkmale für Sie verständlich sind, können Sie sie natürlich gleich einsetzen. Falls nicht, seien Sie geduldig – wir werden bald darauf zu sprechen kommen. In der Zwischenzeit können Sie versuchen, die folgenden Übungen nur mit den Features zu lösen, die wir bisher behandelt haben.

In diesem Kapitel haben wir außerdem ein Beispiel für einen Formatspezifizierer gesehen. Um weitere Informationen zu erhalten, können Sie fragen: »Welche Formatspezifizierer können in einem Python-f-String verwendet werden?«

Übung 14-1

Schreiben Sie eine Funktion namens `subtract_time`, die zwei `Time`-Objekte übernimmt und die Zeitdifferenz zwischen beiden in Sekunden zurückgibt. Gehen Sie dabei davon aus, dass sich beide Zeitangaben auf den gleichen Tag beziehen.

Übung 14-2

Schreiben Sie eine Funktion mit dem Namen `is_after` (»ist später«), die zwei `Time`-Objekte übernimmt und `True` zurückgibt, wenn die zweite Zeitangabe später am Tag liegt als die erste. Ansonsten soll `False` zurückgegeben werden:

```
def is_after(t1, t2):
    """Checks whether `t1` is after `t2`.

    >>> is_after(make_time(3, 2, 1), make_time(3, 2, 0))
    True
    >>> is_after(make_time(3, 2, 1), make_time(3, 2, 1))
    False
    >>> is_after(make_time(11, 12, 0), make_time(9, 40, 0))
    True
    """
    return None
```

Übung 14-3

Hier ist eine Definition für eine `Date`-Klasse, die ein Kalenderdatum repräsentiert, also ein Jahr, einen Monat und den Tag im Monat:

```
class Date:
    """Represents a year, month, and day"""
```

1. Schreiben Sie eine Funktion namens `make_date`, die die Parameter `year`, `month` und `day` (Jahr, Monat und Tag) übernimmt, ein `Date`-Objekt erzeugt, die Parameter entsprechenden Attributen zuweist und das Ergebnis als neues Objekt zurückgibt. Erstellen Sie ein Objekt, das den 22. Juni 1995 repräsentiert.

2. Schreiben Sie eine Funktion mit dem Namen `print_date`. Sie übernimmt ein `Date`-Objekt und verwendet einen f-String, um die Attribute zu formatieren und das Ergebnis auszugeben. Wenn Sie die Funktion mit dem gerade erstellten `Date`-Objekt testen, sollte das Ergebnis das Format `JJJJ-MM-TT` haben, also `1995-06-22` lauten.
3. Schreiben Sie eine `is_after`-Funktion, die zwei `Date`-Objekte als Parameter übernimmt und `True` zurückgibt, wenn das erste Datum vor dem zweiten liegt. Erstellen Sie ein zweites Objekt für den 17. September 1995 und überprüfen Sie, ob es vor dem ersten Objekt liegt.

Tipp: Es kann helfen, eine Funktion namens `date_to_tuple` zu schreiben, die ein `Date`-Objekt übernimmt und ein Tupel zurückgibt, das die Attribute des Objekts in der benötigten Reihenfolge (Jahr, Monat, Tag) enthält.

KAPITEL 15

Klassen und Methoden

Python ist eine **objektorientierte** Programmiersprache. Das heißt, sie besitzt Sprachmerkmale, die die objektorientierte Programmierung unterstützen, wie zum Beispiel:

- Die meisten Berechnungen werden als Operationen auf Objekten vorgenommen.
- Objekte repräsentieren oft Dinge aus der echten Welt; Methoden stimmen häufig damit überein, wie Dinge in der echten Welt miteinander interagieren.
- Programme enthalten Klassen- und Methodendefinitionen.

So haben wir im vorherigen Kapitel beispielsweise eine `Time`-Klasse definiert, die abbildet, wie Menschen Uhrzeiten aufzeichnen. Zusätzlich haben wir Funktionen definiert, die damit übereinstimmen, was man üblicherweise mit Zeitangaben anstellt. Dabei gibt es allerdings keine ausdrückliche Verbindung zwischen der Klasse `Time` und den darauffolgenden Funktionsdefinitionen. Wir können diese Verbindungen explizit machen, indem wir eine Funktion *innerhalb* der Klassendefinition als **Methode** definieren.

Methoden definieren

Im vorherigen Kapitel haben wir eine Klasse namens `Time` und eine `print_time`-Funktion definiert, die eine bestimmte Uhrzeit ausgibt:

```
class Time:
    """Represents the time of day."""

def print_time(time):
    s = f'{time.hour:02d}:{time.minute:02d}:{time.second:02d}'
    print(s)
```

Um print_time in eine Methode umzuwandeln, müssen wir die Funktionsdefinition in den Body der Klassendefinition verschieben. Beachten Sie die veränderten Einrückungen.

Gleichzeitig ändern wir den Namen des Parameters von time in self. Diese Änderung ist zwar nicht zwingend vorgeschrieben, dennoch ist es üblich, den ersten Parameter einer Methode self zu nennen.

```
class Time:
    """Represents the time of day."""

    def print_time(self):
        s = f'{self.hour:02d}:{self.minute:02d}:{self.second:02d}'
        print(s)
```

Um diese Methode aufzurufen, müssen Sie ihr ein Time-Objekt als Argument übergeben. Dies ist die Funktion, die wir für die Erstellung von Time-Objekten nutzen:

```
def make_time(hour, minute, second):
    time = Time()
    time.hour = hour
    time.minute = minute
    time.second = second
    return time
```

Hier erstellen wir eine Instanz von Time:

```
start = make_time(9, 40, 0)
```

Es gibt zwei Arten, wie print_time aufgerufen werden kann. Die erste (und weniger übliche) nutzt die Funktionssyntax:

```
Time.print_time(start)
```

```
09:40:00
```

Hierbei ist Time der Name der Klasse, print_time der Name der Methode, und start wird als Parameter in runden Klammern übergeben. Der zweite (und sprachüblichere) Weg verwendet die Methodensyntax:

```
start.print_time()
```

```
09:40:00
```

Hier ist `start` das Objekt, auf dem die Methode aufgerufen wird. Diese bezeichnet man als **Empfänger** (engl. *Receiver*), wenn man sich vorstellt, dass bei einem Methodenaufruf eine Nachricht an das Objekt gesendet wird.

Unabhängig von der Schreibweise ist das Verhalten der Methode gleich: Dem Empfänger wird der erste Parameter zugewiesen. Innerhalb der Methode verweist `self` also auf das gleiche Objekt wie `start`.

Eine andere Methode

Hier noch einmal die `time_to_int`-Funktion aus Kapitel 14:

```
def time_to_int(time):
    minutes = time.hour * 60 + time.minute
    seconds = minutes * 60 + time.second
    return seconds
```

Und hier das Gleiche als Methode:

```
%%add_method_to Time

    def time_to_int(self):
        minutes = self.hour * 60 + self.minute
        seconds = minutes * 60 + self.second
        return seconds
```

In der ersten Zeile nutzen wir den speziellen Befehl `add_method_to`, der eine Methode zu einer zuvor definierten Klasse hinzufügt. Dieser Befehl funktioniert innerhalb eines Jupyter Notebook, aber er ist nicht Teil von Python. Er wird in anderen Umgebungen also nicht funktionieren. Normalerweise befinden sich alle Methoden einer Klasse innerhalb der Klassendefinition. Für dieses Buch ist es allerdings hilfreich, die Methoden nacheinander zu definieren.

Wie im vorherigen Beispiel ist die Methodendefinition eingerückt, und der Name des Parameters lautet `self`. Davon abgesehen ist die Methode mit der Funktion identisch. Hier ein Beispiel für ihren Aufruf:

```
start.time_to_int()
```

```
34800
```

Im Englischen wird gelegentlich zwischen den Verben *call* (für Funktionen) und *invoke* (für Methoden) unterschieden. Im Grunde stehen aber beide Begriffe für einen Aufruf.

Statische Methoden

Jetzt wollen wir uns die `int_to_time`-Funktion etwas genauer ansehen. Hier die Version aus Kapitel 14:

```
def int_to_time(seconds):
    minute, second = divmod(seconds, 60)
    hour, minute = divmod(minute, 60)
    return make_time(hour, minute, second)
```

Die Funktion übernimmt `seconds` als Parameter und gibt ein neues `Time`-Objekt zurück. Wollen wir sie in eine Methode der Klasse `Time` umwandeln, müssen wir sie auf einem `Time`-Objekt aufrufen. Wenn wir aber versuchen, ein neues `Time`-Objekt zu erstellen, ist nicht klar, worauf wir die Methode aufrufen sollen.

Dieses Henne-und-Ei-Problem können wir mit einer **statischen Methode** lösen. Das ist eine Methode, die für ihren Aufruf keine Instanz einer Klasse benötigt. Um die Funktion in eine statische Methode umzuwandeln, schreiben wir:

```
%%add_method_to Time

    def int_to_time(seconds):
        minute, second = divmod(seconds, 60)
        hour, minute = divmod(minute, 60)
        return make_time(hour, minute, second)
```

Da es sich um eine statische Methode handelt, besitzt sie keinen `self`-Parameter. Um sie aufzurufen, nutzen wir `Time` (das Klassenobjekt) und die Funktionssyntax:

```
start = Time.int_to_time(34800)
```

Das Ergebnis ist ein neues Objekt, das für die Uhrzeit `09:40` (in englischer Schreibweise, also 21:40 Uhr, um bei unserem Kino-Beispiel zu bleiben) steht:

```
start.print_time()
```

```
09:40:00
```

Mithilfe der statischen Methode `Time.from_seconds` können wir jetzt auch `add_time` als Methode formulieren. Hier noch einmal die Funktion aus dem vorherigen Kapitel:

```
def add_time(time, hours, minutes, seconds):
    duration = make_time(hours, minutes, seconds)
    seconds = time_to_int(time) + time_to_int(duration)
    return int_to_time(seconds)
```

Und hier die entsprechende Methode:

```
%%add_method_to Time

    def add_time(self, hours, minutes, seconds):
        duration = make_time(hours, minutes, seconds)
        seconds = time_to_int(self) + time_to_int(duration)
        return Time.int_to_time(seconds)
```

`add_time` nutzt `self` als Parameter, weil es keine statische Methode ist. Sie ist eine einfache Methode, die auch als Instanzmethode bezeichnet wird. Um sie aufzurufen, wird eine Instanz von `Time` – ein `Time`-Objekt – gebraucht:

```
end = start.add_time(1, 32, 0)
print_time(end)
```

```
11:12:00
```

Time-Objekte vergleichen

Als nächstes Beispiel wollen wir `is_after` in eine Methode umwandeln. Hier die `is_after`-Funktion als Lösung zur Übung 14-3 aus Kapitel 14:

```
def is_after(t1, t2):
    return time_to_int(t1) > time_to_int(t2)
```

Und dies ist sie als Methode:

```
%%add_method_to Time

    def is_after(self, other):
        return self.time_to_int() > other.time_to_int()
```

Da wir zwei Objekte vergleichen und der erste Parameter `self` heißt, nennen wir den zweiten Parameter `other`. Um diese Methode zu verwenden, müssen wir sie auf einem Objekt aufrufen und ihr das andere Objekt als Argument übergeben:

```
end.is_after(start)
```

```
True
```

Ein Vorteil dieser Schreibweise ist, dass man sie fast wie eine Frage lesen kann: »Kommt `end` nach (*is after*) `start`?«

Die Methode __str__

Wenn Sie eine Methode schreiben, können Sie den Namen fast beliebig wählen. Einige Namen haben allerdings eine Sonderbedeutung. Besitzt ein Objekt beispielsweise eine Methode namens `__str__`, benutzt Python diese, um das Objekt in einen String umzuwandeln. Hier das Beispiel einer `__str__`-Methode für ein `Time`-Objekt:

```
%%add_method_to Time

    def __str__(self):
        s = f'{self.hour:02d}:{self.minute:02d}:{self.second:02d}'
        return s
```

Diese Methode hat Ähnlichkeit mit `print_time` aus Kapitel 14. Der einzige Unterschied ist, dass sie den String nicht aus-, sondern zurückgibt.

Diese Methode können Sie wie üblich aufrufen:

```
end.__str__()
```

```
'11:12:00'
```

Oder Sie lassen Python die Methode für sich aufrufen. Verwenden Sie die eingebaute Funktion `str`, um ein `Time`-Objekt in einen String umzuwandeln, benutzt Python hierfür die in der Klasse `Time` definierte `__str__`-Methode:

```
str(end)
```

```
'11:12:00'
```

Das Gleiche passiert, wenn Sie ein Time-Objekt per print ausgeben:

```
print(end)
```

```
11:12:00
```

Methoden wie __str__ heißen **spezielle Methoden**. Sie können sie daran erkennen, dass ihre Namen mit zwei Unterstrichen beginnen (__) und mit zwei Unterstrichen enden.

Die Methode __init__

Die speziellste der speziellen Methoden ist dabei __init__. Sie heißt so, weil sie die Attribute eines neuen Objekts *initialisiert* (siehe Kapitel 7). Eine __init__-Methode für die Klasse Time könnte beispielsweise so aussehen:

```
%%add_method_to Time

    def __init__(self, hour=0, minute=0, second=0):
        self.hour = hour
        self.minute = minute
        self.second = second
```

Wenn wir jetzt ein Time-Objekt instanziieren, ruft Python __init__ auf und übergibt die Argumente. Wir können also ein Objekt erzeugen und gleichzeitig seine Attribute initialisieren:

```
time = Time(9, 40, 0)
print(time)
```

```
09:40:00
```

In diesem Beispiel sind die Parameter optional. Wenn Sie Time ohne Argumente aufrufen, werden daher die Standardwerte verwendet:

```
time = Time()
print(time)
```

```
00:00:00
```

Geben Sie ein Argument an, wird zunächst hour überschrieben:

```
time = Time(9)
print(time)
```

```
09:00:00
```

Bei zwei Argumenten werden hour und minute überschrieben:

```
time = Time(9, 45)
print(time)
```

```
09:45:00
```

Und wenn Sie drei Argumente übergeben, werden alle drei Standardwerte überschrieben:

Wenn ich eine neue Klasse schreibe, beginne ich grundsätzlich mit einer __init__- und einer __str__-Methode. __init__ erleichtert die Erstellung von Objekten, und __str__ kann beim Debugging helfen.

Operatoren überladen

Durch die Definition spezieller Methoden können Sie das Verhalten von Operatoren auf selbst definierten Typen anpassen. Wenn Sie beispielsweise eine Methode namens __add__ für die Klasse Time definieren, können Sie den +-Operator auf Time-Objekte anwenden.

Hier ein Beispiel für eine solche __add__-Methode:

```
%%add_method_to Time

    def __add__(self, other):
        seconds = self.time_to_int() + other.time_to_int()
        return Time.int_to_time(seconds)
```

Das können wir wie hier gezeigt einsetzen:

```
duration = Time(1, 32)
end = start + duration
print(end)
```

```
11:12:00
```

Wenn wir diese drei Codezeilen ausführen, passieren gleich mehrere Dinge:

- Bei der Instanziierung eines Time-Objekts wird die __init__-Methode aufgerufen.
- Verwenden wir den +-Operator mit einem Time-Objekt, wird dessen __add__-Methode aufgerufen.

- Und wenn wir ein `Time`-Objekt per `print` ausgeben, wird dessen `__str__`-Methode aufgerufen.

Die Veränderung des Verhaltens eines Operators, damit dieser mit selbst definierten Typen funktioniert, nennt man **Überladen**. Für jeden Operator wie `+` gibt es eine entsprechende spezielle Methode wie `__add__`.

Debugging

Ein `Time`-Objekt ist gültig, wenn seine Werte für `minute` und `second` zwischen `0` und `60` liegen (inklusive `0`, aber exklusive `60`) und wenn `hour` positiv ist. Außerdem müssen `hour` und `minute` Integer-Werte sein, während für `second` auch Nachkommastellen erlaubt sind.

Anforderungen wie diese nennt man **Invarianz**, weil sie grundsätzlich wahr sein sollten. Anders gesagt: Sind sie nicht wahr, stimmt etwas nicht.

Durch das Schreiben von Code, der Invarianzen überprüft, können Fehler und ihre Ursachen gefunden werden. So könnten Sie beispielsweise eine `is_valid`-Methode (»ist gültig«) schreiben, die ein `Time`-Objekt übernimmt und `False` zurückgibt, wenn eine Invarianz verletzt wird:

```
%%add_method_to Time

    def is_valid(self):
        if self.hour < 0 or self.minute < 0 or self.second < 0:
            return False
        if self.minute >= 60 or self.second >= 60:
            return False
        if not isinstance(self.hour, int):
            return False
        if not isinstance(self.minute, int):
            return False
        return True
```

Jetzt können Sie zu Beginn jeder Methode überprüfen, ob die Argumente gültig sind:

```
%%add_method_to Time

    def is_after(self, other):
```

```
        assert self.is_valid(), 'self is not a valid Time'
        assert other.is_valid(), 'self is not a valid Time'
        return self.time_to_int() > other.time_to_int()
```

Die `assert`-Anweisung wertet den auf sie folgenden Ausdruck aus. Ist das Ergebnis `True`, tut sie nichts. Ist das Ergebnis `False`, löst sie einen `AssertionError` aus.

Hier ein Beispiel:

```
duration = Time(minute=132)
print(duration)
```

```
00:132:00
```

```
start.is_after(duration)
```

```
AssertionError: self is not a valid Time
```

`assert`-Anweisungen sind hilfreich, weil sie zwischen Code, der mit normalen Bedingungen umgeht, und Code, der auf Fehler überprüft, unterscheiden.

Glossar

Objektorientierte Programmiersprache
Eine Sprache, die Merkmale und Fähigkeiten besitzt, die eine objektorientierte Programmierung unterstützen. Hierzu gehören im Besonderen selbst definierte Typen und Vererbung.

Methode
Eine Funktion, die innerhalb einer Klassendefinition definiert und auf Instanzen dieser Klasse aufgerufen wird.

Empfänger
Das Objekt, auf dem die Methode aufgerufen wird.

Statische Methode
Eine Methode, die ohne Objekt als Empfänger aufgerufen werden kann.

Instanzmethode
Eine Methode, die mit einem Objekt als Empfänger aufgerufen werden muss.

Spezielle Methode
: Eine Methode, die das Verhalten von Operatoren und einigen Funktionen verändert.

Überladen (von Operatoren)
: Die Verwendung spezieller Methoden, um das Verhalten von Operatoren und einigen Funktionen mit selbst definierten Typen anzupassen.

Invarianz
: Eine Bedingung, die während der Ausführung eines Programms immer wahr sein sollte.

Übungen

Fragen Sie einen virtuellen Assistenten

Um mehr über statische Methoden zu erfahren, könnten Sie einem virtuellen Assistenten folgende Fragen stellen:

- »Was ist der Unterschied zwischen einer statischen und einer Instanzmethode?«
- »Warum werden statische Methoden als ›statisch‹ bezeichnet?«

Wenn Sie einen virtuellen Assistenten anweisen, eine statische Methode zu erzeugen, beginnt das Ergebnis wahrscheinlich mit `@staticmethod`. Hierbei handelt es sich um einen sogenannten *Decorator*, der darauf hinweist, dass es sich hier um eine statische Methode handelt. Decorators werden in diesem Buch nicht behandelt. Wenn Sie neugierig sind, können Sie von einem virtuellen Assistenten weitere Informationen anfordern.

In diesem Kapitel haben wir eine Reihe von Funktionen als Methode neu geschrieben. Virtuelle Assistenten sind normalerweise recht gut darin, diese Art von Codeumwandlungen durchzuführen. Fügen Sie als Beispiel die folgenden Codezeilen ins Eingabefeld eines virtuellen Assistenten ein und weisen Sie ihn an: »Schreibe diese Funktion als Methode der Klasse `Time` neu.«

```
def subtract_time(t1, t2):
    return time_to_int(t1) - time_to_int(t2)
```

Übung 15-1

In »Übung 14-3« auf Seite 276 haben wir Sie gebeten, eine `Date`-Klasse und mehrere Funktionen zu schreiben, die mit `Date`-Objekten funktionieren. Jetzt wollen wir etwas Praxis darin bekommen, diese Funktionen in Methoden umzuwandeln:

1. Schreiben Sie eine Definition für eine `Date`-Klasse, die ein Datum repräsentiert, also ein Jahr, einen Monat und einen Tag im Monat.
2. Schreiben Sie eine `__init__`-Methode, die `year`, `month` und `day` als Parameter übernimmt und sie entsprechenden Attributen zuweist. Erstellen Sie ein `Date`-Objekt für den 22. Juni 1933.
3. Schreiben Sie eine `__str__`-Methode, die einen f-String einsetzt, um die Attribute zu formatieren. Wenn Sie die Methode mit dem gerade erzeugten `Date`-Objekt ausprobieren, sollte das Ergebnis `1933-06-22` lauten.
4. Schreiben Sie eine Methode namens `is_after` (»kommt später«), die zwei `Date`-Objekte übernimmt und `True` zurückgibt, wenn das erste Datum nach dem zweiten kommt. Erstellen Sie ein zweites Objekt für den 17. September 1933 und überprüfen Sie, ob es vor oder nach dem ersten Objekt kommt.

Tipp: Es kann helfen, eine Funktion namens `to_tuple` zu schreiben, die ein Tupel zurückgibt, das die Attribute eines `Date`-Objekts in der Reihenfolge Jahr (`year`), Monat (`month`), Tag (`day`) enthält.

KAPITEL 16

Klassen und Objekte

In den vorherigen beiden Kapiteln haben wir Klassen definiert und Objekte erstellt, die die Tageszeit und ein Kalenderdatum darstellen. Zudem haben wir Methoden entwickelt, die diese Objekte erstellen, modifizieren und die Berechnungen mit ihnen durchführen.

In diesem Kapitel geht unsere Reise durch die objektorientierte Programmierung (OOP) weiter. Hier definieren wir Klassen, die geometrische Objekte repräsentieren, wie Punkte, Linien, Rechtecke und Kreise. Wir werden Methoden schreiben, um diese Objekte zu erstellen und zu verändern. Außerdem verwenden wir das `jupyturtle`-Modul aus Kapitel 4, um sie zu zeichnen.

Anhand dieser Klassen zeige ich OOP-Konzepte wie Objektidentität, Äquivalenz, flache und tiefe Kopien sowie Polymorphie.

Einen Punkt erstellen

In der Computergrafik wird eine Position auf dem Bildschirm oft als Koordinatenpaar auf einer x- und einer y-Achse dargestellt. Per Konvention steht der Punkt `(0,0)` üblicherweise für die linke obere Ecke des Bildschirms, während `(x,y)` einen Punkt beschreibt, der sich `x` Einheiten rechts davon und `y` Einheiten unterhalb des Ursprungs befindet. Im Vergleich zum kartesischen Koordinatensystem, das Sie vielleicht aus dem Matheunterricht kennen, steht die y-Achse hier auf dem Kopf.

In Python gibt es verschiedene Möglichkeiten, einen Punkt darzustellen:

- Wir können die Koordinaten separat in einer `x`- und einer `y`-Variablen speichern.

- Wir können die Koordinaten als Elemente einer Liste oder eines Tupels speichern.
- Wir können einen neuen Typ erstellen, der Punkte als Objekte darstellt.

In der objektorientierten Programmierung wäre es am zweckmäßigsten, einen neuen Typ zu erstellen. Wir beginnen mit einer Klassendefinition für `Point`:

```
class Point:
    """Represents a point in 2-D space."""

    def __init__(self, x, y):
        self.x = x
        self.y = y

    def __str__(self):
        return f'Point({self.x}, {self.y})'
```

Die `__init__`-Methode übernimmt die Koordinaten als Parameter und weist sie den Attributen `x` und `y` zu. Die `__str__`-Methode gibt die String-Darstellung eines Punkts (`Point`-Objekts) zurück.

Damit können wir ein `Point`-Objekt instanziieren und ausgeben:

```
start = Point(0, 0)
print(start)
```

```
Point(0, 0)
```

Das folgende Diagramm zeigt den Zustand des neuen Objekts:

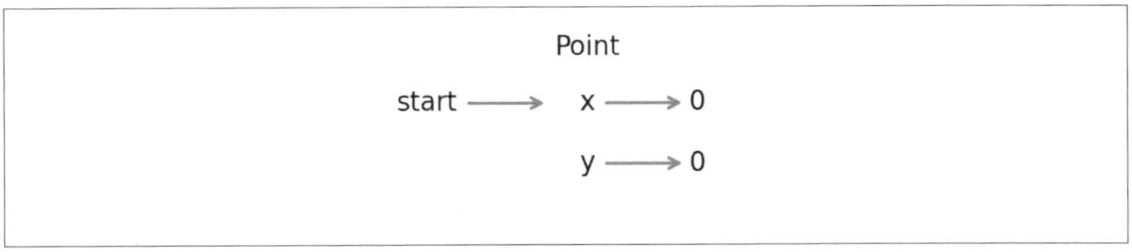

Wie üblich wird ein selbst definierter Typ als Kasten dargestellt, der außen mit dem Namen des Typs beschriftet ist und die Attribute enthält.

Normalerweise sind selbst definierte Typen mutabel. Das heißt, wir können eine Methode wie `translate` (»verschieben«) schreiben. Sie übernimmt zwei Zahlen, `dx` und `dy`, und addiert sie zu den Attributen `x` und `y`:

```
%%add_method_to Point

    def translate(self, dx, dy):
        self.x += dx
        self.y += dy
```

Diese Methode verschiebt den `Point` von einer Position auf der Ebene zu einer anderen.

Wollen wir den vorhandenen `Point` nicht verändern, können wir mithilfe von `copy` eine Kopie des Originalobjekts anfertigen und diese verändern:

```
from copy import copy

end1 = copy(start)
end1.translate(300, 0)
print(end1)
```

```
Point(300, 0)
```

Diese Schritte können wir in eine eigene Methode namens `translated` (»verschoben«) verkapseln:

```
%%add_method_to Point

    def translated(self, dx=0, dy=0):
        point = copy(self)
        point.translate(dx, dy)
        return point
```

Analog zur eingebauten Funktion `sort`, die eine Liste modifiziert, und der `sorted`-Funktion, die eine neue Liste erstellt, haben wir hier eine `translate`-Methode, die ein `Point`-Objekt verändert, und eine `translated`-Methode, die ein neues Objekt erzeugt.

Hier ein Beispiel:

```
end2 = start.translated(0, 150)
print(end2)
```

```
Point(0, 150)
```

Im folgenden Abschnitt benutzen wir diese Punkte, um eine Linie zu definieren und zu zeichnen.

Eine Linie erstellen

Jetzt wollen wir eine Klasse definieren, die eine Linie zwischen zwei Punkten darstellt. Wie üblich beginnen wir mit den Methoden `__init__` und `__str__`:

```
class Line:
    def __init__(self, p1, p2):
        self.p1 = p1
        self.p2 = p2

    def __str__(self):
        return f'Line({self.p1}, {self.p2})'
```

Mit diesen beiden Methoden können wir ein `Line`-Objekt instanziieren und ausgeben, das genau auf der x-Achse liegt:

```
line1 = Line(start, end1)
print(line1)
```

```
Line(Point(0, 0), Point(300, 0))
```

Wenn wir `print` aufrufen und `line` (unser `Line`-Objekt) übergeben, ruft `print` hinter den Kulissen `__str__` auf `line` auf. Hier verwendet die `__str__`-Methode einen f-String, um eine String-Darstellung der Linie zu erzeugen.

Der f-String enthält zwei Ausdrücke in geschweiften Klammern, `self.p1` und `self.p2`. Ihre Auswertung ergibt zwei `Point`-Objekte. Für ihre Umwandlung in Strings kommt daher die `__str__`-Methode der Klasse `Point` zum Einsatz.

Deshalb erhalten wir bei der Ausgabe eines `Line`-Objekts auch die String-Darstellung der `Point`-Objekte.

Das folgende Objektdiagramm zeigt den Zustand des `Line`-Objekts:

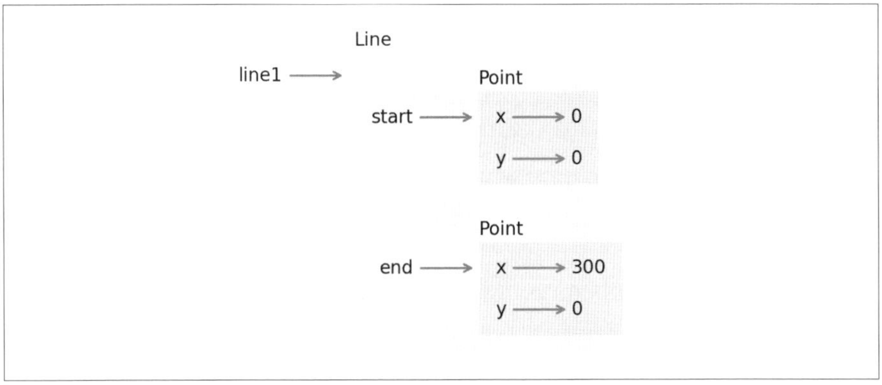

Die String-Darstellung und die Objektdiagramme können beim Debugging helfen. In diesem Beispiel geht es aber eigentlich darum, Grafiken zu erstellen und keinen Text! Also verwenden wir, wie zuvor, das `jupyturtle`-Modul, um die Linien auf dem Bildschirm zu zeichnen.

Wie im Abschnitt »Das jupyturtle-Modul« auf Seite 65 verwenden wir `make_turtle`, um ein neues `Turtle`-Objekt und eine kleine Zeichenfläche zu erzeugen. Um die Linien zu zeichnen, brauchen wir zwei neue Funktionen des `jupyturtle`-Moduls:

`jumpto`
: Übernimmt zwei Koordinaten und bewegt `Turtle` zur angegebenen Position, ohne dabei eine Linie zu zeichnen.

`moveto`
: Bewegt `Turtle` von der aktuellen Position zur neuen Position und zeichnet dabei eine Linie.

Wir können die Methoden wie folgt importieren:

```
from jupyturtle import make_turtle, jumpto, moveto
```

Und hier eine Methode, die eine `Line` zeichnet:

```
%%add_method_to Line

    def draw(self):
        jumpto(self.p1.x, self.p1.y)
        moveto(self.p2.x, self.p2.y)
```

Um das zu demonstrieren, erstelle ich eine zweite Linie, die sich genau auf der y-Achse befindet:

```
line2 = Line(start, end2)
print(line2)
```

```
Line(Point(0, 0), Point(0, 150))
```

Jetzt können wir beide Achsen zeichnen lassen:

```
make_turtle()
line1.draw()
line2.draw()
```

Sobald wir weitere Objekte definieren und zeichnen, werden wir diese Linien wiederverwenden. Vorher wollen wir aber noch über Äquivalenz und Identität von Objekten sprechen.

Äquivalenz und Identität

Angenommen, wir erzeugten zwei Punkte mit den gleichen Koordinaten:

```
p1 = Point(200, 100)
p2 = Point(200, 100)
```

Wenn wir diese Punkte mit dem ==-Operator vergleichen, folgt er dem Standardverhalten für selbst definierte Typen und gibt nur dann `True` zurück, wenn es sich um dasselbe Objekt handelt, was hier nicht der Fall ist:

```
p1 == p2
```

```
False
```

Wollen wir das Verhalten ändern, können wir eine spezielle Methode namens `__eq__` (für *equals*, also »ist gleich«) verwenden, die definiert, was Gleichheit für zwei `Point`-Objekte bedeutet:

```
%%add_method_to Point

def __eq__(self, other):
    return (self.x == other.x) and (self.y == other.y)
```

Diese Definition betrachtet zwei `Point`-Objekte als gleich, wenn beide die gleichen Attributwerte haben. Der ==-Operator benutzt nun die `__eq__`-Methode, die besagt, dass `p1` und `p2` gleich sind:

```
p1 == p2
```

```
True
```

Der is-Operator ist dagegen weiter davon überzeugt, dass es sich um verschiedene Objekte handelt:

```
p1 is p2
```

```
False
```

Der is-Operator kann nicht überschrieben werden. Er überprüft grundsätzlich, ob die Objekte **identisch** sind. Für selbst definierte Typen können Sie das Verhalten von == dagegen überschreiben, sodass der Operator testet, ob die Objekte **äquivalent** (gleichwertig) sind. Außerdem können Sie selbst festlegen, was »äquivalent« genau bedeutet.

Ein Rechteck erstellen

In diesem Abschnitt wollen wir eine Klasse schreiben, die Rechtecke zeichnet. Damit das nicht zu kompliziert wird, gehen wir davon aus, dass Rechtecke immer horizontal oder vertikal angeordnet sind, ihre Kanten also parallel zur x- und y-Achse verlaufen. Welche Attribute sind Ihrer Meinung nach nötig, um Position und Größe eines Rechtecks anzugeben?

Hierfür gibt es mindestens zwei Möglichkeiten:

- Sie können beispielsweise die Breite und Höhe des Rechtecks angeben und die Position einer der Ecken.
- Oder Sie können zwei diagonal gegenüberliegende Ecken definieren.

Wir können im Moment noch nicht sagen, welcher Weg der bessere ist. Daher entscheiden wir uns dafür, die erste Option zu implementieren. Hier die Klassendefinition:

```
class Rectangle:
    """Represents a rectangle.

    attributes: width, height, corner.
    """
    def __init__(self, width, height, corner):
        self.width = width
        self.height = height
        self.corner = corner

        def __str__(self):
            return f'Rectangle({self.width}, {self.height}, {self.corner})'
```

Auch hier weist `__init__` den Attributen die übergebenen Parameter zu, während `__str__` eine String-Darstellung des Objekts zurückgibt. Jetzt können wir ein `Rectangle`-Objekt instanziieren, wobei wir die Position der linken oberen Ecke mit einem `Point`-Objekt angeben:

```
corner = Point(30, 20)
box1 = Rectangle(100, 50, corner)
print(box1)
```

```
Rectangle(100, 50, Point(30, 20))
```

Das folgende Diagramm zeigt den Zustand des Objekts:

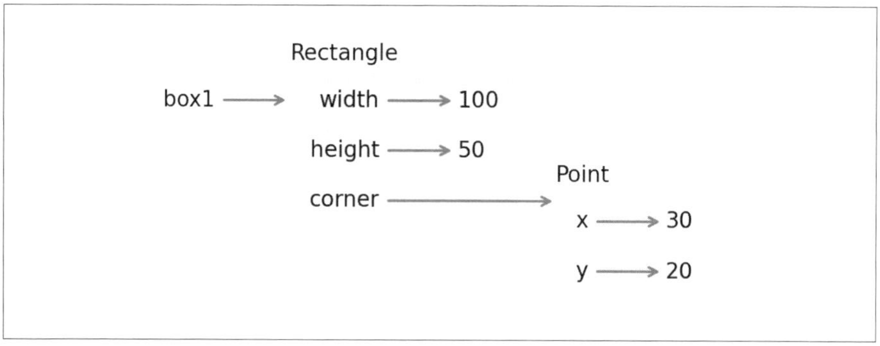

Um das Rechteck zu zeichnen, benutzen wir die folgende Methode, in der die Ecken anhand von vier `Point`-Objekten dargestellt werden:

```
%%add_method_to Rectangle

    def make_points(self):
        p1 = self.corner
        p2 = p1.translated(self.width, 0)
        p3 = p2.translated(0, self.height)
        p4 = p3.translated(-self.width, 0)
        return p1, p2, p3, p4
```

Danach können wir vier `Line`-Objekte erzeugen, die für die Kanten des Rechtecks stehen:

```
%%add_method_to Rectangle

    def make_lines(self):
        p1, p2, p3, p4 = self.make_points()
        return Line(p1, p2), Line(p2, p3), Line(p3, p4), Line(p4, p1)
```

Und schließlich können wir die Kanten zeichnen:

```
%%add_method_to Rectangle

    def draw(self):
        lines = self.make_lines()
        for line in lines:
            line.draw()
```

Hier ein Beispiel:

```
make_turtle()
line1.draw()
line2.draw()
box1.draw()
```

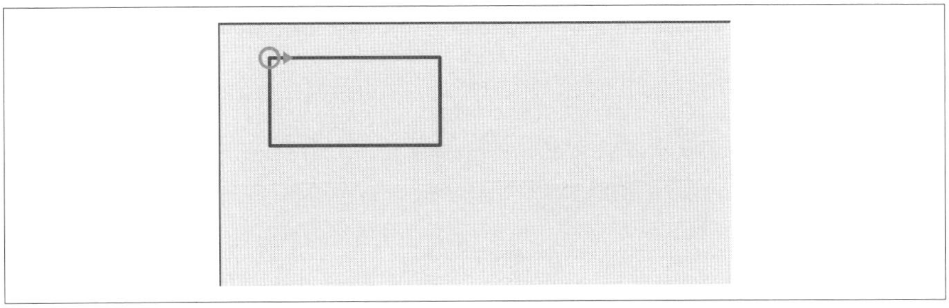

Diese Abbildung enthält außerdem zwei Linien, mit denen die x- und die y-Achse dargestellt werden.

Rechtecke verändern

Jetzt wollen wir uns zwei Methoden ansehen, die Rechtecke verändern: `grow` (»vergrößern«) und `translate` (»verschieben«). Sie werden feststellen, dass `grow` wie erwartet funktioniert, während `translate` einen subtilen Fehler enthält. Versuchen Sie zunächst, den Bug selbst zu finden, bevor ich das Problem erkläre.

`grow` übernimmt zwei Zahlen, `dwidth` und `dheight`, und addiert sie den Attributen `width` und `height` des Rechtecks hinzu:

```
%%add_method_to Rectangle

    def grow(self, dwidth, dheight):
        self.width += dwidth
        self.height += dheight
```

Hier ein Beispiel, das die Funktionsweise zeigt. Wir erstellen eine Kopie von box1 und rufen darauf die grow-Methode auf:

```
box2 = copy(box1)
box2.grow(60, 40)
print(box2)
```

```
Rectangle(160, 90, Point(30, 20))
```

Wenn wir box1 und box2 zeichnen, stellen wir fest, dass grow wie erwartet funktioniert:

```
make_turtle()
line1.draw()
line2.draw()
box1.draw()
box2.draw()
```

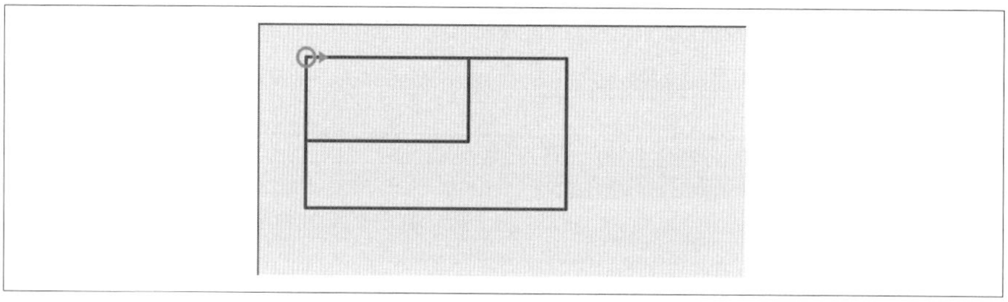

Und damit kommen wir zu translate. Wie zuvor übernimmt die Methode die zwei Zahlen dx und dy und verschiebt das Rechteck um die angegebene Distanz entlang der x- und y-Achse:

```
%%add_method_to Rectangle

    def translate(self, dx, dy):
        self.corner.translate(dx, dy)
```

Um das zu zeigen, verschieben wir box2 nach rechts und nach unten:

```
box2.translate(30, 20)
print(box2)
```

```
Rectangle(160, 90, Point(60, 40))
```

Jetzt wollen wir sehen, was passiert, wenn wir box1 und box2 erneut zeichnen:

```
make_turtle()
line1.draw()
line2.draw()
```

```
box1.draw()
box2.draw()
```

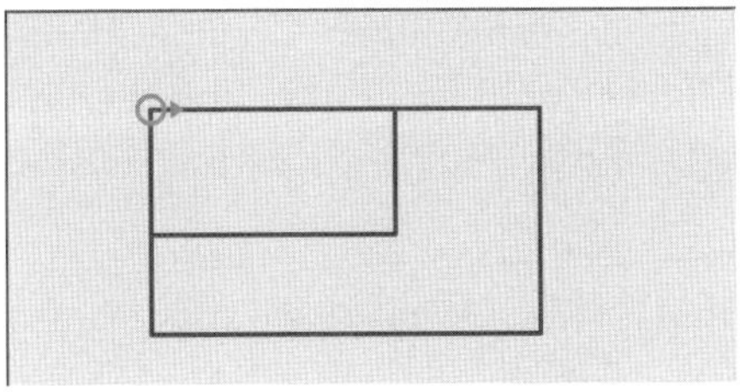

Offenbar wurden beide Rechtecke verschoben. Das ist nicht das, was wir wollten! Im nächsten Abschnitt erkläre ich, was hier schiefgelaufen ist.

Tiefes Kopieren

Wenn wir `box1` per `copy` kopieren, wird das `Rectangle`-Objekt kopiert, die enthaltenen `Point`-Objekte aber nicht. `box1` und `box2` sind also, wie beabsichtigt, verschiedene Objekte:

```
box1 is box2
```

```
False
```

Ihre `corner`-Attribute verweisen jedoch auf das gleiche Objekt:

```
box1.corner is box2.corner
```

```
True
```

Das folgende Diagramm zeigt den Zustand dieser Objekte:

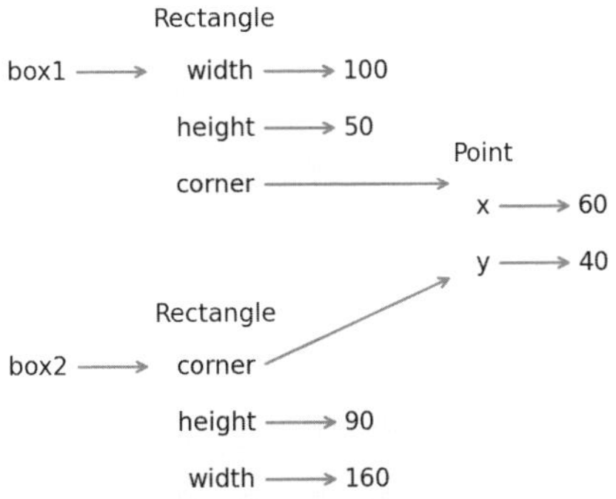

In diesem Szenario legt copy eine sogenannte **flache Kopie** an, denn es kopiert zwar das Rectangle-Objekt, aber *nicht* die darin enthaltenen Point-Objekte. Das führt dazu, dass die Werte von width und height eines Rectangle auf die des neu erzeugten Objekts keinen Einfluss haben, während die Änderungen der Attribute des gemeinsam verwendeten Point-Objekts (für die linke obere Ecke) sich auf beide Rectangle auswirken! Dieses Verhalten ist verwirrend und fehleranfällig.

Glücklicherweise stellt das copy-Modul eine weitere Funktion namens deepcopy bereit, die nicht nur das Objekt, sondern auch die darin enthaltenen Objekte kopiert sowie die Objekte, die *darin* enthalten sind und so weiter. Diese Operation wird als **tiefes Kopieren** bezeichnet.

Um das zu demonstrieren, beginnen wir mit einem neuen Rectangle, das einen neuen Point enthält:

```
corner = Point(20, 20)
box3 = Rectangle(100, 50, corner)
print(box3)
```

```
Rectangle(100, 50, Point(20, 20))
```

Davon erzeugen wir jetzt eine tiefe Kopie:

```
from copy import deepcopy

box4 = deepcopy(box3)
```

Nun können wir überprüfen, ob die beiden Rectangle-Objekte wirklich auf zwei verschiedene Point-Objekte verweisen:

```
box3.corner is box4.corner
```

```
False
```

Da box3 und box4 zwei vollkommen unterschiedliche Objekte sind, können wir das eine verändern, ohne dass dies Auswirkungen auf das andere hätte. Um das zu zeigen, bewegen wir box3 und vergrößern box4:

```
box3.translate(50, 30)
box4.grow(100, 60)
```

Damit können wir bestätigen, dass diesmal alles wie erwartet funktioniert:

```
make_turtle()
line1.draw()
```

```
line2.draw()
box3.draw()
box4.draw()
```

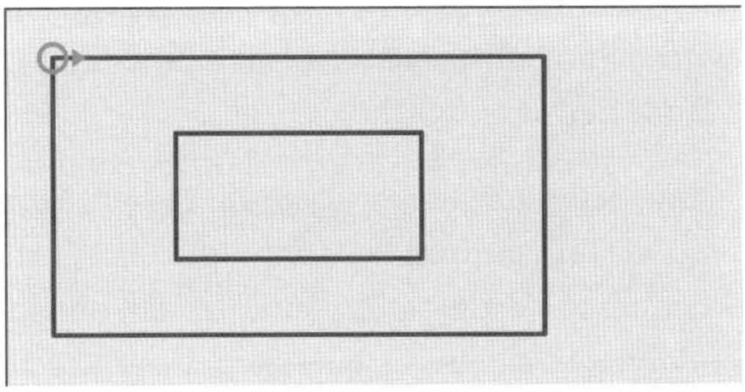

Polymorphie

Im vorherigen Beispiel haben wir die draw-Methode auf zwei Line-Objekten und zwei Rectangle-Objekten aufgerufen. Das Gleiche können wir kürzer formulieren, indem wir eine Liste der Objekte erstellen:

```
shapes = [line1, line2, box3, box4]
```

Die Elemente in dieser Liste haben unterschiedliche Typen, die aber alle eine draw-Methode zur Verfügung stellen. Wir können also über die Liste iterieren und auf allen Objekten jeweils ihre eigene draw-Methode aufrufen:

```
make_turtle()

for shape in shapes:
    shape.draw()
```

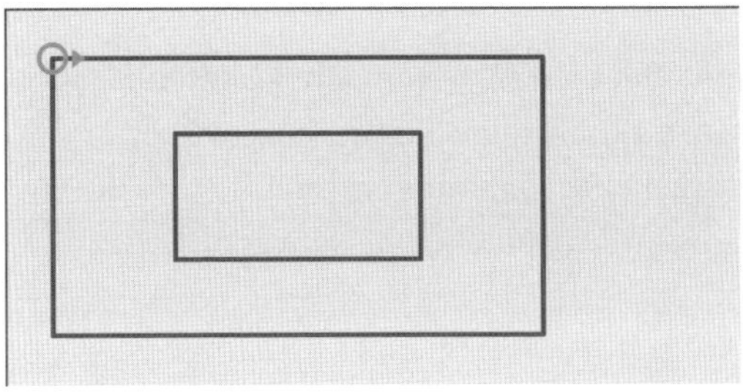

Während der ersten beiden Schleifendurchläufe verweist `shape` auf ein `Line`-Objekt. Beim Aufruf von `draw` wird daher die Methode ausgeführt, die in der `Line`-Klasse definiert wurde.

Beim dritten und vierten Durchlauf verweist `shape` dagegen auf ein `Rectangle`-Objekt. Diesmal wird beim Aufruf von `draw` also die Methode ausgeführt, die in der `Rectangle`-Klasse definiert wurde.

Man könnte sagen, dass jedes Objekt »weiß«, wie es sich selbst zeichnen muss. Dieses Merkmal wird als **Polymorphie** bezeichnet. Das Wort stammt aus dem Griechischen und bedeutet »Vielgestaltigkeit«. In der objektorientierten Programmierung steht Polymorphie für die Fähigkeit, dass verschiedene Typen die gleichen Methoden zur Verfügung stellen. Dadurch ist es möglich, dass viele Berechnungen – wie das Zeichnen von Formen – durch den Aufruf der gleichen Methode auf verschiedenen Objekttypen möglich sind.

Als Übung am Ende des Kapitels werden Sie eine neue Klasse definieren, die einen Kreis darstellt und ebenfalls eine `draw`-Methode bereitstellt. Dann können Sie die Polymorphie nutzen, um Linien, Rechtecke und Kreise zu zeichnen.

Debugging

In diesem Kapitel sind wir auf einen subtilen Bug gestoßen, der auftrat, weil wir ein `Point`-Objekt erstellt haben, das von zwei verschiedenen `Rectangle`-Objekten genutzt wurde, und den `Point` anschließend verändert haben. Es gibt zwei Möglichkeiten, Problemen dieser Art aus dem Weg zu gehen: Vermeiden Sie, Objekte gemeinsam zu nutzen, oder vermeiden Sie, sie zu modifizieren.

Um die gemeinsame Nutzung von Objekten zu vermeiden, können Sie das tiefe Kopieren einsetzen, wie in diesem Kapitel gezeigt.

Um Änderungen an Objekten zu vermeiden, könnten Sie modifizierende Funktionen wie `translate` durch reine Funktionen wie `translated` ersetzen. Hier sehen Sie zum Beispiel eine Version von `translated`, die ein neues `Point`-Objekt anlegt, ohne dessen Attribute jemals zu verändern:

```
def translated(self, dx=0, dy=0):
    x = self.x + dx
    y = self.y + dy
    return Point(x, y)
```

Python besitzt verschiedene Sprachmerkmale, die es erleichtern, Änderungen an Objekten zu vermeiden. Diese würden aber den Rahmen dieses Buchs sprengen. Wenn Sie neugierig sind, fragen Sie einen virtuellen Assistenten: »Wie kann ich Python-Objekte immutabel machen?«

Die Erstellung eines neuen Objekts benötigt mehr Zeit als Änderungen an einem schon vorhandenen Objekt. Das spielt in der Praxis aber nur selten eine Rolle. Programme, die gemeinsam genutzte Objekte vermeiden, sind oft leichter zu entwickeln, zu testen und zu debuggen – und das beste Debugging ist eines, das nicht nötig ist.

Glossar

Identität
Wenn es sich um das gleiche Objekt handelt (was Äquivalenz impliziert).

Äquivalenz
Wenn etwas den oder die gleichen Werte hat.

Flache Kopie
Ein Kopiervorgang, bei dem verschachtelte Objekte nicht mitkopiert werden.

Tiefe Kopie
Ein Kopiervorgang, bei dem verschachtelte Objekte mitkopiert werden.

Polymorphie
Die Fähigkeit einer Methode oder eines Operators, mit verschiedenen Typen von Objekten zu funktionieren.

Übungen

Fragen Sie einen virtuellen Assistenten

Für alle folgenden Übungen könnten Sie einen virtuellen Assistenten um Unterstützung bitten. In diesem Fall sollten Sie die Klassendefinitionen für `Point`, `Line` und `Rectangle` als Teil der Eingabe mit angeben. Sonst stellt der Assistent möglicherweise Vermutungen über die Attribute und ihre Funktionen an, und der erzeugte Code funktioniert nicht.

Übung 16-1

Schreiben Sie eine `__eq__`-Methode für die `Line`-Klasse, die `True` zurückgibt, wenn das `Line`-Objekt auf äquivalente `Point`-Objekte verweist. Die Reihenfolge soll dabei keine Rolle spielen.

Übung 16-2

Schreiben Sie eine `Line`-Methode mit dem Namen `midpoint` (»Mittelpunkt«), die die Mitte einer Linie berechnet und das Ergebnis als `Point`-Objekt zurückgibt.

Übung 16-3

Schreiben Sie eine `Rectangle`-Methode mit dem Namen `midpoint`, die das Zentrum eines Rechtecks berechnet und das Ergebnis als `Point`-Objekt zurückgibt.

Übung 16-4

Schreiben Sie eine `Rectangle`-Methode namens `make_cross`, die Folgendes tut:

1. Sie verwendet `make_lines`, um eine Liste der `Line`-Objekte zu erhalten, die die vier Seiten des Rechtecks darstellen.
2. Sie berechnet die Mittelpunkte dieser vier Linien.
3. Sie erzeugt eine Liste mit zwei `Line`-Objekten, die die Linien darstellen, mit denen die gegenüberliegenden Mittelpunkte verbunden werden, und gibt diese zurück. Die Linien bilden ein Kreuz durch das Zentrum des Rechtecks.

Übung 16-5

Schreiben Sie eine Definition für eine `Circle`-Klasse (»Kreis«) mit den Attributen `center` (»Zentrum«, ein `Point`-Objekt) und `radius` (eine Zahl). Definieren Sie die speziellen Methoden `__init__` und `__str__` sowie eine `draw`-Methode, die den Kreis mithilfe von `jupyturtle` zeichnet.

KAPITEL 17

Vererbung

Das Sprachmerkmal, das am häufigsten mit der objektorientierten Programmierung in Verbindung gebracht wird, ist die **Vererbung** (engl. *Inheritance*). Die Vererbung ermöglicht es, eine neue Klasse zu definieren, die eine modifizierte Version einer bereits vorhandenen Klasse ist. In diesem Kapitel zeige ich Ihnen die Vererbung anhand von Klassen, die Spielkarten, Kartenstapel und Pokerblätter darstellen. Sollten Sie kein Poker spielen, keine Sorge – ich erzähle Ihnen alles, was Sie wissen müssen.

Spielkarten darstellen

Ein typisches Pokerblatt besteht aus 52 Spielkarten. Jede Karte gehört zu einer Farbe (engl. *Suit*) und einem von 13 Kartenwerten (engl. *Rank*). Die Farben sind Pik (*Spades*), Herz (*Hearts*), Karo (*Diamonds*) und Kreuz (*Clubs*). Die Werte sind Ass (*Ace*), 2, 3, 4, 5, 6, 7, 8, 9, 10, Bauer (*Jack*), Dame (*Queen*) und König (*King*). Je nachdem, welches Spiel Sie spielen, hat das Ass einen höheren Wert als der König oder einen niedrigeren Wert als die 2.

Wenn Sie ein neues Spielkarten-Objekt erstellen wollen, ist klar, welche Attribute gebraucht werden: `rank` und `suit`. Weniger offensichtlich ist, welchen Typ die Attribute haben müssen. Eine Möglichkeit wäre die Verwendung von Strings wie beispielsweise`'Spade'` für Farben und `'Queen'` für die Werte. Bei dieser Implementierung wäre es jedoch schwierig, Karten zu vergleichen, um zu sehen, ob sie einen höheren Wert oder eine höhere Farbe haben.

Alternativ könnte man Farben und Werte mithilfe von Integern **codieren** (engl. *to encode*). Das heißt, wir definieren eine Zuordnung zwischen Zahlen und Farben beziehungsweise zwischen Zahlen und Werten. Bei dieser Art der Codierung geht es nicht um Geheimnisse (das wäre dann eher eine »Verschlüsselung«).

Die folgende Tabelle zeigt die Farben und ihre entsprechenden Integer-Codes:

Farbe	Code
Pik	3
Herz	2
Karo	1
Kreuz	0

Durch diese Codierung können wir die Farben anhand ihrer Codes vergleichen.

Um die Werte zu codieren, verwenden wir den Integer `2`, um den Wert 2 darzustellen, `3` für die 3 und so weiter bis zur `10`. Folgende Tabelle zeigt die Werte für die Bildkarten:

Wert	Code
Bube	11
Dame	12
König	13

Für ein Ass können wir entweder `1` oder `14` nutzen, je nachdem, ob sein Wert höher oder niedriger als die übrigen Werte sein muss.

Um diese Codierungen abzubilden, verwenden wir zwei Listen mit Strings. Eine enthält die Namen der Farben, die andere die Namen der Werte.

Hier sehen Sie eine Klassendefinition für eine Spielkarte. Sie enthält die Liste der Strings als Klassenvariablen, die innerhalb der Klasse, aber nicht innerhalb einer Methode definiert werden:

```
class Card:
    """Represents a standard playing card."""

    suit_names = ['Clubs', 'Diamonds', 'Hearts', 'Spades']
    rank_names = [None, 'Ace', '2', '3', '4', '5', '6', '7',
                  '8', '9', '10', 'Jack', 'Queen', 'King', 'Ace']
```

Das erste Element von `rank_names` (»Wertnamen«) ist `None`, weil es keine Karte mit dem Wert null gibt. Indem wir `None` hier als Platzhalter nutzen, erhalten wir eine Liste, bei der der Index `2` auf den String `'2'` verweist und so weiter.

Klassenvariablen gehören zu keiner bestimmten Instanz einer Klasse, sondern zur Klasse selbst. Wir können also wie folgt darauf zugreifen:

```
Card.suit_names
```

```
['Clubs', 'Diamonds', 'Hearts', 'Spades']
```

Über `suit_names` (»Farbnamen«) können wir auf die Farben zugreifen und erhalten den entsprechenden String zurück:

```
Card.suit_names[0]
```

```
'Clubs'
```

Analog erhalten wir über `rank_names` den Kartenwert:

```
Card.rank_names[11]
```

```
'Jack'
```

Kartenattribute

Hier sehen Sie eine `__init__`-Methode für die Klasse `Card`. Sie übernimmt `suit` und `rank` als Parameter und weist sie den gleichnamigen Attributen zu:

```
%%add_method_to Card

    def __init__(self, suit, rank):
        self.suit = suit
        self.rank = rank
```

Jetzt können wir ein `Card`-Objekt (»Spielkarte«) erzeugen:

```
queen = Card(1, 12)
```

Mithilfe der neuen Instanz können wir auf seine Attribute zugreifen:

```
queen.suit, queen.rank
```

```
(1, 12)
```

Außerdem ist es möglich, über die Instanz auf die Klassenvariablen zuzugreifen:

```
queen.suit_names
```

```
['Clubs', 'Diamonds', 'Hearts', 'Spades']
```

Wenn Sie allerdings die Klasse verwenden, ist es deutlicher, dass es sich um Klassenvariablen und nicht um Attribute handelt.

Karten ausgeben

Hier eine `__str__`-Methode für `Card`-Objekte:

```
%%add_method_to Card

    def __str__(self):
        rank_name = Card.rank_names[self.rank]
        suit_name = Card.suit_names[self.suit]
        return f'{rank_name} of {suit_name}'
```

Wenn wir ein `Card`-Objekt ausgeben, ruft Python dessen `__str__`-Methode auf, um eine menschenlesbare Darstellung der Karte zu erhalten:

```
print(queen)
```

```
Queen of Diamonds
```

Hier sehen Sie ein Diagramm der Klasse `Card` und unserer `Card`-Instanz (unten). Im oberen Bild steht `Card` für ein Klassenobjekt. Daher lautet seine Typbeschriftung (links oberhalb des Kastens) einfach `type`. Im unteren Bild ist `queen` eine Instanz von der Klasse `Card`. Ihr Typ lautet entsprechend `Card`. Um Platz zu sparen, wird der Inhalt von `suit_names` und `rank_names` hier nicht mit abgebildet:

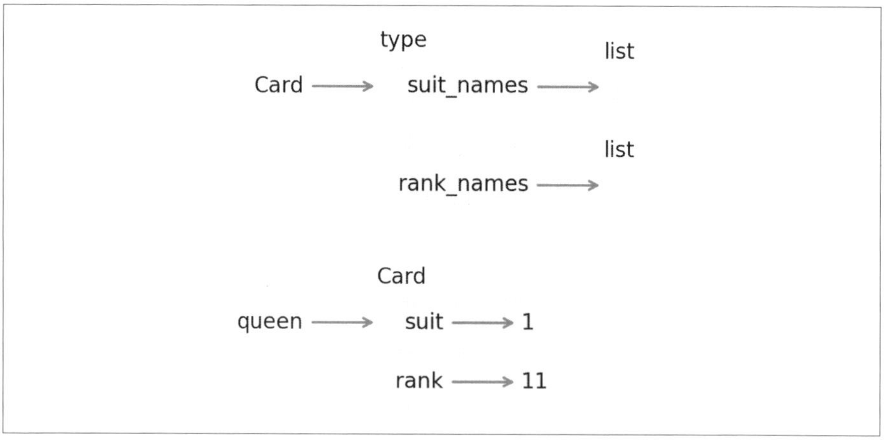

Jede Card-Instanz hat ihre eigenen suit- und rank-Attribute. Es gibt aber nur ein Card-Klassenobjekt, also auch nur eine Kopie derKlassenvariablen suit_names und rank_names.

Karten vergleichen

Angenommen, wir erstellten ein zweites Card-Objekt mit gleicher Farbe und gleichem Kartenwert:

```
queen2 = Card(1, 12)
print(queen2)
```

```
Queen of Diamonds
```

Wenn wir beide Objekte mit dem ==-Operator vergleichen, wird überprüft, ob queen und queen2 auf das gleiche Objekt verweisen:

```
queen == queen2
```

```
False
```

Das ist nicht der Fall, also wird standardmäßig False zurückgegeben. Dieses Verhalten können wir ändern, indem wir, wie im Abschnitt »Äquivalenz und Identität« auf Seite 296 beschrieben, die spezielle Methode __eq__ definieren.

```
%%add_method_to Card

    def __eq__(self, other):
        return self.suit == other.suit and self.rank == other.rank
```

```
"Class 'Card' not found."
```

__eq__ übernimmt zwei Card-Objekte als Parameter und gibt True zurück, wenn sie die gleiche Farbe und den gleichen Wert haben, auch wenn sie nicht auf dasselbe Objekt verweisen. Anders gesagt, es wird auf Äquivalenz geprüft, aber nicht auf Identität.

Wenn wir jetzt den ==-Operator mit Card-Objekten verwenden, ruft Python für den Vergleich deren __eq__-Methode auf:

```
queen == queen2
```

```
True
```

Als zweiten Test wollen wir eine Karte mit der gleichen Farbe, aber einem anderen Wert erstellen:

```
six = Card(1, 6)
print(six)
```

```
6 of Diamonds
```

Wie wir sehen, sind queen (Dame) und six (Sechs) nicht äquivalent:

```
queen == six
```

```
False
```

Der Operator != macht das Gegenteil von ==. Er testet darauf, ob zwei Dinge *nicht* identisch sind. Wurde eine __ne__-Methode (*not equals*, also »ungleich«) definiert, verwendet Python diese für den Test. Ansonsten ruft es __eq__ auf und kehrt das Ergebnis um. Wenn __eq__ True zurückgibt, wäre das Ergebnis des !=-Operators also False:

```
queen != queen2
```

```
False
```

```
queen != six
```

```
True
```

In diesem Beispiel wollen wir zwei Karten vergleichen, um zu sehen, welche die höhere Punktzahl hat. Verwenden wir einen Vergleichsoperator, erhalten wir einen TypeError:

```
queen < queen2
```

```
TypeError: '<' not supported between instances of 'Card' and 'Card'
```

Um das Verhalten von < zu verändern, können wir die spezielle Methode __lt__ (*less than*, also »kleiner als«) definieren. Für dieses Beispiel gehen wir davon aus, dass die Farbe wichtiger ist als der Wert. Das heißt, alle Pik-Karten haben eine höhere Punktzahl als die Herz-Karten und so weiter. Haben zwei Karten die gleiche Farbe, gewinnt diejenige mit dem höheren Kartenwert.

Für die Implementierung nutzen wir die folgende Methode, die ein Tupel zurückgibt, das nacheinander die Farbe und den Kartenwert einer Karte enthält:

```
%%add_method_to Card

    def to_tuple(self):
        return (self.suit, self.rank)
```

Dieser Code hilft uns beim Schreiben von `__lt__`:

```
%%add_method_to Card

    def __lt__(self, other):
        return self.to_tuple() < other.to_tuple()
```

Dieser Tupel-Vergleich untersucht die ersten Elemente jedes Tupels, die für die Kartenfarbe stehen. Sind sie gleich, vergleicht er die zweiten Elemente, die für die Kartenwerte stehen.

Wenn wir jetzt den <-Operator verwenden, ruft Python hinter den Kulissen die von uns definierte `__lt__`-Methode auf:

```
six < queen
```

```
True
```

Mit dem >-Operator können wir einen »Größer-als«-Vergleich durchführen. Falls vorhanden, ruft Python nun im Hintergrund die spezielle Methode `__gt__` (*greater than*, also »größer als«) auf. Existiert sie nicht, versucht Python es mit `__lt__`. Die Argumente werden hierbei in umgekehrter Reihenfolge angegeben:

```
queen < queen2
```

```
False
```

```
queen > queen2
```

```
False
```

Verwenden wir den <=-Operator, wird die spezielle Methode `__le__` (*less than or equal*, also »kleiner oder gleich«) aufgerufen:

```
%%add_method_to Card

    def __le__(self, other):
        return self.to_tuple() <= other.to_tuple()
```

Damit können wir überprüfen, ob eine Karte den gleichen oder einen geringeren Punktwert hat als eine andere:

```
queen <= queen2
```

```
True
```

```
queen <= six
```

```
False
```

Der >=-Operator testet auf »größer oder gleich«. Gibt es eine spezielle __ge__-Methode, ruft Python diese im Hintergrund auf. Ansonsten greift Python auf __le__ zurück, wobei die Argumente in umgekehrter Reihenfolge angegeben werden:

```
queen >= six
```

```
True
```

Nach ihrer Definition sind diese Methoden damit vollständig. Wir können also zwei beliebige `Card`-Objekte vergleichen. Sie sind außerdem konsistent, weil die Ergebnisse der einzelnen Operatoren sich nicht widersprechen. Mit diesen beiden Eigenschaften können wir sagen, dass Card-Objekte **vollständig geordnet** sind.Und das heißt, wie wir bald sehen werden, dass die Karten sortiert werden können.

Kartenstapel

Im nächsten Schritt wollen wir Objekte definieren, die Kartenstapel (engl. *Deck*) darstellen. Die Klassendefinition für `Deck` besitzt eine `__init__`-Methode, die eine Liste mit `Card`-Objekten als Parameter übernimmt und sie dem Attribut `cards` zuweist:

```
class Deck:

    def __init__(self, cards):
        self.cards = cards
```

Um eine Liste mit 52 Karten eines Standardkartenspiels zu erstellen, verwenden wir die folgende statische Methode:

```
%%add_method_to Deck

    def make_cards():
```

```
        cards = []
        for suit in range(4):
            for rank in range(2, 15):
                card = Card(suit, rank)
                cards.append(card)
        return cards
```

In make_cards erzeugt die äußere Schleife die Farben mit der Codierung von 0 bis 3. Die innere Schleife iteriert über die Kartenwerte, wobei 14 hier für ein Ass steht, das eine höhere Punktzahl als der König hat. Jeder Schleifendurchlauf erstellt eine neues Card-Objekt mit der aktuellen Farbe und dem aktuellen Kartenwert und hängt sie an cards an. Um eine Liste mit Karten und ein Deck-Objekt zu erstellen, das die Liste enthält, gehen wir so vor:

```
cards = Deck.make_cards()
deck = Deck(cards)
len(deck.cards)
```

```
52
```

Wie gewünscht, enthält unser Kartenstapel nun 52 Karten.

Den Kartenstapel ausgeben

Hier eine __str__-Methode für Deck:

```
%%add_method_to Deck

    def __str__(self):
        res = []
        for card in self.cards:
            res.append(str(card))
        return '\n'.join(res)
```

Diese Methode ist ein Beispiel für eine effiziente Möglichkeit, einen langen String zu erzeugen. Zuerst wird eine Liste mit kürzeren Strings erstellt, und diese wird anschließend mit der String-Methode join zusammengefasst.

Wir testen die Methode mit einem Stapel, der nur zwei Karten enthält:

```
small_deck = Deck([queen, six])
```

Rufen wir nun `str` auf, verwendet Python im Hintergrund unsere `__str__`-Methode:

```
str(small_deck)
```

```
'Queen of Diamonds\n6 of Diamonds'
```

Wenn Jupyter einen String ausgibt, verwendet es die »repräsentative« Form des Strings, in der ein Zeilenumbruch als Newline-Zeichen `\n` ausgedrückt wird.

Geben wir das Ergebnis dagegen per `print` aus, zeigt Jupyter die »druckfähige« Version des Strings, in der das Newline-Zeichen als tatsächlicher Zeilenumbruch dargestellt wird:

```
print(small_deck)
```

```
Queen of Diamonds
6 of Diamonds
```

Die Karten werden also jeweils auf einer eigenen Zeile ausgegeben.

Hinzufügen, entfernen, mischen und sortieren

Um die Karten zu verteilen, hätten wir gerne eine Methode, die eine Karte vom Stapel nimmt (entfernt) und zurückgibt. Die Listenmethode `pop` ist hierfür genau das Richtige:

```
%%add_method_to Deck

    def take_card(self):
        return self.cards.pop()
```

Die Verwendung sieht so aus:

```
card = deck.take_card()
print(card)
```

```
Ace of Spades
```

Um zu bestätigen, dass noch 51 Karten auf dem Stapel sind, nutzen wir die `len`-Funktion:

```
len(deck.cards)
```

```
51
```

Um dem Stapel eine Karte hinzuzufügen, verwenden wir die Listenmethode append:

```
%%add_method_to Deck

    def put_card(self, card):
        self.cards.append(card)
```

Als Beispiel können wir die gerade gezogene Karte wieder in den Stapel zurücklegen:

```
deck.put_card(card)
len(deck.cards)
```

```
52
```

Um den Stapel zu mischen, verlassen wir uns auf die Funktion shuffle aus dem random-Modul:

```
import random
```

```
%%add_method_to Deck

    def shuffle(self):
        random.shuffle(self.cards)
```

Wenn wir den Stapel mischen und die ersten Karten ausgeben, können wir bestätigen, dass sie keine erkennbare Reihenfolge mehr haben:

```
deck.shuffle()
for card in deck.cards[:4]:
    print(card)
```

```
2 of Diamonds
4 of Hearts
5 of Clubs
8 of Diamonds
```

Um die Karten wieder zu sortieren, nutzen wir die Listenmethode sort, wodurch die Listenelemente »an Ort und Stelle« (engl. *in place*) wieder in die richtige Reihenfolge gebracht werden. Das heißt, es wird keine neue Liste angelegt, sondern die aktuelle Liste wird verändert.

```
%%add_method_to Deck

    def sort(self):
        self.cards.sort()
```

Beim Aufruf von `sort` wird im Hintergrund die `__lt__`-Methode aufgerufen, um die Karten zu vergleichen:

```
deck.sort()
```

Geben wir die ersten Karten aus, können wir sehen, dass sie jetzt in aufsteigender Reihenfolge in der Liste gespeichert sind:

```
for card in deck.cards[:4]:
    print(card)
```

```
2 of Clubs
3 of Clubs
4 of Clubs
5 of Clubs
```

In diesem Beispiel ruft `Deck.sort` einfach nur `list.sort` auf. Diese Art, die Verantwortung weiterzureichen, wird als **Delegation** bezeichnet.

Eltern und Kinder

Vererbung ist die Fähigkeit, eine neue Klasse zu definieren, die eine modifizierte Version einer bereits vorhandenen Klasse ist. Um Ihnen ein Beispiel zu geben, nehmen wir an, wir wollten eine Klasse definieren, die ein »Blatt« (engl. *Hand*) darstellt, also die Karten, die ein Spieler auf der Hand hat.

- Ein Blatt hat Ähnlichkeit mit einem Kartenstapel. Beide bestehen aus einer Sammlung von Karten, und beide müssen beispielsweise Karten hinzufügen und entfernen können.
- Ein Blatt unterscheidet sich aber auch von einem Kartenstapel. Es gibt Operationen, die ein Blatt ausführen können soll, die für einen Kartenstapel aber keinen Sinn ergeben. Beim Pokerspiel wollen wir vielleicht zwei Blätter[1] vergleichen, um zu sehen, welcher Spieler gewinnt. Beim Bridge könnten wir eine Punktzahl für ein Blatt berechnen, um ein Gebot abzugeben.

Diese Art der Beziehung – bei denen eine Klasse eine spezialisierte Version einer anderen ist – bietet sich für die Vererbung an.

1 Beim Pokerspiel wird das Blatt auch als »Hand« bezeichnet. Um Verwirrung zu vermeiden, verwenden wir für beide Spiele (Bridge und Poker) den Begriff »Blatt« für die Karten, die ein Spieler auf der Hand (sic!) hat.

Um eine neue Klasse zu definieren, die auf einer bereits existierenden Klasse basiert, schreiben wir den Namen der vorhandenen Klasse in Klammern hinter den Namen der neuen Klasse:

```
class Hand(Deck):
    """Represents a hand of playing cards."""
```

Diese Klassendefinition gibt an, dass Hand von Deck erbt. Dadurch können Hand-Objekte auf Methoden zugreifen, die in Deck definiert wurden, wie take_card und put_card.

Hand erbt auch die __init__-Methode von Deck. Wenn wir dagegen für die Hand-Klasse eine eigene __init__-Methode definieren, wird die Version aus Deck überschrieben:

```
%%add_method_to Hand

    def __init__(self, label=''):
        self.label = label
        self.cards = []
```

Diese Version von __init__ übernimmt als Parameter einen optionalen String (hier ist es 'player 1') und beginnt grundsätzlich mit einer leeren Kartenliste. Wenn wir ein neues Blatt (Hand-Objekt) anlegen, ruft Python diese Methode auf – und nicht die aus Deck. Das können wir bestätigen, indem wir nachsehen, ob das Ergebnis ein label-Attribut besitzt:

```
hand = Hand('player 1')
hand.label
```

```
'player 1'
```

Zum Geben einer Karte (Card) – also um sie vom Stapel (Deck) zu nehmen – verwenden wir take_card. Um sie dem Blatt (Hand) hinzuzufügen, verwenden wir put_card, wie hier gezeigt:

```
deck = Deck(cards)
card = deck.take_card()
hand.put_card(card)
print(hand)
```

```
Ace of Spades
```

Diesen Code wollen wir in einer Deck-Methode mit dem Namen move_cards verkapseln:

```
%%add_method_to Deck

    def move_cards(self, other, num):
        for i in range(num):
            card = self.take_card()
            other.put_card(card)
```

Diese Methode ist polymorph (siehe den Abschnitt »Polymorphie« auf Seite 303). Das heißt, sie funktioniert mit mehr als einem Typ: self und other können entweder den Typ Hand oder den Typ Deck haben.

Dadurch können wir die Methode nutzen, um eine Karte aus dem Stapel (Deck-Objekt) in das Blatt (Hand-Objekt) eines Spielers zu verschieben, vom Blatt eines Spielers zum Blatt eines anderen, aber auch von einem Blatt zurück zum Stapel.

Erbt eine neue Klasse von einer bereits vorhandenen, wird die vorhandene Klasse als **Elternklasse** und die neue Klasse als **Kindklasse** bezeichnet. Allgemein gilt:

- Instanzen der Kindklasse sollten alle Attribute der Elternklasse besitzen. Zusätzlich können sie eigene Attribute tragen.
- Die Kindklasse sollte alle Methoden der Elternklasse besitzen, kann aber zusätzliche eigene Methoden definieren.
- Wenn eine Kindklasse eine Methode der Elternklasse überschreibt, sollte die neue Methode die gleichen Parameter übernehmen und ein kompatibles Ergebnis zurückgeben.

Diese Regeln werden als »liskovsches Substitutionsprinzip« bezeichnet, das nach der Informatikerin Barbara Liskov benannt ist.

Wenn Sie sich an diese Regeln halten, wird jede Methode, die mit einer Instanz einer Elternklasse wie Deck funktioniert, auch mit einer Instanz einer Kindklasse wie Hand nutzbar sein. Verletzen Sie diese Regeln, wird Ihr Code dagegen in sich zusammenfallen wie ein Kartenhaus. (Verzeihung, das Wortspiel war hier unvermeidbar.)

Spezialisierung

In diesem Abschnitt wollen wir eine Klasse namens `BridgeHand` erstellen, die für ein Blatt in Bridge – einem weitverbreiteten Kartenspiel – steht. Wir erben von `Hand` und fügen eine neue Methode mit dem Namen `high_card_point_count` hinzu, die ein Bridgeblatt auswertet, indem sie die Punkte der hohen Karten auf der Hand addiert.

Hier eine Klassendefinition, die als Klassenvariable ein Dictionary enthält, das Kartennamen ihren jeweiligen Punktwerten in Bridge zuordnet:

```
class BridgeHand(Hand):
    """Represents a bridge hand."""

    hcp_dict = {
        'Ace': 4,
        'King': 3,
        'Queen': 2,
        'Jack': 1,
    }
```

Über den Index eines Kartenwerts wie `12` können wir `Card.rank_names` verwenden, um eine String-Darstellung des Werts zu erhalten. Mithilfe von `hcp_dict` können wir anschließend die Punktzahl ermitteln:

```
rank = 12
rank_name = Card.rank_names[rank]
score = BridgeHand.hcp_dict.get(rank_name, 0)
rank_name, score
```

```
('Queen', 2)
```

Die folgende Methode führt eine Schleife über die Karten in einer `BridgeHand` aus und addiert ihre Punktzahlen:

```
%%add_method_to BridgeHand

    def high_card_point_count(self):
        count = 0
        for card in self.cards:
            rank_name = Card.rank_names[card.rank]
            count += BridgeHand.hcp_dict.get(rank_name, 0)
        return count
```

Um das zu überprüfen, geben wir ein Blatt mit fünf Karten. Normalerweise besteht ein Bridgeblatt aus 13 Karten. Es ist aber leichter, den Code mit kleinen Beispielen zu testen:

```
hand = BridgeHand('player 2')

deck.shuffle()
deck.move_cards(hand, 5)
print(hand)
```

```
4 of Diamonds
King of Hearts
10 of Hearts
10 of Clubs
Queen of Diamonds
```

Und hier die Gesamtpunktzahl für den König und die Dame:

```
hand.high_card_point_count()
```

```
5
```

`BridgeHand` erbt die Variablen und Methoden von `Hand` und fügt eine Klassenmethode hinzu, die speziell für das Bridgespiel gebraucht wird. Diese Art der Vererbung wird als **Spezialisierung** bezeichnet, weil sie eine neue Klasse definiert, die auf einen bestimmten Verwendungszweck spezialisiert ist, wie etwa das Bridgespiel.

Debugging

Vererbung kann sehr nützlich sein. Programme, die ohne Vererbung sehr viele Wiederholungen enthielten, können so deutlich kürzer geschrieben werden. Außerdem ermöglicht Vererbung die Wiederverwendung von Code, weil Sie das Verhalten der Elternklasse anpassen können, ohne diese zu verändern. Manchmal spiegelt eine Vererbungsstruktur die natürliche Struktur des Problems wider, was den Entwurf leichter verständlich macht.

Andererseits kann Vererbung die Lesbarkeit von Programmen auch verschlechtern. So ist bei einem Methodenaufruf nicht unbedingt klar, wo seine Definition zu finden ist – der relevante Code könnte sich über mehrere Module erstrecken.

Wenn Sie sich über den Ausführungsfluss eines Programms nicht sicher sind, besteht die einfachste Lösung oft darin, `print`-Anweisungen am Anfang der relevanten Methoden einzufügen. Gibt `Deck.shuffle` eine Nachricht aus wie `Führe Deck.shuffle aus`, kann der Programmfluss bei seiner Ausführung mitverfolgt werden.

Alternativ könnten Sie folgende Funktion einsetzen, die ein Objekt und einen Methodennamen (als String) übernimmt und die Klasse zurückgibt, in der die Methode definiert wurde:

```
def find_defining_class(obj, method_name):
    """
    """
    for typ in type(obj).mro():
        if method_name in vars(typ):
            return typ
    return f'Method {method_name} not found.'
```

`find_defining_class` nutzt die `mro`-Methode, um die Liste der Klassenobjekte (Typen) zu erhalten, die nach Methoden durchsucht werden sollen. Hierbei steht MRO für *Method Resolution Order*, also für die Reihenfolge der Klassen, die Python durchsucht, um einen Methodennamen »aufzulösen«, um das Funktionsobjekt zu finden, auf das der Name verweist.

Nehmen wir zum Beispiel eine Instanz von `BridgeHand`, um die definierende Klasse von `shuffle` zu finden:

```
hand = BridgeHand('player 3')
find_defining_class(hand, 'shuffle')
```

```
__main__.Deck
```

Die `shuffle`-Methode für das `BridgeHand`-Objekt stammt demnach aus `Deck`.

Glossar

Vererbung
: Die Fähigkeit, eine neue Klasse zu definieren, die eine modifizierte Version einer zuvor definierten Klasse ist.

Codieren
: Einen Satz von Werten anhand eines anderen Wertesatzes darstellen, indem eine Zuordnung zwischen beiden hergestellt wird.

Klassenvariable
: Eine Variable, die innerhalb einer Klassendefinition, aber nicht innerhalb einer Methode definiert wird.

Vollständig geordnet
: Ein Satz von Objekten gilt als vollständig geordnet, wenn wir zwei beliebige Elemente vergleichen können und die Ergebnisse dabei konsistent sind.

Delegation
: Wenn eine Methode die Verantwortung an eine andere Methode übergibt, die daraufhin die meiste oder die gesamte Arbeit übernimmt.

Elternklasse
: Eine Klasse, von der geerbt wird.

Kindklasse
: Eine Klasse, die von einer anderen Klasse erbt.

Spezialisierung
: Eine Möglichkeit, Vererbung zu nutzen, um eine Klasse zu erstellen, die eine spezialisierte Version einer anderen ist.

Übungen

Fragen Sie einen virtuellen Assistenten

Wenn es gut läuft, kann die objektorientierte Programmierung Ihre Programme lesbarer, besser testbar und wiederverwendbarer machen. Sie kann aber auch für mehr Komplexität und Probleme bei der Wartbarkeit sorgen. Aus diesem Grund wird OOP kontrovers betrachtet – einige Menschen lieben sie, andere eher nicht.

Um mehr über das Thema zu erfahren, können Sie einem virtuellen Assistenten folgende Fragen stellen:

- »Was sind die Vor- und Nachteile der objektorientierten Programmierung?«
- »Was bedeutet es, Komposition gegenüber der Vererbung zu bevorzugen?«
- »Was ist das liskovsche Substitutionsprinzip?«

- »Ist Python eine objektorientierte Sprache?«
- »Welche Voraussetzungen müssen erfüllt sein, damit eine Menge als vollständig geordnet gilt?«

Und Sie können, wie sonst auch, einen virtuellen Assistenten jederzeit um Hilfe bitten, wenn Sie mit den folgenden Übungen nicht weiterkommen.

Übung 17-1

Beim Bridge ist ein »Trick« eine Spielrunde, in der jeder der vier Spielenden eine Karte ausspielt. Um diese Karten darzustellen, definieren wir eine Klasse, die von `Deck` erbt:

```
class Trick(Deck):
    """Represents a trick in contract bridge."""
```

Nehmen wir zum Beispiel diesen »Trick«, bei dem der erste Spieler mit der Karo-3 führt, das heißt, Karo ist jetzt die »ausgespielte Farbe« (engl. *Led Suit*). Der zweite und der dritte Spieler müssen »bedienen« (engl. *Follow Suit*). Das heißt, sie müssen eine Karte der gleichen Farbe wie die ausgespielte Farbe spielen. Der vierte Spieler spielt nun eine Karte einer anderen Farbe, was bedeutet, dass er den »Trick« nicht gewinnen kann. Der Gewinner dieses »Tricks« ist also der dritte Spieler, weil er die höchste Karte der ausgespielten Farbe bedient hat.

```
cards = [Card(1, 3),
         Card(1, 10),
         Card(1, 12),
         Card(2, 13)]
trick = Trick(cards)
print(trick)
```

```
3 of Diamonds
10 of Diamonds
Queen of Diamonds
King of Hearts
```

Schreiben Sie eine `Trick`-Methode mit dem Namen `find_winner` (»Gewinner finden«), die eine Schleife über die Karten eines Tricks ausführt und den Index der Gewinnerkarte zurückgibt. Im obigen Beispiel war dies der Index `2`.

Übung 17-2

In den folgenden Übungen sollen Sie Funktionen schreiben, die Pokerblätter klassifizieren. Falls Sie sich mit dem Spiel nicht auskennen, erkläre ich die Dinge, die Sie wissen müssen. Wir verwenden die folgende Klasse, um die Pokerblätter darzustellen:

```
class PokerHand(Hand):
    """Represents a poker hand."""

    def get_suit_counts(self):
        counter = {}
        for card in self.cards:
            key = card.suit
            counter[key] = counter.get(key, 0) + 1
        return counter

    def get_rank_counts(self):
        counter = {}
        for card in self.cards:
            key = card.rank
            counter[key] = counter.get(key, 0) + 1
        return counter
```

`PokerHand` stellt zwei Methoden bereit, die Ihnen bei den Übungen helfen:

`get_suit_counts`
: Iteriert über die Karten in `PokerHand`, zählt, wie viele Karten es für jede Farbe gibt, und gibt ein Dictionary zurück, das jeder Farbe die Anzahl ihrer Vorkommen zuordnet.

`get_rank_counts`
: Macht das Gleiche mit den Kartenwerten und gibt ein Dictionary zurück, das die einzelnen Werte der Anzahl ihrer Vorkommen zuordnet.

Alle folgenden Übungen können mit den Python-Features gelöst werden, die Sie bisher gelernt haben. Dabei sind einige Übungen schwieriger als die bisherigen. Falls Sie nicht weiterkommen, fragen Sie einen virtuellen Assistenten um Hilfe.

Bei Problemen hilft es oft, nach allgemeinen Ratschlägen zu Strategien und Algorithmen zu fragen. Danach können Sie den Code entweder selbst schreiben oder den Assistenten bitten, ihn für Sie zu erstellen. Hierbei ist es sinnvoll, die relevanten Klassendefinitionen mit einzugeben.

Als erste Übung schreiben wir eine Methode mit dem Namen `has_flush`, die überprüft, ob ein Spieler einen »Flush«, also fünf Karten der gleichen Farbe, auf der Hand hat.

In den meisten Pokervarianten hat ein Blatt entweder fünf oder sieben Karten. In manchen exotischen Versionen kann ein Blatt aber auch aus einer anderen Anzahl von Karten bestehen. Unabhängig von der Gesamtzahl zählen aber nur die fünf Karten, die das beste Blatt ergeben.

Übung 17-3

Schreiben Sie eine Methode namens `has_straight`, die überprüft, ob ein Blatt einen *Straight* (eine »Straße«) enthält, also eine Reihe von fünf Karten mit aufeinanderfolgenden Werten. Enthält ein Blatt beispielsweise die Werte `5`, `6`, `7`, `8` und `9`, dann enthält es einen Straight.

Dabei kann ein Ass entweder vor einer 2 stehen oder nach einem König. Das heißt, die Reihenfolge `Ace`, `2`, `3`, `4`, `5` ist ein Straight und ebenso die Folge `10`, `Jack`, `Queen`, `King`, `Ace`. Dabei markiert ein Ass entweder den Anfang oder das Ende einer Folge. `King`, `Ace`, `2`, `3`, `4` ist also kein Straight.

Übung 17-4

Ein Blatt hat einen *Straight Flush*, wenn es fünf aufeinanderfolgende Karten der gleichen Farbe enthält, also gleichzeitig ein Flush und ein Straight ist. Schreiben Sie eine `PokerHand`-Methode, die überprüft, ob ein Blatt einen Straight Flush enthält.

Übung 17-5

Ein Blatt hat ein *Pair* (»Zwilling«), wenn es zwei oder mehr Karten des gleichen Werts enthält. Schreiben Sie eine `PokerHand`-Methode, die überprüft, ob eine Hand ein Pair enthält.

Um Ihre Methode zu testen, sehen Sie hier ein Blatt, das ein Pair enthält:

```
pair = deepcopy(bad_hand)
pair.put_card(Card(1, 2))
print(pair)
```

```
2 of Clubs
3 of Clubs
4 of Hearts
5 of Spades
7 of Clubs
2 of Diamonds
```

```
pair.has_pair()    # Sollte True zurückgeben.
```

```
True
```

```
bad_hand.has_pair()    # Sollte False zurückgeben.
```

```
False
```

```
good_hand.has_pair()   # Sollte False zurückgeben.
```

```
False
```

Übung 17-6

Ein Blatt enthält ein *Full House*, wenn es drei Karten mit gleichem Wert (»Drilling«) und zwei weitere Karten mit einem anderen gleichen Wert (»Zwilling«) enthält. Schreiben Sie eine PokerHand-Methode, die überprüft, ob ein Blatt ein Full House enthält.

Übung 17-7

Diese Übung ist eine Warnung vor einem häufig auftretenden Fehler, der nur schwer zu debuggen ist. Sehen Sie sich hierzu die folgende Klassendefinition an:

```
class Kangaroo:
    """A Kangaroo is a marsupial."""

    def __init__(self, name, contents=[]):
        """Initialize the pouch contents.

        name: string
        contents: initial pouch contents.
        """
        self.name = name
        self.contents = contents
```

```
    def __str__(self):
        """Return a string representation of this Kangaroo.
        """
        t = [ self.name + ' has pouch contents:' ]
        for obj in self.contents:
            s = '    ' + object.__str__(obj)
            t.append(s)
        return '\n'.join(t)

    def put_in_pouch(self, item):
        """Adds a new item to the pouch contents.

        item: object to be added
        """
        self.contents.append(item)
```

`__init__` übernimmt zwei Parameter: Hierbei ist `name` erforderlich, während `contents` (»Inhalt«) optional ist. Wird er nicht angegeben, ist der Standardwert eine leere Liste. `__str__` gibt eine String-Darstellung des Objekts zurück, das den Namen und den Inhalt des Beutels (engl. *Pouch*) enthält. `put_in_pouch` (»in den Beutel legen«) übernimmt ein beliebiges Objekt und hängt es an `contents` an.

Jetzt wollen wir sehen, wie die Klasse funktioniert. Hierfür erzeugen wir zwei `Kangaroo`-Objekte (»Känguru«) mit den Namen `Kanga` und `Roo`:

```
kanga = Kangaroo('Kanga')
roo = Kangaroo('Roo')
```

In den Beutel von `Kanga` legen wir zwei Strings und `roo`:

```
kanga.put_in_pouch('wallet')
kanga.put_in_pouch('car keys')
kanga.put_in_pouch(roo)
```

Wenn wir `kanga` ausgeben, sieht es aus, also hätte alles funktioniert:

```
print(kanga)
```

```
Kanga has pouch contents:
    'wallet'
    'car keys'
    <__main__.Kangaroo object at 0x7f1f4f1a1330>
```

Aber was passiert, wenn wir roo ausgeben?

```
print(roo)
```

```
Roo has pouch contents:
    'wallet'
    'car keys'
    <__main__.Kangaroo object at 0x7f1f4f1a1330>
```

Der Beutel hat den gleichen Inhalt wie der von Kanga, inklusive einer Referenz auf roo!

Versuchen Sie, herauszufinden, was hier schiefgegangen ist. Danach fragen Sie einen virtuellen Assistenten: »Was stimmt mit dem folgenden Programm nicht?« Fügen Sie die Definition von Kangaroo in die Anfrage ein.

KAPITEL 18

Python-Extras

Eines meiner Ziele für dieses Buch bestand darin, Ihnen so wenig Python wie möglich beizubringen. Gab es zwei Möglichkeiten, etwas zu tun, habe ich mich für eine entschieden und die andere kaum erwähnt oder sie in eine Übung verpackt.

Jetzt möchte ich einige der guten Dinge, die bisher nicht behandelt wurden, nachholen. Python besitzt eine Reihe von Features, die zwar nicht unbedingt nötig sind – Sie können also auch ohne sie guten Code schreiben –, aber mit ihnen können Sie Code schreiben, der kürzer, lesbarer oder effizienter ist oder sogar alle drei Eigenschaften in sich vereinigt.

Sets

In Python steht die Klasse `set` (»Menge«) für eine Sammlung einmaliger Elemente. Um ein leeres Set zu erstellen, können wir das Klassenobjekt wie eine Funktion benutzen:

```
s1 = set()
s1
```

```
set()
```

Mithilfe der Methode `add` können wir Elemente hinzufügen:

```
s1.add('a')
s1.add('b')
s1
```

```
{'a', 'b'}
```

Oder wir können `set` eine beliebige Folge übergeben:

```
s2 = set('acd')
s2
```

```
{'a', 'c', 'd'}
```

Jedes Element muss innerhalb des Sets einmalig sein. Wenn Sie versuchen, ein Element hinzuzufügen, das es schon gibt, hat dies keine Auswirkungen:

```
s1.add('a')
s1
```

```
{'a', 'b'}
```

Wenn Sie ein Set aus einer Folge erstellen, die Duplikate enthält, werden nur die einmaligen Elemente in das Set übernommen:

```
set('banana')
```

```
{'a', 'b', 'n'}
```

Einige der Übungen in diesem Buch können mit Sets kürzer und effizienter gelöst werden. Hier sehen Sie zum Beispiel eine Lösung für »Übung 10-2« auf Seite 194, die ein Dictionary verwendet, um eine Folge auf Duplikaten zu überprüfen:

```
def has_duplicates(t):
    d = {}
    for x in t:
        d[x] = True
    return len(d) < len(t)
```

Diese Version fügt alle Elemente von `t` als Schlüssel einem Dictionary hinzu und überprüft dann, ob es weniger Schlüssel als Elemente gibt. Mithilfe von Sets können wir die gleiche Funktion folgendermaßen schreiben:

```
def has_duplicates(t):
    s = set(t)
    return len(s) < len(t)
```

Ein Element kann in einem Set immer nur einmal vorkommen. Erscheint also ein Element in `t` mehrmals, wird das Set kleiner sein als `t`. Gibt es dagegen keine Duplikate, hat das Set die gleiche Größe wie `t`.

set-Objekte stellen Methoden für Operationen auf Sets zur Verfügung. So berechnet union beispielsweise die Schnittmenge zweier Sets. Das Ergebnis ist ein neues Set, das alle Elemente enthält, die in beiden Sets vorkommen:

```
s1.union(s2)
```

```
{'a', 'b', 'c', 'd'}
```

Einige arithmetische Operatoren können ebenfalls mit Sets verwendet werden. Der Operator - (Minuszeichen) führt beispielsweise eine Set-Subtraktion durch. Das Ergebnis ist ein neues Set, das alle Elemente aus dem ersten Set enthält, die nicht im zweiten Set enthalten sind:

```
s1 - s2
```

```
{'b'}
```

Im Abschnitt »Dictionary-Subtraktion« auf Seite 224 (Kapitel 12) haben wir Dictionaries verwendet, um die Wörter zu finden, die in einem Dokument, aber nicht in einer Wortliste auftauchen. Hierfür haben wir die folgende Funktion genutzt, die zwei Dictionaries übernimmt und ein neues Dictionary zurückgibt, das nur die Schlüssel aus dem ersten Dictionary enthält, die nicht im zweiten enthalten sind:

```
def subtract(d1, d2):
    res = {}
    for key in d1:
        if key not in d2:
            res[key] = d1[key]
    return res
```

Mit Sets müssen wir diese Funktion nicht selbst schreiben. Wenn word_counter ein Dictionary ist, das die einmaligen Wörter aus dem Dokument enthält, und word_list eine Liste gültiger Wörter enthält, können wir die Set-Differenz auch so berechnen:

```
set(word_counter) - set(word_list)
```

Das Ergebnis ist ein Set, das die Wörter aus dem Dokument enthält, die nicht in der Wortliste vorkommen.

Auch die Vergleichsoperatoren funktionieren mit Sets. So überprüft <=, ob ein Set eine Untermenge (engl. *Subset*) eines anderen ist, inklusive der Möglichkeit, dass sie gleich sind:

```
set('ab') <= set('abc')
```

```
True
```

Mit diesen Operatoren können wir Sets verwenden, um einige der Übungen aus Kapitel 7 zu lösen. Hier eine Version von `uses_only`, die eine Schleife verwendet:

```
def uses_only(word, available):
    for letter in word:
        if letter not in available:
            return False
    return True
```

`uses_only` überprüft, ob alle Buchstaben in `word` in `available` vorkommen. Mit Sets können wir die Funktion vereinfachen:

```
def uses_only(word, available):
    return set(word) <= set(available)
```

Bilden die Buchstaben in `word` eine Untermenge der Buchstaben in `available`, heißt das, dass `word` nur Buchstaben aus `available` enthält.

Zähler

Ein `Counter` (»Zähler«) funktioniert wie ein Set. Allerdings dürfen Elemente mehr als einmal vorkommen. Der `Counter` »merkt sich«, wie oft ein bestimmtes Element enthalten ist. Wenn Sie mit dem mathematischen Konzept einer »Multimenge« vertraut sind, ist ein `Counter` die naheliegende Entsprechung für die Darstellung eines Multisets.

Die Klasse `Counter` wird in einem Standardmodul mit dem Namen `collections` (engl. für »Sammlungen«) definiert. Sie müssen es also `importieren`. Danach können Sie das Klassenobjekt als Funktion aufrufen, der Sie einen String, eine Liste oder eine beliebige andere Folge übergeben können:

```
from collections import Counter

counter = Counter('banana')
counter
```

```
Counter({'a': 3, 'n': 2, 'b': 1})
```

```
from collections import Counter

t = (1, 1, 1, 2, 2, 3)
counter = Counter(t)
counter
```

```
Counter({1: 3, 2: 2, 3: 1})
```

Ein Counter-Objekt funktioniert wie ein Dictionary, das jedem Schlüssel die Anzahl seiner Vorkommen zuordnet. Wie bei Dictionaries müssen die Schlüssel hashfähig sein (siehe den Abschnitt »Listen und Dictionaries« auf Seite 186).

Im Gegensatz zu Dictionaries lösen Counter-Objekte keine Ausnahme aus, wenn Sie versuchen, auf ein nicht vorhandenes Objekt zuzugreifen. Stattdessen wird einfach 0 (die Anzahl der Vorkommen) zurückgegeben:

```
counter['d']
```

```
0
```

Mithilfe von Counter-Objekten können wir »Übung 9-1« auf Seite 176 lösen, wo nach einer Funktion gefragt wurde, die zwei Wörter übernimmt und überprüft, ob sie Anagramme sind.

Hier eine Lösung, die Counter-Objekte verwendet:

```
def is_anagram(word1, word2):
    return Counter(word1) == Counter(word2)
```

Anagramme enthalten die gleichen Buchstaben in der gleichen Anzahl, aber in unterschiedlicher Reihenfolge. Ihre Counter-Objekte sind also äquivalent.

Counter stellt eine most_common-Methode zur Verfügung, die eine Liste der Häufigkeitspaare zurückgibt, die absteigend nach Häufigkeit sortiert ist:

```
counter.most_common()
```

```
[('a', 3), ('n', 2), ('b', 1)]
```

Außerdem stellen Counter Methoden und Operatoren bereit, um Set-artige Operationen durchzuführen, inklusive Addition, Subtraktion sowie der Berechnung von Vereinigungs- und Schnittmengen. So kombiniert der +-Operator zwei Counter-Objekte, indem er sie zu einem neuen Counter-Objekt kombiniert, das die Schlüssel aus beiden und die Summe ihrer Häufigkeiten enthält.

Das können wir testen, indem wir einen Counter mit den Buchstaben aus 'bans' erstellen und ihm die Buchstaben aus 'bananas' hinzuaddieren:

```
counter2 = Counter('bans')
counter + counter2
```

```
Counter({'a': 4, 'n': 3, 'b': 2, 's': 1})
```

In den Übungen am Ende dieses Kapitels haben Sie die Möglichkeit, Counter-Operationen weiter zu erforschen.

defaultdict

Des Weiteren stellt das collections-Modul defaultdict zur Verfügung. Dies funktioniert im Grunde wie ein Dictionary. Wenn Sie allerdings versuchen, auf einen Schlüssel zuzugreifen, den es nicht gibt, wird automatisch ein neuer Wert erzeugt.

Bei der Erstellung eines defaultdict geben Sie eine Funktion an, die für die Erzeugung neuer Werte verwendet werden soll. Eine Funktion, die Objekte erzeugt, wird manchmal auch als **Factory** (engl. für »Fabrik«) bezeichnet. Die eingebauten Funktionen, die Listen, Sets und andere Typen erzeugen, können als Factories dienen.

Hier zum Beispiel ein defaultdict, das bei Bedarf eine neue Liste (list) erzeugt:

```
from collections import defaultdict

d = defaultdict(list)
d
```

```
defaultdict(list, {})
```

Beachten Sie, dass das Argument hier das Klassenobjekt list ist, nicht aber list(), was ein Funktionsaufruf wäre, der eine neue Liste erzeugt. Die Factory-Funktion wird erst aufgerufen, wenn wir versuchen, auf einen Schlüssel zuzugreifen, der noch nicht existiert:

```
t = d['new key']
t
```

```
[]
```

Die neue Liste, wir nennen sie t, wird ebenfalls zum Dictionary hinzugefügt. Modifizieren wir t, sind die Änderungen also auch in d sichtbar:

```
t.append('new value')
d['new key']
```

```
['new value']
```

Wenn Sie ein Dictionary erstellen, das Listen enthält, kann der Code mithilfe von defaultdict oft vereinfacht werden.

In »Übung 11-4« auf Seite 215 habe ich ein Dictionary erstellt, das einem String mit sortierten Buchstaben eine Liste der Wörter zuordnet, die mit diesen Buchstaben geschrieben werden können. Die Liste für den String 'opst' sieht beispielsweise so aus: ['opts', 'post', 'pots', 'spot', 'stop', 'tops'].

Hier der ursprüngliche Code:

```
def all_anagrams(filename):
    d = {}
    for line in open(filename):
        word = line.strip().lower()
        t = signature(word)
        if t not in d:
            d[t] = [word]
        else:
            d[t].append(word)
    return d
```

Und hier eine vereinfachte Version, die defaultdict verwendet:

```
def all_anagrams(filename):
    d = defaultdict(list)
    for line in open(filename):
        word = line.strip().lower()
        t = signature(word)
        d[t].append(word)
    return d
```

In den Übungen am Ende des Kapitels können Sie den Gebrauch von defaultdict-Objekten weiter ausprobieren.

```
from collections import defaultdict

d = defaultdict(list)
```

```
key = ('into', 'the')
d[key].append('woods')
d[key]
```

```
['woods']
```

Bedingungsausdrücke

Bedingungsausdrücke kommen oft zum Einsatz, wenn zwischen zwei Werten entschieden werden muss, wie hier:

```
if x > 0:
    y = math.log(x)
else:
    y = float('nan')
```

Diese Anweisung überprüft, ob `x` positiv ist. Falls ja, wird der Logarithmus berechnet. Falls nicht, würde `math.log` einen `ValueError` auslösen. Um zu vermeiden, dass das Programm hier anhält, erzeugen wir den speziellen Fließkommawert `NaN` (engl. *Not a Number*, also »keine Zahl«). Diese Anweisung können wir mit einem **Bedingungsausdruck** kürzer formulieren:

```
y = math.log(x) if x > 0 else float('nan')
```

Diese Zeile können Sie fast wörtlich in menschliche Sprache übertragen: »y wird der Logarithmus von `x` zugewiesen, falls `x` größer als `0` ist, ansonsten `NaN`.«

Auch rekursive Funktionen können manchmal anhand von Bedingungsausdrücken kürzer gefasst werden. Hier ist zum Beispiel eine Version von `factorial` (siehe den Abschnitt »Rekursion mit Rückgabewerten« auf Seite 112), die eine Bedingungs*anweisung* nutzt:

```
def factorial(n):
    if n == 0:
        return 1
    else:
        return n * factorial(n-1)
```

Und hier eine Version mit einem Bedingungs*ausdruck*:

```
def factorial(n):
    return 1 if n == 0 else n * factorial(n-1)
```

Eine weitere Verwendung von Bedingungsausdrücken ist der Umgang mit optionalen Argumenten. Dies ist beispielsweise eine Klassendefinition mit einer `__init__`-Methode, die eine Bedingungsanweisung nutzt, um einen Parameter mit einem Standardwert zu überprüfen:

```
class Kangaroo:
    def __init__(self, name, contents=None):
        self.name = name
        if contents is None:
            contents = []
        self.contents = contents
```

Und hier eine Version mit einem Bedingungsausdruck:

```
def __init__(self, name, contents=None):
    self.name = name
    self.contents = [] if contents is None else contents
```

Grundsätzlich können Sie eine Bedingungsanweisung durch einen Bedingungsausdruck ersetzen, wenn beide Zweige einen einzelnen Ausdruck und keine Anweisungen enthalten.

Listenabstraktionen

In den vorherigen Kapiteln haben wir Beispiele gesehen, in denen wir mit einer leeren Liste beginnen, der wir mithilfe der append-Methode nacheinander mehrere Elemente hinzufügen. Angenommen, wir hätten einen String, der einen Filmtitel enthält. Die einzelnen Wörter sollen nun mit einem Großbuchstaben beginnen:

```
title = 'monty python and the holy grail'
```

Wir könnten den String jetzt in eine Liste mit einzelnen Strings (den Wörtern) auftrennen, eine Schleife darüber ausführen, den Anfangsbuchstaben in einen Großbuchstaben umwandeln und sie anschließend einer neuen Liste anhängen:

```
t = []
for word in title.split():
    t.append(word.capitalize())

' '.join(t)
```

```
'Monty Python And The Holy Grail'
```

Mit einer **Listenabstraktion** (engl. *List Comprehension*) geht das deutlich einfacher:

```
t = [word.capitalize() for word in title.split()]

' '.join(t)
```

```
'Monty Python And The Holy Grail'
```

Der »Eckige-Klammern-Operator« gibt an, dass wir eine neue Liste anlegen. Der Ausdruck innerhalb der eckigen Klammern bezeichnet die Elemente der Liste, während die `for`-Klausel angibt, über welche Folge die Schleife ausgeführt werden soll.

Auf den ersten Blick wirkt die Syntax der Listenabstraktion vielleicht etwas ungewöhnlich, weil die Schleifenvariable – in unserem Beispiel `word` – im Ausdruck noch vor ihrer Definition steht. Aber Sie werden sich schnell daran gewöhnen.

In einem weiteren Beispiel aus dem Abschnitt »Eine Wortliste erstellen« auf Seite 172 in Kapitel 9 haben wir diese Schleife verwendet, um Wörter aus einer Datei zu lesen und sie einer Liste anzuhängen:

```
word_list = []

for line in open('words.txt'):
    word = line.strip()
    word_list.append(word)
```

Mit einer Listenabstraktion könnte das beispielsweise so aussehen:

```
word_list = [line.strip() for line in open('words.txt')]
```

Eine Listenabstraktion kann auch eine `if`-Klausel enthalten, die feststellt, welche Elemente in die Liste aufgenommen werden sollen. Hier ist zum Beispiel eine `for`-Schleife, die wir ebenfalls im Abschnitt »Eine Wortliste erstellen« auf Seite 172 genutzt haben, um eine Liste der Wörter aus `word_list` zu erstellen, die Palindrome sind:

```
palindromes = []

for word in word_list:
    if is_palindrome(word):
        palindromes.append(word)
```

Und hier die Version, die eine Listenabstraktion nutzt:

```
palindromes = [word for word in word_list if is_palindrome(word)]
```

Wird eine Listenabstraktion als Argument für eine Funktion angegeben, können die eckigen Klammern oft weggelassen werden. Wenn wir beispielsweise $1/2^n$ für die Werte von n zwischen 0 und 9 addieren wollen, können wir dies auch mit einer Listenabstraktion ausdrücken:

```
sum([1/2**n for n in range(10)])
```

```
1.998046875
```

Oder wir verzichten auf die eckigen Klammern:

```
sum(1/2**n for n in range(10))
```

```
1.998046875
```

Technisch gesehen, ist das Argument hier eigentlich ein **Generatorausdruck** und keine Listenabstraktion, weil eigentlich gar keine Liste erzeugt wird. Davon abgesehen ist das Verhalten aber gleich. Listenabstraktionen und Generatorausdrücke sind kurz und leicht zu lesen – zumindest bei einfachen Ausdrücken. Außerdem sind sie in der Regel schneller als die entsprechenden `for`-Schleifen, manchmal sogar sehr viel schneller. Wenn Sie jetzt sauer auf mich sind, weil ich das nicht schon früher erwähnt habe, kann ich das gut verstehen.

Zu meiner Verteidigung muss ich allerdings sagen, dass Listenabstraktionen schwerer zu debuggen sind, weil Sie die Schleife nicht mit einer `print`-Anweisung versehen können. Ich empfehle Ihnen daher, Listenabstraktionen nur dann einzusetzen, wenn die Berechnung so einfach ist, dass sie es beim ersten Mal gleich richtig hinbekommen. Alternativ könnten Sie zuerst eine `for`-Schleife schreiben und debuggen und diese danach in eine Listenabstraktion umwandeln.

any und all

Python stellt die eingebaute Funktion `any` zur Verfügung. Sie übernimmt eine Folge mit booleschen Werten und gibt `True` zurück, wenn mindestens einer der enthaltenen Werte `True` ist.

```
any([False, False, True])
```

```
True
```

any wird oft mit den im vorherigen Abschnitt vorgestellten Generatorausdrücken benutzt:

```
any(letter == 't' for letter in 'monty')
```

```
True
```

Dieses Beispiel ist für sich genommen nicht sehr nützlich, denn es macht das Gleiche wie der in-Operator. Wir können any aber auch einsetzen, um kürzere Lösungen für einige Übungen aus Kapitel 7 zu schreiben. So können wir uses_none zum Beispiel so schreiben:

```
def uses_none(word, forbidden):
    """Checks whether a word avoids forbidden letters."""
    return not any(letter in forbidden for letter in word)
```

Diese Funktion führt eine Schleife über die Buchstaben in word aus und überprüft, ob einer oder mehrere davon in forbidden enthalten sind. Die Verwendung von any mit einem Generatorausdruck ist effizient, weil angehalten wird, sobald ein wahrer (True) Wert gefunden wird. Die Folge muss also nicht erst ganz durchlaufen werden.

Mit any eng verwandt ist die Python-Funktion all. Sie gibt True zurück, falls jedes Element in der übergebenen Folge True ist. Damit können wir eine kürzere Version von uses_all schreiben:

```
def uses_all(word, required):
    """Check whether a word uses all required letters."""
    return all(letter in word for letter in required)
```

Ausdrücke, die any oder all verwenden, können sehr kurz und trotzdem leicht lesbar sein.

Benannte Tupel

Neben defaultdict stellt das collections-Modul auch die Funktion namedtuple bereit, mit der Sie einfache Klassen erstellen können. Das Point-Objekt aus dem Abschnitt »Einen Punkt erstellen« auf Seite 291 (Kapitel 16) hatte beispielsweise nur zwei Attribute:

Hier die dazugehörige Definition:

```
class Point:
    """Represents a point in 2-D space."""
```

```
    def __init__(self, x, y):
        self.x = x
        self.y = y

    def __str__(self):
        return f'({self.x}, {self.y})'
```

Das ist eine Menge Code, um so wenige Informationen zu transportieren. Mit namedtuple lässt sich das deutlich knapper ausdrücken:

```
from collections import namedtuple

Point = namedtuple('Point', ['x', 'y'])
```

Das erste Argument ist der Name der Klasse, die Sie erstellen wollen. Das zweite ist eine Liste der Attribute, die Point-Objekte haben sollen. Das Ergebnis ist ein Klassenobjekt, das per Konvention einem großgeschriebenen Variablennamen zugewiesen wird.

Eine mit namedtuple erstellte Klasse besitzt eine __init__-Methode, die den Attributen ihre Werte zuweist, und eine __str__-Methode, die das Objekt in lesbarer Form ausgeben kann. Um ein Point-Objekt zu erstellen und anschließend auszugeben, können wir also schreiben:

```
p = Point(1, 2)
p
```

```
Point(x=1, y=2)
```

Außerdem besitzt Point eine __eq__-Methode, die überprüft, ob zwei Point-Objekte äquivalent sind – ob also ihre Attribute gleich sind:

```
p == Point(1, 2)
```

```
True
```

Auf die Elemente eines benannten Tupels können Sie entweder über ihren Namen oder ihren Index zugreifen:

```
p.x, p.y
```

```
(1, 2)
```

```
p[0], p[1]
```

```
(1, 2)
```

Sie können ein benanntes Tupel aber auch wie ein normales Tupel behandeln, wie in dieser Zuweisung:

```
x, y = p
x, y
```

```
(1, 2)
```

Objekte, die mit `namedtuple` erzeugt wurden, sind immutabel. Nach ihrer Initialisierung können sie also nicht mehr verändert werden:

```
p[0] = 3
```

```
TypeError: 'Point' object does not support item assignment
```

```
p.x = 3
```

```
AttributeError: can't set attribute
```

Mit `namedtuple` können Sie schnell einfache Klassen erstellen. Der Nachteil ist, dass einfache Klassen nicht immer einfach bleiben. Vielleicht entscheiden Sie später, dass das benannte Tupel um Methoden erweitert werden soll. In diesem Fall können Sie eine neue Klasse definieren, die von dem benannten Tupel erbt:

```
class Pointier(Point):
    """This class inherits from Point"""
```

Von da aus können Sie mit einer normalen Klassendefinition weitermachen.

Schlüsselwortargumente verpacken

Im Abschnitt »Argumente verpacken« auf Seite 203 haben wir eine Funktion geschrieben, die ihre Argumente in ein Tupel verpackt:

```
def mean(*args):
    return sum(args) / len(args)
```

Diese Funktion können Sie mit einer beliebigen Anzahl von Argumenten in einer bestimmten Reihenfolge aufrufen:

```
mean(1, 2, 3)
```

```
2.0
```

Der *-Operator verpackt aber keine Schlüsselwortargumente. Wird die Funktion trotzdem mit einem Schlüsselwortargument aufgerufen, kommt es zu einem Fehler:

```
mean(1, 2, start=3)
```

```
TypeError: mean() got an unexpected keyword argument 'start'
```

Um auch Schlüsselwortargumente zu verpacken, können wir den **-Operator nutzen:

```
def mean(*args, **kwargs):
    print(kwargs)
    return sum(args) / len(args)
```

Der Parameter, mit dem die Schlüsselwörter verpackt werden, kann einen beliebigen Namen haben. Üblicherweise wird hierfür aber `kwargs` (kurz für *keyword arguments*) genommen. Das Ergebnis ist ein Dictionary, in dem Schlüsselwörtern ihre jeweiligen Werte zugeordnet werden:

```
mean(1, 2, start=3)
```

```
{'start': 3}
```

```
1.5
```

Im obigen Beispiel wird der Wert von `kwargs` ausgegeben. Davon abgesehen gibt es keine Auswirkungen.

Außerdem kann der **-Operator in einer Argumenteliste benutzt werden, um ein Dictionary auszupacken. Hier folgt zum Beispiel eine Version von `mean`, die eine beliebige Anzahl von Schlüsselwortargumenten verpackt und sie als Schlüsselwortargumente für `sum` wieder auspackt:

```
def mean(*args, **kwargs):
    return sum(args, **kwargs) / len(args)
```

Wenn wir `mean` jetzt mit `start` als Schlüsselwortargument aufrufen, wird dieses an `sum` weitergereicht, das den Wert als Startpunkt für die Summenbildung verwendet. Im folgenden Beispiel (`start=3`) wird 3 zur Summe addiert, bevor der Durchschnitt berechnet wird. Die Summe ist demnach 6, und das Ergebnis lautet 3.

```
mean(1, 2, start=3)
```

```
3.0
```

Haben wir ein Dictionary mit den Schlüsseln x und y, können wir es mit dem **-Operator auspacken, um daraus ein Point-Objekt zu erzeugen:

```
d = dict(x=1, y=2)
Point(**d)
```

```
Point(x=1, y=2)
```

Ohne ** wird d als einzelnes unbenanntes Argument behandelt. Es wird also x zugewiesen. Das Ergebnis ist ein TypeError, weil es kein zweites Argument gibt, das y zugewiesen werden könnte:

```
d = dict(x=1, y=2)
Point(d)
```

```
TypeError: Point.__new__() missing 1 required positional argument: 'y'
```

Wenn Sie mit Funktionen arbeiten, die eine große Zahl von Schlüsselwortargumenten benötigen, kann es oft hilfreich sein, Dictionaries zu erstellen und zu übergeben, die häufig verwendete Optionen angeben:

```
def pack_and_print(**kwargs):
    print(kwargs)

pack_and_print(a=1, b=2)
```

```
{'a': 1, 'b': 2}
```

Debugging

In den vorherigen Kapiteln haben wir doctest eingesetzt, um Funktionen zu testen. Es folgt zum Beispiel eine Funktion namens add, die zwei Zahlen übernimmt und ihre Summe zurückgibt. Sie enthält einen Doctest, der überprüft, ob 2+2 wirklich 4 ist:

```
def add(a, b):
    '''Add two numbers.

    >>> add(2, 2)
    4
    '''
    return a + b
```

Diese Funktion übernimmt ein Funktionsobjekt und führt dessen Doctests aus:

```
from doctest import run_docstring_examples

def run_doctests(func):
    run_docstring_examples(func, globals(), name=func.__name__)
```

Um add zu testen, können wir schreiben:

```
run_doctests(add)
```

Es gibt keine Ausgaben. Das heißt, alle Tests wurden bestanden.

Ein weiteres Python-Werkzeug zum automatischen Testen ist `unittest`. Seine Benutzung ist etwas komplizierter. Hier ein Beispiel:

```
from unittest import TestCase

class TestExample(TestCase):

    def test_add(self):
        result = add(2, 2)
        self.assertEqual(result, 4)
```

Zuerst importieren wir `TestCase`, eine Klasse aus dem Modul `unittest`. Um sie zu nutzen, müssen wir zuerst eine eigene Klasse definieren, die von `TestCase` erbt und mindestens eine Testmethode bereitstellt. Der Name der Testmethode muss mit `test` beginnen und sollte angeben, welche Funktion getestet wird.

In diesem Beispiel testet `test_add` die Funktion add. Hierfür wird zunächst add aufgerufen und das Ergebnis gespeichert. Es folgt ein Aufruf der Methode `assertEqual`, die von `TestCase` geerbt wurde. Sie übernimmt zwei Argumente und überprüft, ob sie gleich sind.

Um diese Testmethode auszuführen, müssen wir eine Funktion in `unittest` namens `main` verwenden, für die verschiedene Schlüsselwortargumente angegeben werden müssen. Die folgende Funktion zeigt die Details. Wenn Sie neugierig sind, fragen Sie einen virtuellen Assistenten, um herauszufinden, wie sie funktioniert:

```
import unittest

def run_unittest():
    unittest.main(argv=[''], verbosity=0, exit=False)
```

`run_unittest` (»Unit-Test ausführen«) übernimmt `TestExample` nicht als Argument. Stattdessen sucht es nach Klassen, die von `TestCase` erben. Darin sucht es anschließend nach Methoden, die mit `test` beginnen, und führt diese aus. Dieser Prozess wird als **Testentdeckung** (engl. *Test Discovery*) bezeichnet.

Beim Aufruf von `run_unittest` passiert Folgendes:

```
run_unittest()
```

```
----------------------------------------------------------------------
Ran 1 test in 0.000s

OK
```

`unittest.main` gibt die Anzahl der durchgeführten Tests und die eigentlichen Ergebnisse zurück. In diesem Fall steht `OK` dafür, dass die Tests bestanden wurden. Um zu sehen, was passiert, wenn ein Test fehlschlägt, fügen wir `TestExample` eine ungültige Testmethode hinzu:

```
%%add_method_to TestExample

    def test_add_broken(self):
        result = add(2, 2)
        self.assertEqual(result, 100)
```

Und hier sehen Sie, was passiert, wenn wir die Tests ausführen:

```
run_unittest()
```

```
======================================================================
FAIL: test_add_broken (__main__.TestExample)
----------------------------------------------------------------------
Traceback (most recent call last):
  File "/tmp/ipykernel_29273/3833266738.py", line 3, in test_add_broken
    self.assertEqual(result, 100)
AssertionError: 4 != 100

----------------------------------------------------------------------
Ran 2 tests in 0.000s

FAILED (failures=1)
```

Der Bericht enthält die fehlgeschlagene Testmethode und eine Fehlermeldung, die angibt, wo der Fehler auftrat. In der Zusammenfassung auf der letzten Zeile ist zu erkennen, dass zwei Tests ausgeführt wurden, von denen einer fehlschlug.

Für die folgenden Übungen werde ich Ihnen ein paar Prompts empfehlen, damit Sie einen virtuellen Assistenten nach weiteren Informationen zu `unittest` fragen können.

Glossar

Factory
: Eine Funktion für die Erstellung von Objekten, oft als Parameter an eine Funktion übergeben.

Bedingungsausdruck
: Ein Ausdruck, der eine Bedingung verwendet, um einen von zwei Werten auszuwählen.

Listenabstraktion (List Comprehension)
: Eine kompakte Methode, um eine Schleife über eine Folge auszuführen und eine Liste zu erstellen.

Generatorausdruck
: Funktioniert wie eine Listenabstraktion. Allerdings wird hierbei keine Liste erstellt.

Testentdeckung (Test Discovery)
: Ein Prozess, um automatisch Tests zu finden und auszuführen.

Übungen

Fragen Sie einen virtuellen Assistenten

In diesem Kapitel gibt es einige Themen, über die Sie möglicherweise mehr erfahren möchten. Hier ein paar Fragen, die Sie einem virtuellen Assistenten stellen könnten:

- »Wie heißen die Methoden und Operatoren von Pythons `set`-Klasse?«
- »Wie heißen die Methoden und Operatoren von Pythons `counter`-Klasse?«
- »Was ist der Unterschied zwischen einer Listenabstraktion und einem Generatorausdruck in Python?«
- »Wann sollte ich in Python `namedtuple` einsetzen, anstatt eine neue Klasse zu definieren?«

- »Welche Möglichkeiten gibt es, Schlüsselwortargumente zu verpacken und zu entpacken?»
- »Wie funktioniert die Testentdeckung in `unittest`?«
- »Wie lauten neben `assertEqual` die am häufigsten verwendeten Methoden in `unittest.TestCase`?«
- »Was sind die Vor- und Nachteile von `doctest` und `unittest`?«

Falls Sie in den folgenden Übungen nicht weiterkommen, lassen Sie sich von einem virtuellen Assistenten unterstützen. Vergessen Sie aber nicht, die Ergebnisse zu überprüfen.

Übung 18-1

In »Übung 7-1« auf Seite 135 sollten Sie eine Funktion namens `uses_none` erstellen, die ein Wort und einen String übernimmt und `True` zurückgibt, wenn das Wort keinen der Buchstaben im String enthält. Hier eine mögliche Lösung:

```
def uses_none(word, forbidden):
    for letter in word.lower():
        if letter in forbidden.lower():
            return False
    return True
```

Schreiben Sie eine Version dieser Funktion, die anstelle einer `for`-Schleife set-Operationen verwendet. Tipp: Fragen Sie einen virtuellen Assistenten: »Wie berechne ich die Schnittmenge zweier Python-Sets?«

Übung 18-2

Scrabble ist ein Brettspiel, bei dem es darum geht, mit Buchstabentafeln ein Wort zu buchstabieren. Wenn Sie beispielsweise die Buchstaben `T`, `A`, `B`, `L`, `E` haben, können Sie daraus die Wörter `BELT` (»Gürtel«) und `LATE` (»spät«) machen, aber nicht `BEET` (»Rüben«), weil wir nur ein `E` haben.

Schreiben Sie eine Funktion, die einen String mit Buchstaben und ein Wort übernimmt und überprüft, ob man mit diesen Buchstaben das Wort buchstabieren kann. Dabei darf jeder Buchstabe nur so oft benutzt werden, wie er im String vorkommt.

Übung 18-3

In »Übung 17-4« auf Seite 327 nutzte meine Lösung für `has_straightflush` die folgende Methode. Sie unterteilt `PokerHand` in eine Liste mit vier Blättern, in denen jedes Blatt Karten der gleichen Farbe enthält:

```
def partition(self):
    """Make a list of four hands, each containing only one suit."""
    hands = []
    for i in range(4):
        hands.append(PokerHand())

    for card in self.cards:
        hands[card.suit].add_card(card)

    return hands
```

Schreiben Sie eine einfachere Version dieser Funktion, die `defaultdict` einsetzt.

Übung 18-4

Hier die Funktion aus Kapitel 11 für die Berechnung von Fibonacci-Zahlen:

```
def fibonacci(n):
    if n == 0:
        return 0

    if n == 1:
        return 1

    return fibonacci(n-1) + fibonacci(n-2)
```

Schreiben Sie eine Version dieser Funktion, die mit nur einer `return`-Anweisung auskommt, die zwei ineinander verschachtelte Bedingungsausdrücke verwendet.

Übung 18-5

Die folgende Funktion berechnet rekursiv einen Binomialkoeffizienten:

```
def binomial_coeff(n, k):
    """Compute the binomial coefficient "n choose k".
```

```
    n: number of trials
    k: number of successes

    returns: int
    """
    if k == 0:
        return 1

    if n == 0:
        return 0

    return binomial_coeff(n-1, k) + binomial_coeff(n-1, k-1)
```

Schreiben Sie den Body der Funktion unter Verwendung verschachtelter Bedingungsausdrücke neu.

Diese Funktion ist nicht sehr effizient, weil sie immer wieder die gleichen Werte berechnen muss. Nutzen Sie die im Abschnitt »Memos« auf Seite 189 beschriebene Memoisierung, um sie effizienter zu machen:

```
binomial_coeff(10, 4)    # should be 210
```

```
210
```

Übung 18-6

Hier sehen Sie eine `__str__`-Methode aus der Klasse `Deck`, die wir aus dem Abschnitt F (Kapitel 17) kennen:

```
%%add_method_to Deck

    def __str__(self):
        res = []
        for card in self.cards:
            res.append(str(card))
        return '\n'.join(res)
```

Schreiben Sie eine kürzere Version dieser Methode, die eine Listenabstraktion oder einen Generatorausdruck verwendet.

KAPITEL 19

Gedanken zum Schluss

Programmieren lernen ist nicht einfach. Immerhin haben Sie es bis hierher geschafft, und das ist schon ziemlich gut. Hier sind ein paar Vorschläge dazu, wie Sie weitermachen und das Gelernte anwenden können.

Dieses Buch soll Ihnen als allgemeine Einführung ins Programmieren dienen. Daher haben wir uns hier nicht auf besondere Anwendungen konzentriert. Je nach Ihren Interessen gibt es verschiedene Bereiche, in denen Sie Ihre neuen Fähigkeiten anwenden können:

Wenn Sie sich für Data Science interessieren, gibt es drei Bücher von mir, die Ihnen gefallen könnten:

- *Think Stats: Exploratory Data Analysis* (O'Reilly, 2014)
- *Think Bayes: Bayesian Statistics in Python* (O'Reilly, 2021)
- *Think DSP: Digital Signal Processing in Python* (O'Reilly, 2016)

Fall Sie eher an physikalischen Modellen und komplexen Systemen interessiert sind, könnten die folgenden Titel etwas für Sie sein:

- *Modeling and Simulation in Python: An Introduction for Scientists and Engineers* (No Starch Press, 2023)
- *Think Complexity: Complexity Science and Computational Modeling* (O'Reilly, 2018)

Diese Bücher nutzen *NumPy*, *SciPy*, *pandas* und andere Python-Bibliotheken für Data Science und wissenschaftliches Computing.

In diesem Buch habe ich versucht, ein Gleichgewicht zwischen allgemeinen Grundsätzen der Programmierung und den Details zu Python zu finden. Das heißt, dass wir hier nicht jedes Detail der Programmiersprache behandelt haben. Wenn Sie mehr über Python erfahren möchten – inklusive einer Reihe guter Ratschläge zu dessen Verwendung –, empfehle ich Ihnen *Fluent Python: Clear, Concise, and Effective Programming*, zweite Auflage, von Luciano Ramalho (O'Reilly, 2022).

Nach einer Einführung in die Programmierung besteht der nächste Schritt oft darin, mehr über Datenstrukturen und Algorithmen zu lernen. Zu diesem Thema arbeite ich gerade an einem Buch mit dem Namen *Data Structures and Information Retrieval in Python*. Eine kostenlose elektronische Version gibt es bei Green Tea Press (*https://greenteapress.com/wp/data-structures-and-information-retrieval-in-python/*).

Bei der Arbeit mit komplexeren Programmen kommen neue Herausforderungen auf Sie zu. Hierbei können Ihnen die Abschnitte zum Thema Debugging in diesem Buch helfen. Im Besonderen sollten Sie dabei die Ratschläge aus dem Abschnitt »Debugging« auf Seite 234 nicht vergessen: lesen, ausführen, nachdenken, Rubberducking, rückgängig machen und ausruhen.

Dieses Buch enthält einige Vorschläge zu Werkzeugen, die Ihnen beim Debugging helfen können, wie die Funktionen `print` und `repr`, die `structshape`-Funktion aus dem Abschnitt »Debugging« auf Seite 211 und die eingebauten Funktionen `isinstance`, `hasattr` und `vars`, die wir im Abschnitt »Debugging« auf Seite 273 vorgestellt haben.

Außerdem stellen wir Ihnen Werkzeuge für das Testen von Programmen vor. Das sind zum Beispiel die `assert`-Anweisung sowie die Module `doctest` und `unittest`. Die Verwendung von Tests in Ihren Programmen gehört zu den besten Möglichkeiten, Fehler zu vermeiden beziehungsweise aufzuspüren und Zeit beim Debugging zu sparen.

Das beste Debugging ist eines, das nicht nötig ist. Wenn Sie, wie im Abschnitt »Inkrementelle Entwicklung« auf Seite 107 beschrieben, einen schrittweisen Entwicklungsprozess nutzen und schon während der Entwicklung testen, werden Sie weniger Fehler machen, die sich zudem leichter aufspüren lassen. Vergessen Sie auch nicht die Prinzipien von Verkapselung und Verallgemeinerung, über die wir im Abschnitt »Verkapselung und Verallgemeinerung« auf Seite 68 sprechen. Sie sind besonders nützlich, wenn Sie Code in Jupyter Notebooks entwickeln.

Im Verlauf dieses Buchs habe ich immer wieder Vorschläge dazu gemacht, wie Sie sich von virtuellen Assistenten beim Lernen von Programmierung und Debugging helfen lassen können. Ich hoffe, diese Werkzeuge helfen Ihnen.

Zusätzlich zu virtuellen Assistenten wie ChatGPT wollen Sie eventuell auch ein Werkzeug wie Copilot einsetzen, das den Code während der Eingabe vervollständigen kann. Ich rate Ihnen allerdings davon ab, diese Werkzeuge von Anfang an zu benutzen, weil sie Anfänger leicht überfordern können. Aber vielleicht wollen Sie ja erst mal einen näheren Blick darauf werfen.

Um KI-Tools effektiv zu nutzen, müssen Sie experimentieren und überlegen, welcher Arbeitsablauf für Sie am besten geeignet ist. Wenn es Ihnen lästig ist, Code aus ChatGPT in Jupyter zu kopieren, ist Copilot vielleicht besser für Sie geeignet. Allerdings kann die kognitive Arbeit bei der Formulierung eines Prompts und der Interpretation der Antwort so wertvoll sein wie der Code, den das Werkzeug generiert, ähnlich dem Debugging per Rubberducking.

Je mehr Erfahrung Sie beim Programmieren sammeln, desto mehr wollen Sie vermutlich auch andere Programmierumgebungen erforschen. Meiner Meinung nach sind Jupyter Notebooks ein guter Startpunkt. Sie sind allerdings noch relativ neu und nicht so sehr verbreitet wie konventionelle integrierte Entwicklungsumgebungen (IDEs). Zu den beliebtesten IDEs für Python gehören PyCharm, Spyder und Thonny, das besonders für Anfänger immer wieder empfohlen wird. Andere IDEs wie Visual Studio Code und Eclipse funktionieren auch mit anderen Programmiersprachen. Als simplere Alternative können Sie Python-Programme aber auch mit einem einfachen Texteditor Ihrer Wahl schreiben.

Die weiteren Schritte auf Ihrer Reise durch die Programmierung müssen Sie nicht allein unternehmen! Wenn Sie in oder in der Nähe einer Stadt leben, gibt es vielleicht eine Python-Nutzergruppe, der Sie sich anschließen können. Diese Gruppen sind Anfängerinnen und Anfängern in der Regel freundlich gesinnt. Haben Sie also keine Angst. Gibt es in Ihrer Nähe keine Gruppe, können Sie eventuell remote an Veranstaltungen teilnehmen. Halten Sie außerdem die Augen nach regionalen Python-Konferenzen offen.

Eine der besten Möglichkeiten, Ihre Programmierfähigkeiten zu verbessern, ist das Lernen einer weiteren Sprache. Wenn Sie sich für Statistik und Data Science interessieren, könnte die Sprache R eine gute Wahl sein. Ich empfehle Ihnen aber besonders das Lernen einer funktionalen Sprache wie Racket oder Elixir. Die funktionale Programmierung erfordert eine besondere Denkweise, was sich auch darauf auswirkt, wie Sie über Programme denken.

Viel Glück!

Index

A

B

C

D

E

F

G

H

I

J

K

M

P

V

W

Y

Z

Über den Autor

Allen B. Downey ist Redakteur bei Brilliant und emeritierter Professor für Informatik am Olin College of Engineering, Massachusetts. Er hat am Wellesley- und am Colby-College sowie an der Universität von Berkeley Informatik unterrichtet. Seinen Doktortitel in Informatik hat er an der U.C. Berkeley erworben, seinen Master am MIT. Seine zahlreichen bei O'Reilly erschienenen Bücher sind bekannt für ihre ausgefeilte und praxiserprobte Didaktik.

Über den Übersetzer

Jørgen W. Lang lebt und arbeitet als freier Autor und Übersetzer in Oldenburg/Niedersachsen. Mitte der Neunzigerjahre des vergangenen Jahrhunderts begann er, sich mit dem damals noch jungen World Wide Web und seinen Möglichkeiten zu beschäftigen. Pünktlich zur Jahrtausendwende erschien seine erste Übersetzung für den O'Reilly Verlag. Mittlerweile ist der Umfang seiner Übersetzungen auf mehr als 10.000 Seiten angewachsen.

Das zweite Standbein von Jørgen Lang ist die Musik. Außerhalb der Welt der semantischen Elemente, Selektoren und Objekte hat er sich einen Namen als hervorragender Gitarrist, Sänger, Komponist und Arrangeur gemacht und kann auf eine Vielzahl veröffentlichter Alben und mehrere Hundert Konzerte in aller Welt (z. B. für die UNESCO in Seoul) zurückblicken.

Kolophon

Das Tier auf dem Cover von *Python lernen mit KI-Tools* ist ein Pflaumenkopfsittich (*Psittacula cyanocephala*), ein lebhafter Vogel, der auf dem indischen Subkontinent beheimatet ist.

Dieser mittelgroße Papagei ist für den schillernden pflaumenfarbenen Kopf des Männchens bekannt, während die Weibchen einen graublauen Kopf haben, wobei beide Geschlechter unterschiedliche Grüntöne auf Brust, Bauch, Flügeln und Rücken aufweisen. Ihre langen Schwänze sind in einem kühlen Blaugrün mit weißer Spitze gehalten, was ihnen einen Hauch von Eleganz verleiht. Wie auf dem Titelbild dieses Buchs zu sehen ist, haben Männchen einen schwarzen Kinnstreifen und ein schmales schwarzes Band um den Hals, das von einem leuchtenden Türkis umrandet ist, sowie einen markanten roten Schulterfleck. Bei den Weibchen fehlen diese Markierungen, und sie haben stattdessen oft einen gelben Kragen.

Diese geselligen Vögel fliegen in großen Schwärmen durch bewaldete Gebiete, ihre Flugmuster sind ein Wirbel aus Drehungen und Wendungen, begleitet von hellen Rufen. Darüber hinaus sind sie akrobatische Kletterer, die sich geschickt auf Ästen bewegen und mit ihren kräftigen Schnäbeln Ecken und Ritzen nach Nahrung absuchen. Ihre Nahrung besteht hauptsächlich aus Früchten, Samen und Blüten.

Die Population des Pflaumensittichs wird von der IUCN (*International Union for Conservation of Nature*) als »Least Concern« (am wenigsten gefährdet) eingestuft, allerdings mit rückläufiger Tendenz, was die Notwendigkeit von Schutzmaßnahmen unterstreicht.

Viele der Tiere auf den O'Reilly-Covern sind vom Aussterben bedroht. Doch jedes einzelne von ihnen ist für den Erhalt unserer Erde wichtig.

Die Umschlagillustration zu diesem Buch stammt von Karen Montgomery, sie basiert auf einem einzelnen Stich unbekannter Herkunft. Das Design der Buchreihe stammt von Edie Freedman, Ellie Volckhausen und Karen Montgomery. Den Umschlagentwurf haben Karen Montgomery und Michael Oréal erstellt. Auf dem Cover verwenden wir die Schriften Gilroy Semibold und Guardian Sans, als Textschrift die Linotype Birka, die Überschriftenschrift ist die Adobe Myriad Condensed, und die Nichtproportionalschrift für Codes ist LucasFonts TheSans Mono Condensed.